记忆场

晚清民国安徽省会安庆城市文脉

汪军 著

合肥工業大學出版社

汪军和他的皖江文化

《新安晚报》安徽网 大皖客户端讯 汪军不是最早提出皖江文化的人，但他是再度让这个概念“复活”并为人熟知的人。近年来，汪军重构皖江文化，并赋予其鲜明的现代性。在11月16日的徽派活动中，特意从安庆赶过来的汪军面对主持人提问侃侃而谈。当晚的三人行书吧活动现场，迎来不少文化大咖，其中有学者有作家，也有知名媒体人，他们也参与了对话。

追溯文化本源获得纯真快乐

“明代南直隶是皖江文化的母体，南直隶上江和下江，浙江的浙东和浙西，是当时中国文化最发达的区域。晚明东林党—复社时期，上江地区涌现了郑三俊、左光斗、方以智、钱澄之、吴次尾、刘伯宗、沈士柱、沈寿民等一批仁人志士，形成鲜明的上江士风。清初江南分省，皖江地域意识开始萌苏，秉承上江士风，翰林朱书最早提出皖江文化概念，反映出新兴的安徽省地域意识和文化意识的自觉。”汪军上中学的时候，从同学家借阅了一套李则纲先生的上下册《安徽历史述要》，这套书在他心里播下了地域文化基因的种子。他大学毕业后做了四年文史编辑，读书写作，最原始的兴趣一直保持着，“你感到快乐，就会一直做下去。高校老师有课题，有经费，但很少有我这样的原始的乐趣。我没有宏观蓝图，研究做得微观，关注地方文脉的保护。通过原始的文献和原始的遗迹互证，保护地域文化记忆场最原始的信息。”

“我对所谓的旅游古镇和古街道没有多大兴趣，千人一面，在这里独特的文化信息反而被屏蔽了，都是一种克隆。我们喜欢那些破旧的东西，散发着最原始的文化信息，修好了以后反而没有了。研究文化的目的是对源头的追溯，理一分殊，中国文化骨干精神始终如一，但同时绽放出千姿百态的花叶，通过对地域文化研究，可以抵达中国文化的原点。”汪军一再强调，这种对文化本源的追溯，对文化信息的还原过程，也是对童年纯真快乐的回归，古人云：古之学者为己，说的就是这个意思。“从文献中发现原始的信息，通过田野考察寻找原始的遗迹，原始的信息和遗迹都有了，解读能力也很重要，这要靠综合知识体系、社会阅历和认识水平，甚至是你的智商。”

皖江文化空间有很大伸缩性

汪军认为文化与学术、文学不同，一本学术专著出版了，无人问津也没关系，因为有长期的效用。而文化更在意传播、对人心的直接影响，建构概念与传播概念同等重要。“皖江文化”概念的传播最早呈现在媒体上，是汪军在《安庆日报》下午版开设的“皖江文化谈”专栏，以《皖江文化宣言》开篇，逐渐让“皖江文化”进入了大众视野。2002年汪军开始在《新安晚报》传播皖江文化的概念，“任何一个概念实际都是一个信息，传播信息需要平台，选择合适的媒体很重要。皖江文化经历了这样一个过程，而且皖江文化这一概念本身也很有弹性，很容易就得到推广。”很快，第一届皖江地区历史文化研讨会在安庆召开，安庆师范学院资助、汪军主编的70万字的《皖江文化与近世中国》同步在会上推出，皖江文化由此构成了一个体系。在汪军看来，皖江文化空间有很大的伸缩性，大的话整个安徽南部地区都可以囊括在内，明清庐州府滨江，合肥当然也可以包括在内。

作为皖江文化研究会会长，汪军撰写了大量皖江文化的文章，传播这一概念，“还是要感谢《新安晚报》，2002年到2010年，那时纸媒还是很有市场的，写出来几篇都是头条，加起来有七八十篇，那时候很珍惜发稿机会。就写皖江文化，别的什么都不写，怕浪费发稿机会。邓华熙变法、新文化源头、皖江近代型知识分子，开辟了很多题材。”除了撰写文章推广皖江文化，汪军和皖江文化研究会还举办了多次学术活动，2011年与安徽大学合办纪念方以智诞辰400周年学术研讨会、2015年在省图书馆举办《新青年》诞辰100周年学术研讨会、2015年在安庆举办徽班再出发研讨会，还有上个月结束的安庆建城800周年图片展，展览盛况空前，有近6万人前往观看。

与徽州文化有共通精神特性

“皖江文化”研究也渐渐让汪军有了使命感，这种使命感一开始是出于朴素的乡土感情，“中国人的精神结构，是以人文代宗教，通过对人文的追溯获得宗教的满足。中国文化不仅有精神骨骼，也有丰富多彩的形态，我们搞地域文化的不喜欢宏观叙事，我们喜欢从一条小街巷、一个微观小村落出发，信息量丰富，同样可以抵达中国文化的大本大源。”在汪军看来，国学是经典阅读、背诵和具体文化形态研究的双向结合，是从上到下和从下到上的贯通，“宗教就是最原始的人类信息，我们的工作就是追溯到最原始的信息，人心与道心合一，在追溯过程当中也是对童年经验的唤醒，如此和先民的联系就完成了，这也是宗教仪式的完成。”

从北而南，淮河文化、皖江文化、徽州文化，安徽文化地图因此完成了形式上的圆满。说到皖江文化的特点，汪军觉得：“徽州文化过于强调个性，我认为它仍是皖南、安徽的一部分，一个府作为文化单位太小，且空间没有什么弹性，其他地域文化的命名很多存在跨省的可能，保证了其文化空间的拓展。我认为徽州文化和皖江文化有共通精神特性，就是崇尚朱子学，围绕朱子学展开。安徽有‘道问学’人文传统，所产大学者较多，大都是稳重型，不是才子型。”同时汪军指出，安庆在皖江文化昌盛的时期，一直是安徽省会，主要文化学派和人物都来自安庆，比如桐城派古文、皖派篆刻、徽班艺人、黄梅戏等等，这就自然形成了皖江文化中心，安庆也是皖江流域唯一一座国家历史文化名城。另外，近代安庆是人才流入地区，人文荟萃，共同构建了长江沿岸文化高地。这是皖江文化和安徽其他文化最大的不同，淮军和徽商都是走出去，皖江文化是全国各地的精英走进来，曾国藩、彭玉麟、徐寿、华蘅芳、李善兰、容闳、沈曾植、严复、苏曼殊、郁达夫、苏雪林，都来过安庆。这当中省会起了很大作用，与当时安徽的经济、文化地位有很大关系。徽商与晋商是全国最大的商帮，最大的文学流派桐城派，乾嘉学派与吴派并驾齐驱的皖派，可以毫不客气地讲，清代安徽是一个经济文化大省。”

安庆堪称中国近代史的标本

汪军回忆，当初在《新安晚报》开始皖江文化的传播之际，也遭到很多质疑，包括徽州一些学人非常不开心，以为有掠美之嫌。“特别是在《新安晚报》两个整版刊登的《徽皖文化的现代嬗变》，以及《徽皖大地上的儒风》，想整合皖南地区徽州、皖江两个文化板块，引起争议。黄山地方文化论坛‘故园徽州’提出商榷，我主动去进行沟通，对话的质量非常高，其实还是可以互相理解的。后来我做皖江文化，为了避免争议，基本就龟缩到旧安庆府这一块，以老省会安庆为中心，构建了这个体系。”潜心研究有理有据，遵循古训不读奇书，读平常书，从平常书看出不平常的道理。“安徽是文化大省，形成了多个地域文化，非常令人自豪。我们强调我们的文化个性，同时也很尊重别的文化。只有彰显各自的文化特性，才能相互平等交流。”

文化的发现和建构，永无止境。汪军表示，毫无疑问安庆是中国近代史的标本，印迹很深，从太平天国到洋务运动，曾国藩两江总督府设在安庆，他人生的很多想法都在安庆实施了，开启了近代化进程。一个有意思的现象，安庆新政的成功，反而催生了徐锡麟起义、马跑营起义，改革者恩铭最先殒命。1928至1935年，是省立安徽大学的黄金时代，当时安大租用百花亭圣公会圣保罗中学校舍，地点在今安庆二中，大学校门至今还保存得非常好，朱湘、苏雪林、郁达夫等一大批文化人都在当时出现在那里。这段历史现在很少有人知道，安庆师大、安徽师大、安徽大学都在争民国安大这块招牌，但是真正的历史、原汁原味的信息反而鲜有人去关注。汪军感慨道，“这些年皖江文化的研究和推广，基本还算是顺利的，首先要有热忱，这些文化产品本来就存在，只是重新包装一下，新瓶装旧酒。”回到安庆这个曾经荣光无限如今放慢脚步的城市，汪军直言有太多老旧的地方值得细细品味，“最高端的旅游，就是接触这个地方最原始的人文信息、地域文化最独特的精神密码。”

（蒋楠楠/文 陈群/图 《新安晚报》，2017-11-21）

目录

第一章 2-39

同治中兴：任家坡　清节堂

咸同老辈风云散，江上青青余几峰
——方守彝

延伸阅读 40-85

第二章 88-117

清末新政：司下坡　龙门口

高阁江光带平楚，远天迟日揽悲华
——沈曾植

118-147　延伸阅读

第三章

150-191

同光体皖派：登云坡　小南门

离亭灯火自崖返，去浪风宵满郭声
——方守彝

192-241　延伸阅读

第四章 244-309

民国人文：百花亭　菱湖

揽龙山兮青青眪，扬子兮盈盈观，
桃李之敷荣兮，此实为百花之亭。
——民国安庆女中校歌

310-369 延伸阅读

第五章 372-403

皖江名胜：迎江寺　大观亭

东有迎江寺，西有大观亭
吾曹不努力，负此江山灵
——胡适

第一章

同治中兴：任家坡　清节堂

咸同老辈风云散，江上青青余几峰

——方守彝

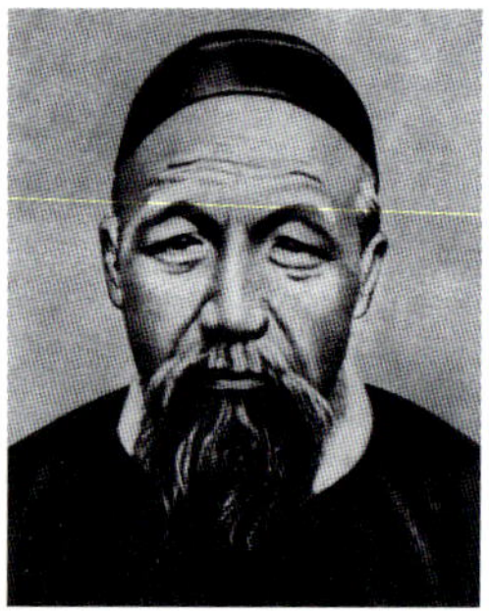

曾国藩

曾国藩东流行辕初探

咸丰十一年（1861）四月，曾国藩行辕从祁门敦仁里洪家大屋迁东流，至八月湘军攻克安庆，这四个月时间，治史者多谓曾国藩在船上办公。查阅曾国藩日记，四月初一日：“早，各员弁贺朔。饭后行五十里，至东流县。”四月初三日：“东流公馆极小，余与幕客四人各住一间，才足容膝。”曾国藩到东流后，一开始住在城内。四月十一日：“早饭后，移寓舟上。”十天后，他才开始移到城外船上，应当在南门湖。五月初三日：“早饭后，至城内看修新屋。”五月二十日：“早饭后清理文件，旋至营盘看起新屋。”五月二十一日：“早饭后清理文件，旋写左季高信一件，移至陆营内新屋居住。”原先城中行辕房屋狭小，曾国藩进行扩建，一个多月后，从城外船上搬进城中行辕办公。

这在莫友芝的日记中也可得到印证。七月，莫友芝到东流见曾国藩：“食后，谒两江总督钦差曾公国藩于城中行营。”（《郘亭日记》）同月二十日，赵烈文乘船到曾国藩东流大营，其日记有记：“辰刻到东流，泊小南门登岸，至城内大营。”“督帅四月初从祁门来此，城内外扎大营三座，众千五百人。”（《能静居日记》）曾国藩日记亦说行辕设在城中陆营，当知城中大营将士不少于五百余人。赵烈文熟谙地理星象，其日记曾道明曾国藩安庆督帅行署在城西门，这次亦说从小南门登岸到曾国藩东流行辕。东流南街、北街短促，多官衙，东流县衙就设在北街，东街、西街狭长，主要是民居和商业。从南门进入南街，十字街口与东街交汇处有连片房屋，高大幽深，早就列入了省保，可容纳数百人居住。这里距南门很近，曾国藩水师营就在南门湖，与长江相通，距北街县衙也只有几百米。20世纪50年代，这里是东流县城关镇城内大队；六七十年代，改为东至县向东公社五七大队；七八十年代，又改为东流镇居民委员会。曾国藩在东流城中行辕时间极短，只有两个多月，八月初一湘军攻克安庆，八月初

小南门鱼市

／小南门鱼市

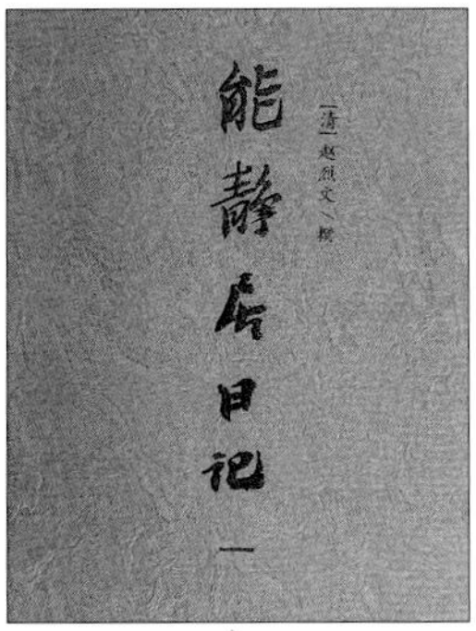

／赵烈文《能静居日记》

五日曾国藩乘船从东流前往安庆。

旧时东流踞安庆省上游，“附省冲要”。从清初至民国，安庆省周边县城，东流距安庆最近，又有长江舟楫之便，风正一帆悬，顺江而下过黄石矶就到省城。东流县处处以安庆省为榜样，周边诸县，东流话最近安庆话，城市格局及建筑风格也是模仿省城安庆。太平天国战乱后安徽布政使吴坤修主持重建省城，建筑风格不同于安徽其他府州，也有别于安庆府下辖各县，可称之省垣风格，或省垣派。安庆老城改造过后，这种风格的建筑如今保存稀少，但在东流却大量成片地保存了省垣派建筑。安庆旧有五座城门，在大南门旁还有一座小南门，袖珍的东流也设有五座城门，历山门（大南门）旁有通津门（小南门），可谓亦步亦趋。咸丰十一年（1861）七月，赵烈文就是从小南门进城到曾国藩行辕。

民国小省城东流孕育的人物陈访先、章韫胎，与省城安庆人文气质也极为相似。东流县与安庆省荣辱与共，安庆丧失近三百年省会地位不久，千年古县东流也被裁撤，沦落为一个镇，这种经历造成了两座城对往昔记忆雪藏的相似。当我们寻访东流故地，惊叹这里的百姓对安庆省和皖江文化认同度，旧省风华，双袖龙钟，东望王师。夕晖日不落，皖江塔影在大江壮丽沉淀，从迎江寺振风塔到靖节祠秀峰塔。

五星连珠

湘军攻克安庆是咸丰十一年八月初一（1861年9月5日），曾国藩《克服安庆省城片》记载：“八月初一日卯刻，官军用地雷轰倒北门城垣，队伍逾濠登城。”卯时，即早晨五点至七点，湘军从安庆城西北郭家桥一带城墙攻陷城池。但是这个时间与曾国藩幕僚赵烈文记载的时间并不一致：“朔日丁巳（咸丰十一年八月初一）。晴。日月合璧，五星连珠。三辰之瑞，吾在沪已闻之。合璧在卯初，吾起卯末，已不见连珠，四星皆在高度，不能了了。惟金星照耀明朗，此在古昔为异端，近则道光初与今凡两见矣。三国张琦曰：祥瑞之兴，皆在事前。国家卜年已及二百，夫岂中兴之兆邪？瞻仰昊天，一喜一惧。傍晚得信，皖城于昨日三鼓克服。”（赵烈文《能静居日记》）赵烈文透露，湘军破安庆城时间是“昨日三鼓”，即七月三十日深夜二十三点到凌晨一点。第二天早晨卯时天空出现日月合璧、五星连珠异象，国家中兴之征兆，这也合理地解释了曾国藩何以将破城时间改为八月一日卯时。其时屯兵东流、黄石矶一带的曾国藩早就知道五星连珠天象，七月卅日日记：“是日，阅钦天监奏折，知八月一日日月及水火木土四星俱在张宿五、六、八、九度之内，金星在轸，亦尚在三十度之内，可谓日月在轸，亦尚在三十度之内，可谓日月合璧，五星连珠，祥瑞也。”八月一日日记：“申刻，沅弟专牟来，知安庆于昨日卯刻克复。贺客纷纷，至灯后始毕。”曾国藩与幕僚赵烈文俱在安庆上游东流大营，曾国藩申时（下午三点到五点）“知安庆于昨日卯刻克复”，赵烈文亦于傍晚得信，“皖城于昨日三鼓克服”。二人皆言安庆“昨日”（七月三十日）克复，曾国藩言“卯刻”（五点到七点），赵烈文言“三鼓”（子时，二十三点到一点），但“卯刻”已是今日而非昨日，这是曾国藩为了祥瑞的“卯刻”出现的记录混乱。

长江在黄石矶水域拐了八十度的弯，近乎南北垂直方向，受吉阳矶、黄石矶挑流作用影响，江水掏空江岸，泥沙日积月累在此沉淀，明中叶沙洲已出水，晚清同治年间始形成江心诸洲，均属安庆府怀宁县。江心洲由官府圈治，故统称官洲，所得收入捐给安庆城中育婴堂、清节堂等慈善机构，故先出水的三洲命名为育婴洲（保婴洲，与培文洲相连）、清节洲、复生洲。后来在育婴洲东侧、清节洲北侧江面又新增两个小洲，形成五星连珠江景，堪称长江一绝。湘军攻陷安庆之日，水、火、木、土四星在一条线，金星稍偏出，西江五洲亦有一洲向东北方向稍稍偏出，与咸丰十一年八月一日曾国藩、赵烈文记载的天象完全吻合。

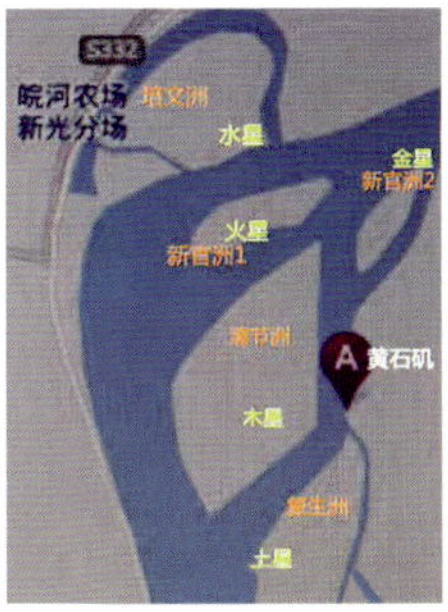

安庆西江江心洲
“五星连珠”

安庆督帅行署：从任家坡到清节堂

20世纪80年代，安庆博物馆馆长胡寄樵先生依据任家坡任家老屋发现的“飞凤舞狮”“飞凤奔马”“瓜瓞绵绵”等太平天国壁画，并结合曾国藩、赵烈文日记，提出了任家老屋是英王府的观点。任家老屋位于任家坡45～59号，占地面积为14275平方米，现存建筑面积3636平方米，主体建筑由东、中、西三路四进构成，又以正中一组为中心向东西两组蝉联各筑偏殿，外围有住宅、更楼、花园等。这组建筑不仅满足了曾国藩咸丰十一年八月二十一日记“一连三所”的记载：“开船至南门登岸，移寓公馆，即伪英王府陈玉成之府也。一连三所，其东一所，为就天燕陈时安之伪宅。”而墙上壁画又满足了赵烈文咸丰十一年八月二十五日记的记载：“饭后同行到督帅行署，伪英王府也。在城西门，府屋颇多，不华美，亦不甚大，门墙皆彩画而已。” 校雠学家、曾任民国安徽省立图书馆馆长的蒋元卿先生不同意此观点，依据光绪十二年(1886)刻印的《安徽清节堂征信录》，安庆士

钱牌楼南三巷

祖国和谐
家家安宁

╲任家坡太史第继承者、李鸿章弟弟李蕴章曾孙李家震（摄于2014年12月）

绅叶伯英（叶笃义、叶笃正曾祖父）、旌德籍商贩江根生均证实此地原为马王庙、三清殿、郡伯祠，太平天国战乱后被拆，改为“伪犀”，湘军攻克安庆后，始为行台（督帅行署），继为皖省通志局，后改建为皖省清节堂。清节堂史料有“伪屋”“伪府”“伪王府”的记载，但没有明确是英王府，且清节堂虽有大堂、二堂、三堂以及官厅、官舍等，通计72间，但只有一路，亦不能满足曾国藩日记“一连三所”的记载。近日阅读张文虎文集，通过与容闳自传相比照，发现了任家坡英王府新的证据。张文虎（1808—1885），南汇人，诸生，精于校雠。同治二年（1863）由李善兰推荐到安庆督帅行署，先供职于内军械所，后供职书局，参与《船山遗书》校勘。张文虎著述繁富，有《舒艺室随笔》《舒艺室杂著》《舒艺室余笔》《舒艺室续笔》《舒艺室剩稿》《舒艺室诗存》《索笑词》。张文虎在安庆两载，留下了不少诗词，其中《杂诗》十首描述了其在安庆的生活及风土人情，其中第一首两条注解对于考证英王府尤为重要。全诗如下：“武库南城上（注：宾馆在任家坡，为节相内军械所），遗封皖伯都。江山环列障，天地入红炉。述学多同志，来游各异途。周张兼比屋，乡语不离吴（注：同居华蘅芳若汀、徐寿雪村皆无锡人、李善兰壬叔海宁人、叶圻云岩、钟瑜西白皆嘉兴人，而比邻周缦云侍御学濬、陈小舫太守庆瀛皆湖州人也。）”“节相”即曾国藩，意指督帅行署。第一个注解说明了张文虎住在任家坡公馆，是督帅行署的内军械所。第二个注解说明与张文虎住在一起的有华蘅芳、徐寿、李善兰等人，皆晚清著名科学家、数学家。同治二年（1863）九月，应张斯桂、李善兰邀请，容闳来安庆会见曾国藩，住在督帅行署。据《容闳自传》（百家出版社2003年版）第十三章“会见曾国藩”：“在我和总督初次会谈后，我又在总督大营逗留约两个星期，与我的上海朋友们住在一起，他们四人——李、张、华、徐分别是李善兰、张斯桂、华蘅芳、徐寿，容闳在督帅行署与他们住在一起。”而张文虎《杂诗》两条注解亦说明李善兰、华蘅芳、徐寿等人住在任家坡公馆，这自然得出了任家坡公馆是督帅行署的结论。

任家老屋有东、中、西三路，张文虎与李善兰、华蘅芳、徐寿住在哪一路？咸丰十一年（1861）九月莫友芝来安庆后，亦住在内军械所，九月二十一《郘亭日记》：“晴。移居于行台东之内军械所，以丹臣移同移也。”道明了内军械所在督帅行署东，即任家老屋东路，太平天国格天燕陈时永之宅。张文虎《杂诗》记述湖州人周学濬、陈庆瀛与他们比邻而居，那么就是住在任家老屋中路，督帅行署最核心区域，曾国藩办公之地，其家眷居于第四进，后有一院落。从官职讲，陈庆瀛官至安庆知府，周学濬是道光二十四年（1844）甲辰科榜眼，官至侍御，居住在这里完全可能的。

容闳自传中，对督帅行署进行了详细地描述，在督帅行署不下二百人，为了各种不同的追求和目的，他们从中国各地汇聚于此。此外在幕府亦有一百人左右。容闳将督帅行署与幕府分开记述，说明这是两个地方不在一起。光绪六年（1880），李鸿章为清节堂题写楹联，载于《安徽清节堂征信录》：“皖公山历劫常新，即今夏屋帡幪，筹策风云曾此地；巴妇台怀清可筑，留取大田秉穗，护持冰雪仗他年。”后有跋语：“光绪己卯春，皖中绅士以通志局既竣，议改为清节堂，大府允行，前此未有也。地本马王庙旧址，经乱改造。曾文正公平皖，曾开幕府其间。余追念昔游，为题为楹帖识之，并为吾乡好义者劝。庚辰冬月，合肥李鸿章题并跋。”当年李鸿章亦是幕府一员，清节堂勾起了他对往昔幕友的怀念之情。李鸿章为清节堂题写的楹联及跋语，清晰地道明了清节堂前身是曾国藩幕府。而按照容闳的观察，有一百多幕僚聚集于此。莫友芝最早提出“皖江幕府”的概念，从安庆到金陵，在战争的废墟中搜罗各种典籍，致力于江南文化的复兴。1871年莫友芝卒于舟次，曾国藩有挽联：“京华一见便倾心，当年虎市桥头，书肆订交，

钱牌楼南三巷

钱牌楼南二巷

早钦宿学；江表十年常聚首，今日莫愁湖上，酒樽和泪，来吊诗人。” 任家老屋后院距离清节堂前基甚近，只有几十米。

从当年出入英王府（督帅行署）的曾国藩、李鸿章、赵烈文、莫友芝、容闳、张文虎第一手资料考证中，可以看出，太平天国时期，从任家坡到清节堂，英王府与太平天国军事机构集中于此。湘军攻克安庆后，督帅行署与幕府又集中于此。某种程度来讲，这两处是一个整体。胡寄樵与蒋元卿两位先生的考证，各有千秋，完整地展现了那个时期的历史风貌，为中国近代史研究做出了重要贡献。

曾国藩皖江幕府

同治元年（1862）正月十五，曾国藩在安庆幕府欢度元宵，莫友芝有诗《元夕皖江幕府观湘中新至雅乐，遂登西楼骋望，赋呈涤生节相兼柬李申夫观察》：“十载祆荒复汉官，皖江令节酒杯宽。轰传雅乐衡嶷至，便作春镫鼓吹看。阴谷早回温津衍，渔洋犹陋霸才瞒。湘乡取士皆儒术，胜算雍容视羽干。”（其一）“飞楼十丈涌冰壶，火树千章结四隅。天际江光乘月转，城头塔影聚星扶。漏声乍紧愁催箭，瑟韵新调喜贯珠。幕府今宵除犯夜，迟归不怕李金吾。”（其二）当晚曾国藩日记：“浏阳诸生邱庆仑等来此，令吹笙笛为乐，余与莫子偲、李申夫、眉生、穆海航等听之。月色如昼，万里无云，与客细论时事，不知今年果有转机否，二更散。”莫友芝日记：“晚走幕府，观浏阳新至雅乐，申夫、海航亦到，与涤公同登楼听肆奏，观城中灯火，三更乃还。”

道光二十七（1847）莫友芝赴京参加会试，未中，在琉璃厂与翰林院侍讲学士曾国藩偶遇，双方相聊甚欢。后曾国藩由刘传莹引荐，与莫友芝在虎坊桥置酒订交。其诗《送莫友芝》记述了相遇过程：“青鞋侧破帽，日绎书贾坊。邂逅一相见，揖我谓我臧。刘郎吾庸敬，好事迷短长。炙酒赖君频，亦用沾我肠。”莫友芝回贵州后，五月曾国藩友魏承祝赴黔任县令，曾国藩将诗作托其转交莫友芝。九月莫友芝得诗，作诗三首和答，分别致曾国藩、刘传莹、魏承祝。

曾国藩皖江幕府设在今天的清节堂，原为马王庙、三清殿旧址，后为安徽省通志局，光绪九年（1883）在叶伯英、李鸿章等倡议下改为清节堂。皖江幕府也有部分幕僚在任家坡任家老屋督帅行署办公，中路、西路如今已拆毁，现存的东路主要是安庆书局和内军械所办公地点，莫友芝当时就住在这里，其日记记载“晚走幕府”，即从任家坡到清节堂。

曾国藩开皖江幕府，规制实模仿其前辈陶澍。1821 至 1839 年，陶澍先后任安徽布政使、安徽巡抚、江苏巡抚、两江总督，清代三大政漕运、盐政、河干皆集于江南，三大政改革，陶澍幕府崛起晚清第一批有近代眼光的知识群体，湖南魏源，福建林则徐，江苏周济、冯桂芬，安徽姚莹、包世臣、陈世镕、王凤生。而陶澍则又受到邓廷桢的影响。邓廷桢任皖抚十年，其师从姚鼐，幕府多桐城派文士，如上元梅曾亮、管同、汪平甫、马湘帆，阳湖陆继辂，桐城方东树、马瑞辰。“昔我有先正，奋庸乎中兴，惧功宗笃弼之荡吾志也。”咸同曾国藩皖江幕府之盛，光宣年间安徽提学使、布政使沈曾植效仿之，藩署成园聚集幕客李证刚、谢凤孙、黎端甫，亦聚集皖垣耆宿程朝仪、方守彝、方守敦、马其昶、邓绳侯、胡元吉、徐铁华、姚永朴、姚永概、洪思亮、赵曾重，王闿运、李宣龚、缪荃孙、朱孔彰、李审言曾到成园访学，此是后话。

任家坡——飞霞阁寿苏会

同治二年（1863），安庆冬天下雪很迟，十二月初五：“天气燥热已十余

迎江寺

日”，但接踵而至的大雪严寒让曾国藩难以忍受；十二月十七：“是日大雪苦寒，不便作事”。同治三年正月初十：“是日大雪竟日，平地二尺，寒冷异常”；正月十一：“风雪不止，酷寒难耐”，“是日雪大如故，平地几及三尺”；正月十二：“是日大雪不止，奇寒不能治事”；正月十三：“大雪不止，至室内围炉小坐”，“是日酷寒如故，天容惨黯”；正月十四：“是日雪止，午后放晴，酷寒如故”；正月十五：“天气虽晴，奇寒如故，殆近岁所未有也。”十二月三十，邓守之（邓石如之子）携独孙邓绳侯（邓稼先祖父）到督帅行署给曾国藩辞岁，我曾经想象的画面是大雪初霁，劫后的古城呈现复苏气象，白雪覆盖的断垣残壁出现了邓守之祖孙俩。看来这幅画面与皖垣当时气候亦颇吻合。是日曾国藩有记：“午刻，邓守之来，携一幼孙，仅八九岁，盖完白先生之子孙仅存此耳，相对凄然。”

正月十八：“天气放晴，本日始暖，有春意矣”，度过一个月大雪，曾国藩感受到了春天的气息。但二月仍有倒春寒，二月初九：“是日天气阴雨凝寒”；二月十三：“是日天气新晴，仍有凝寒未解”；至二月二十：“天气新晴，春日舒长”，古城春天可谓真正来矣。曾国藩私淑桐城姚鼐，姚鼐有联：“万类同春人己合，大虚为室岁年长。”曾国藩有联：“养活一团春意思，撑起两根穷骨头。”两人心境有别，生机则一。我曾以姚鼐、曾国藩、陈独秀三人诗联表述王国维学问之三境界：“万类同春人己合，太虚为室岁年长”（姚鼐），此第一境，大且远矣，对应“昨夜西风凋碧树。独上高楼，望尽天涯路”；“养活一团春意思，撑起两根穷骨头”（曾国藩），此第二境，艰且阻矣，对应“衣带渐宽终不悔，为伊消得人憔悴”；“金樽银烛销春雨，象管鸾笙护紫云”（陈独秀），此第三境，融且合矣，对应“众里寻他千百度，那人却在，灯火阑珊处”，一派皖江春色。

同治二年（1863）腊月十九，北宋诗人苏东坡生日，大雪纷飞，在这个奇寒的冬天，曾国藩安庆幕府成员周学濬、张文虎、王家璧、陈庆瀛、孙衣言、刘开生、林若衣、方元徵、叶圻、李善兰、李少石、杨见山、吴颖仙、张元素等十四人会聚于任家坡周学濬住所蛰庵，举办寿苏雅集。后每年在南京朝天宫飞霞阁举办，延续十余年。查阅莫友芝日记，任家坡寿苏雅集最早似应是咸丰十一年（1861）。据十二月十九《郘亭日记》：“阴，风寒。雨生祀东坡生日，招晚饮。”雨生即丁日昌，洋务派重要人物，寿苏会后不久从安庆前往广东督办厘金。第二年寿苏会停办，原因是曾国藩弟曾国葆停柩二郎巷湖南会馆，气氛不适宜。任家坡寿苏雅集，曾国藩赞叹“承平气象”，预示同治中兴。湘军攻克金陵，朝天宫改文庙，江宁府学亦由成贤街迁此。安庆书局随曾国藩大营先设于铁作坊，很快迁到朝天宫飞霞阁，此后飞霞阁就成为寿苏会永久地址。雅集时悬挂苏轼画像，陈设蔬果，然后各自赋诗纪事。曾国藩皖垣三年，任家坡督帅行署与清节堂皖江幕府相距甚近，气易聚，气亦盛。移居金陵后，幕府机构散布城中各处，且曾氏忧谗畏讥，事务繁重，渐呈颓势，而飞霞阁金陵书局成为幕府人员聚集中心。同治三年（1864）四月初三，曾国藩设书局于任家坡大营东路，校勘人员有刘毓崧、张文虎、吴让之、汪士铎等，后迁朝天宫飞霞阁。

曾国藩幕僚欧阳兆熊《水窗春呓》言船山“素恶东林复社驰骛声气标榜之习”，此语不确，讲学结社乃晚明士习，非独东南，船山亦结行社、匡社。湘军克皖后，曾国荃付八千金嘱欧阳兆熊在安庆书局刻《船山遗书》，湘军盛而船山名始显。明清之际硕儒森森，又非独船山，然多湮没，虽方密之全书至今未出。《水窗春呓》又言曾文正一生三变，京官时以程朱为依归，办团练军务变为申韩，收复安庆、金陵后行黄老柔道，恢复江南文脉。方守彝《追录旧作送长白联仙蘅公太守入觐叙后长古一首》亦言，“制府曾文正公念安庆孑遗，民初离水火，务一切煦妪而长养之”，与民

飞霞阁

休息，惇大成裕，以养元气。

李鸿章与桐城派

咸丰十一年八月初一（1861 年 9 月 5 日），湘军从北门城墙攻入安徽省城安庆，两江总督曾国藩开皖江幕府集聚人才，振兴桐城派恢复儒家道统，建内军械所开启洋务运动，此后十余年的战后重建史家称之为“同治中兴”。美国汉学家芮玛丽《同治中兴》一书认为，同治中兴哲学基础就是桐城派，书中写道：“在汉学学派于传统学问中风行期间，桐城学派人士已脱离了汉学学术的发展。在曾国藩的鼓动下，桐城学派的影响迅速扩大，大致可以公正地把桐城学派的学说称之为中兴的理论依据。虽然曾氏本人的目的在于一种综合所有学派学说的广泛的折中，他受杰出的汉学学者顾炎武的影响，但是他所崇敬的是孔子、周公和姚鼐的三位一体，并把他的政府学说建立在桐城学派的基础之上。”

1861 年 11 月 18 日，上海士绅钱鼎铭至安庆乞师，拜见曾国藩。曾国藩意欲曾国荃领兵，曾国荃不愿，遂令李鸿章组军援沪。李鸿章利用旧有庐州府团

李鸿章像

练，再加上湘军8营，组建淮军。淮军成立时共有13营，6500人，1862年4月5日首批淮军从安庆登英轮赴沪，至6月上旬，分三批用轮船将淮军运至上海。后清廷扶植淮军，打压湘军，恐曾国藩当初未料此局面。

曾国藩逝世后，淮系逐渐取代湘系，其影响力一直持续至甲午战争失败。李鸿章与桐城派关系如何，读李鸿章光绪五年（1879）为姚鼐《惜抱轩遗书三种》所作之序，可知李鸿章幕府与曾国藩幕府有延续关系，李氏与其师曾氏一样尊崇姚先生。兹录全文如下：

“今天下言古文者必宗桐城，盖肇自望溪方氏，而集成于惜抱姚先生。予闻之湘乡曾文正公有年矣，文正私淑先生，跻诸圣贤，既详于画像述赞，而导启晚进，尤龂龂焉举以为归，由是天下益翕然无异辞。独惜所撰辑诸书，兵兴而还，毁者大半。予开府江南，首刊《古文辞类纂》《五七言今体诗钞》，而《经说》、诗、文、杂著号称十种者，予伯兄续刻于湖广节署，嗣是《老子章义》刻于扬州，《尺牍》刻于长沙，世所传先生书大略备矣。先生既以文诏天下，其乡里承学之士，代嬗不穷，以予夙知，若方存之大令、徐椒岑主政、吴挚甫刺史，皆卓然有名称。日者挚甫云，先生遗书有《庄子章义》《书录》二种，旧未盛行，而《尺牍》又有补编。予心向之不置，今椒岑乃昌议集刊，甚盛事也。桐城距吾郡二百里，往来相望，其后先辈推引，类多如此，文学渊源固宜非他邑之所可及哉！予故乐为天下言之。光绪五年乙卯春正月，合肥李鸿章。”

安庆城守叛将程学启、丁汝昌

电影《投名状》取材于张汶祥刺马案，《清稗类抄》所载马新贻、张汶祥、曹二虎传说，但诸多细节多是湘淮军开字营程学启、丁汝昌、郑国魁，苏州杀降乃程学启所为。苏州围城又有安庆围城之影，曾国荃降与不降皆杀，程学启实效之。太平军安庆保卫战期间，程学启为弼天豫，佐叶芸来守城，丁汝昌乃其下属。程学启幼丧母，族人程惟栋母养之，故程学启待其母子甚厚。曾国荃采纳桐城孙云锦计，拘程惟栋及其母至营，威逼利诱程降。曾国荃、孙云锦多次策反，终成，程学启率手下干将丁汝昌八十余人离开北门外营垒，投奔集贤关曾营。“至七月杪，北门地道成，晦夜四鼓，前营开字营官程又忠（本皖守贼，今夏投诚）薄城西北门，缘城而升，城破，会地道亦发，我军蜂拥而入。”（赵烈文咸丰十一年八月十三日记）城破之处在安庆四方城、郭家桥一带城墙，今安庆保存最好的北门古城墙就在此处。

咸丰十一年（1861））十月，上海士绅钱鼎铭等溯江赴安庆两江总督府乞师，曾国藩遂令幕僚李鸿章组建淮军，淮军最初十三营包括庐州团练四营，湘军转隶九营，同治元年（1862）三月至五月以轮船分批从安庆运抵上海。安庆之役后，程学启升任游击，赏戴花翎，充开字营营官；丁汝昌亦升任千总，充开字营哨官。程学启初不愿从湘军转隶，孙云锦（程反正后以师礼待孙云锦，并随孙读《战国策》）劝说，方醒悟，料自身皖人，不能见容湘军，自谓：“吾辈皖人，于湘军终难自立。大丈夫当别成一队，岂可俯仰囚人？”抵沪后，开字营于淮军“首开西人操练夷之风气”，“见外国兵械劲利，深研潜讨，一变中国旧法，师彼长技。淮军用西域枪炮，自公（程学启）倡始。”与悍将程学启相比，北洋水师提督丁汝昌太平军这段经历鲜为人知。他十八岁参加太平军，跟随程学启驻守安庆，城陷之前叛变，是城中太平军稀有的幸存者。程学启与丁汝昌二人同馆，志趣相投，颇为意气风发。在中国近代史上，丁汝昌是一个缄默者，早期是程学启影子，后期是李鸿章影子。

菱湖春光

钱牌楼南一巷

彭玉麟“皖江情结”

地域文化与行政区划演变密不可分，皖江文化的形成与安徽建省有关，与江南文化渊源甚深。元胡文化荒漠化之后，大明重建华夏文化道统，一般中国人无论是家族血脉，还是地域文化基因，也只能追溯到明代。明代南直隶形成了江南文化,以南京为中心又有上江、下江之分，恰如浙江之浙东、浙西。清初南直隶改江南省，后又分江苏、安徽，但江南乡试一直延至清末，维系了五百余年。江南并非指长江以南，也并非当代某些学者任意阉割的几个府州，江南就是明代南直隶，清代江南省分省后的江苏、安徽。明代南直隶虽有上江、下江文风之别，但都属江南文化。清初安徽建省后，省会安庆别称皖江，皖江文化始从母体江南文化分离，与江南分省是同一过程。江南乡试的延续、安徽布政使司缓慢迁移，安庆又是南京上游门户，导致这种分离藕断丝连。真正切断这种联系的是在新中国成立后，省会北迁合肥，安徽迅速皖北化、淮化，与江南空间及心理距离渐行渐远。近年来兴起的皖江文化意在重建这种联系，恢复老安徽历史文脉。

彭玉麟生于安庆，十七岁才第一次回祖籍衡阳，可谓交织了皖江与湖湘血统。早年有诗《道光辛卯，丁大母艰，由皖江别舅氏，侍双亲初归衡阳》：“儿时不识家何在，十七年才返故乡。”彭玉麟有浓厚的“皖江情结”，其诗集最少五次出现皖江一词，还多次出现皖城、皖水等词。彭玉麟儿时多住外婆家，即安庆城西八卦门内黄甲山。道光丙午（1846）彭玉麟外婆去世，有挽诗《哭外大母王太夫人》：“天姥峰颓二月天，渭阳风冷最凄然。乡关迢递七千里，寿母康强九十年。一梦西池归鹤驾，三春南岳卜牛眠。伤心未报含饴德，回首儿时涕泪涟。”诗后有注：“予儿时多养在外家。”太平天国战乱致使彭玉麟外婆家被毁，屋基亦被人占用。光绪癸未年后,晚年彭玉麟赎回黄甲山宅基地。“惭予宅相已衰羸，五十余年复旧观。徒倚花墙伤往事，栽培竹径护新篱。墓门禋祀垂宜远，庭院梧桐荫未移。回忆儿时嬉戏处，女贞浓绿荫阶墀。”（《赎回皖城舅氏旧宅基，新之以为春秋祭产，喜而有作》）诗后自注：“外祖母有养女，长予，赖以提携嬉戏。”外祖母养女竹宾，即梅姑。彭玉麟《感怀》，情透纸背，夕光返照黄甲山，怀念与梅姑坐在门前看江上白帆的日子：“少小相亲意气投，芳踪喜共渭阳留。剧怜窗下厮磨惯，难忘镫前笑语柔。生许相依原有愿，死期入梦竟无繇。黄甲山里冬青树，一道花墙万古愁。皖水分襟十二年，潇湘重聚晚春天。徒留四载刀环约，未遂三生镜匣缘。惜别惺惺情缱绻，关怀事事意缠绵。抚今思昔增悲哽，无限心伤听杜鹃。”

胡林翼安庆坠马考

民国安徽省财政厅大院前身是清代安徽按察使司（臬署），在今劝业场东边，吴越街两侧。柴小梵名萼，宁波人，生于1893年，留日多年，1924年回国后任安徽省财政厅职员，其文史笔记《梵天庐丛录》即完成于任上。据其自序，《梵天庐丛录》史料搜集始于壬子年（1912），直至甲子（1924），前后十多年，供职安徽省财政厅后始有闲暇整理，“今年寓皖，备员财政，案牍多暇，则发旧稿整理之，更略掇拾，友好时贤杂作，隐以类从，得书三十七卷，五十六万言，凡事目千一百八十三条，数千九百九十八，自夏亘秋，躬亲缮录，蚊嚼汗流，不少旷逸。阳羡邹君秋士，博闻多识，又助我斠校，巨编以成。”序后有“民国十四年中秋柴萼书于安徽财政厅之东廨”，当知《梵天庐丛录》1925年秋天完工于安徽省财政厅东廨，财政厅东廨在何处？旧臬署（财政厅）前有照壁，位置在今人民剧院附近，财政厅东廨应在吴越街东边新华书店一带。序中又提及财政厅同事阳羡（今宜兴）人邹秋士帮助其校勘书稿，邹秋士亦为《梵天庐丛录》作序，其言柴小梵是随王揖唐来安庆，查王揖唐1924年11月任安徽省省长兼督办军务善后事宜，当在此时。“甲子冬，随王公来皖，

钱牌楼南三巷

民国时期柴小梵

柴小梵供职的安徽省财政厅大院

予与之共事财厅。公余谈艺，汩汩不穷，浩浩无涯。见其足不出户，埋首简编，异其为人，始订交焉。”

《梵天庐丛录》多录自清人笔记及时下报刊，譬如近人引述较多的胡林翼安庆坠马之事，《梵天庐丛录》卷五“安庆遇险”有记：“当楚军围安庆时，文忠曾亲至视师。策马登龙山，周览眺望，见形势壮伟，喜曰：‘此处俯视安庆，如在釜底，敌虽强，不足平也。’既复驰至江滨，忽见二轮船鼓轮西上，迅疾异常，文忠即变色不语，勒马回营，未至，即中途呕血，几至坠马。”薛福成《庸庵笔记》卷一“荩臣忧国”亦有记：“有合肥人刘姓，尝在胡文忠公麾下为戈什哈，既而退居乡里。尝言楚军之围安庆也，文忠曾往视师，策马登龙山，瞻眄形势，喜曰：‘此处俯视安庆，如在釜底，贼虽强，不足平也。’既复驰至江滨，忽见二洋船鼓轮西上，迅如奔马，疾如飘风。文忠变色不语，勒马回营，中途呕血，几至坠马。文忠前已得疾，自是益笃。不数月，薨于军中。盖粤贼之必灭，文忠已有成算，及见洋人之势方炽，则膏肓之症，着手为难，虽欲不忧而不可得矣。阎丹初尚书向在文忠幕府，每与文忠论及洋务，文忠辄摇手闭目，神色不怡者久之，曰：‘此非吾辈所能知也。’噫！世变无穷，外患方棘。惟其虑之者深，故其视之益难，而不敢以轻心掉之。此文忠之所以为文忠也。”

胡林翼安庆呕血坠马之事，柴小梵《梵天庐丛录》来源于薛福成《庸庵笔记》，两者文字区别不大，《庸庵笔记》则源自胡文忠公麾下刘姓戈什哈之口述。然而此说颇有病焉，胡林翼策马登龙山，俯视安庆，龙山距城三十余里，今日登临亦费事，如何策马俯视？且安庆围城系曾国荃部，胡林翼派成大吉部三千余人援助曾国荃，与鲍超在集贤关外赤岗岭攻垒。此时胡林翼与围魏救赵之陈玉成酣战皖鄂间，无暇分身安庆，故基本可以判定坠马之说为杜撰。湘军攻克安庆二十余日后，胡林翼卒于武昌，由于胡林翼在湖北牵制了太平军，曾国藩在奏折推胡林翼克复安庆首功。

安徽巡抚裕禄

裕禄与李世忠

清末安徽省垣安庆，界吴楚枢纽，地狭民嚣，往来奸宄，薮窟于兹。五方杂厝，船夫会党，逝若江鸥。近代以安庆为中心的皖江文化，实为光怪陆离的码头文化，混杂桐城古文、曾氏洋务、反清会党、会馆商帮、漕运青帮、青皮妓女，这里的主角不仅仅是那些走马灯巡抚、藩台、都督，还有官绅名士、行会首领、帮派老大、妓院老鸨、报馆记者。热热闹闹市井相聚，冷冷清清江风消散，不着痕迹，亦了无踪影。前之彭雪芹，后之陈仲甫，皆具此气质。1888年彭雪芹扶病巡视长江水师，至安庆以衰病开缺回籍，人生从黄甲山出发又回到黄甲山，一年多后病逝。旧式反清会党岳王会会长，则是最符合陈仲甫性格的一个身份。

太平天国战乱后，江南（苏皖）人口损失在一半以上，传统儒家宗法社会已崩溃，曾国藩及其继承者以安庆、南京、苏州等为基地，重建儒家秩序。清廷意欲恢复战前绿营制度，遭到曾国藩、李鸿章拒绝，此后，满洲皇室逐渐丧失了地方军事控制权，让位于汉族督抚。1861年曾国藩克皖以来，裕禄任皖抚时间最久。某日湘籍候补知府吴廷选在安庆街头调戏少妇，该少妇系李世忠旧部某都司之妾。李世忠遂出面，痛殴吴廷选，掌掴其老母。吴廷选不堪其辱，时左宗棠督两江，湘人宦皖者气焰甚盛，聚集二郎巷湖南会馆，联名诉诸巡抚裕禄。昔李世忠与陈国瑞在扬州私斗，曾国藩将其革职，疏末有再犯处极刑语，裕禄遂援之在抚辕诛杀李世忠。李世忠原名李昭寿，河南固始人，首施两端，在捻军、太平军、清军之间游荡，曾残杀皖南道道台何桂珍。何桂珍理学名儒，与曾国藩友善。曾国藩誓言复仇，因朝廷重用李世忠，未遂。后湘系实借裕禄之手诛李世忠。

皖江绥佑

“皖江绥佑”匾额，旧在安庆大南门府城隍庙。《清实录》记载，光绪十三年（1887）四月，以神灵显应，颁安庆府城隍庙匾额曰“皖江绥佑”，加封号曰“赞化”。清末安徽巡抚冯煦《皖政辑要》卷四十八“祀典”亦记：“安庆府城隍显忠灵佑王庙。光绪十三年敕封‘赞化’，并颁‘皖江绥佑’匾额。”绥佑，通绥猷，典出《尚书·商书·汤诰》：“惟皇上帝，降衷于下民。若有恒性，克绥厥猷惟后。”绥：古指登车时手挽的索，引申为安抚、顺应之意。猷：道，法则，意谓“顺应天道、法则”。故宫太和殿亦有匾额“建极绥猷”。

“天锡纯嘏”，见之安庆西门外大王庙谢家老屋大门后上方， 出自《诗经·鲁颂·閟宫》：“天锡公纯嘏，眉寿保鲁，居常与许，复周公之宇。”东汉郑玄笺：“纯，大也；受福曰嘏。”《閟宫》为鲁大夫赞颂鲁僖公之作，“天锡公纯嘏”，上天赐鲁僖公以洪福，祝福之意。据已故谢高鸿老人介绍，谢家在此繁衍已有数百年，其父谢名甫民国曾在浙江温州做官，谢高鸿、谢高鸥、谢高鸰三兄弟都出生在温州。谢老生于1920年，年轻时留日多年，暮年精力充沛，除义务教口语，还写有三四十万字的自传。百年谢家老屋，因为中科院院士谢毅获世界杰出女科学家成就奖而引人注目，谢毅是谢高鸿老人侄孙女，其父谢显寿与谢老感情甚笃，大学毕业后在外地工作，将其老屋中的房产送予老人。谢毅曾祖父“名字辈”有四兄弟，祖父“高字辈”有十一个兄弟，祖父“高字辈”有十一个兄弟，到了父亲“显字辈”，枝繁叶茂，散布于各地。

1929年，安庆城东破城墙立城门，坊间俗称“大栅子”，两任省政府主席分别题写匾额“开物成务”（吴忠信）、“大辂椎轮”（刘镇华）。“开物成务”出自《易·系辞上》：“子曰，夫《易》何为者也？夫《易》开物成务，冒天下之道，如斯而已者也。”这是孔子对《易》的解释，“开物”是创始，“成务”是完成，集大成。“开物成务”是说《易》包括事物的创始与完成，即事物发生发展乃至终结的全过程都在《易》的范围之中。南宋思想家陈同甫曾言“开物成务，以发厥志”，明代科学家宋应星亦有著作《天工开物》，表明他们探究事物发生发展规律的志向。“大辂椎轮”出自南朝·梁萧统《文选序》：“若夫椎轮为大辂之始，大辂宁有椎轮之质。”大辂：古代大车；椎轮：无辐原始车轮。华美大车是从无辐车轮的原始车开始的，比喻事物进化，是从简到繁，从粗到精，后来亦用以指创始者筚路蓝缕精神。

从晚清到民国，把安庆这几个来自坛庙、牌楼、民间宅院的匾额汇聚在一起，遂成“皖江绥佑，天锡纯嘏；开物成务，大辂椎轮”之联句。“皖江绥佑，天锡纯嘏”，天则也；“开物成务，大辂椎轮”，人道也。顺应天则，践行人道，东西均，阴阳合，此皖江之智慧、旧省之精神也。

曾国藩开启宁安轴心

宁安高铁贯通旧南直隶上江区域，已形成一条便捷的交通线路，可分南京板块（旧江宁府）、芜（湖）马（鞍山）板块（旧太平府）、铜（陵）池（州）板块（旧池州府）、安庆板块（旧安庆府），并可向东延至镇（江）扬（州）板块，向西延伸至九江板块。皖江之于金陵，正如新安之于扬州，一宋学气象，一朴学风貌，这是清代文化的两条主轴。方苞、姚鼐、梅曾亮倡学金陵，上元、江宁弟子云集，开金陵之学。曾国藩经略安庆、金陵，江表十年，续轨桐城。曾幕石埭杨文会创金陵刻经处，兴唯识宗，至熊十力《新唯识论》，遂开当代新儒家。航运时代没落后，宁安高铁重又贯通上江文化精神。

溯江而上的宁安高铁，平林漠漠烟如织。静谧的滨江小城，流逝往昔上江姑熟画派、江上二沈、贵池二妙、桐城文派的身影，风流不绝。江畔滩涂，一大片泼洒的绿色映入眼帘，宁安大地透

古宜城渡码头

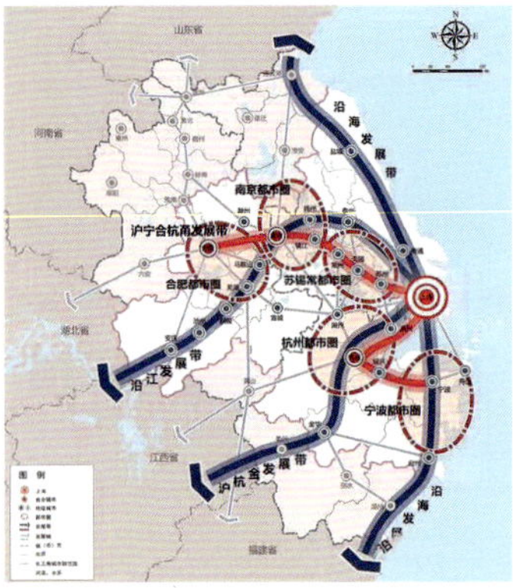

长三角经济发展带

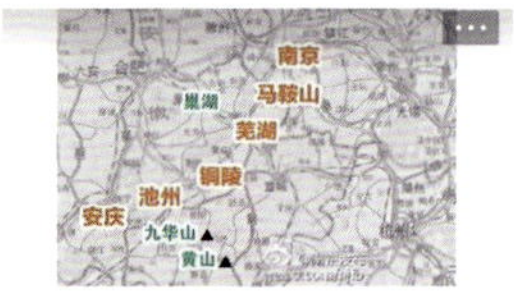

由南京南站经江宁西、马鞍山东、当涂东、芜湖新站、弋江、繁昌西、钟鸣北站（预留）、铜陵、马衙（预留）、池州、晏塘（预留），抵达铁路安庆新站。

宁安高铁路线图

露出复卦生机。宁安高铁200多公里串起6座城市，中间还有七八座滨江县城，城市密度高。宁安空间的开拓，不仅为重振明清上江文化提供了便利，也为宁安城际文化的生成提供了可能。皖江文化近代转型成功后，又将面临以都市为中心的现代建构。

清初江南分省，两江总督驻地南京与安徽巡抚驻地安庆形成上江地区两大文化集聚中心，而江南乡试则加剧了南京上江文化中心地位。徽州府学术人才亦较多，但其本身没有形成跨地域文化中心，而是人才流出地区。宁安文化就是明代上江文化，清代安徽建省后的皖江文化。上江文化泛指明代南直隶南京上游地区，与下江文化尚是一个整体，可统称南中文化。清初江南分省，以省会安庆为中心的皖江文化始与母体分离，但江南乡试又使这种分离藕断丝连。当代宁安高铁将上江区域整合一小时城市带，为建构宁安都市型文化提供了可能性。

航运时代，南直隶（江南省）上江、下江区域通过长江融为一体，构筑了斑斓多姿的江南文明体系，无论是晚明方以智、钱澄之、贵池二妙、江上二沈，桐城派方苞、姚鼐，还是皖派邓石如、包世臣，徽班高朗亭、程长庚，都是上下江合作的产物。航运没落后，上下江失联，宁安城铁贯通，将会重现航运时代之荣光。航运时代，皖江之桐城派学术、徽班戏曲、皖派篆刻的形成，都依赖于这条轴线。火车时代，柏文蔚等弃东西向宁安铁路，倾心南北向安正铁路，而长期未能开工。高铁时代上、下江贯通，将会重现航运时代荣光，宁安铁路之贯通相当于重新连接起中断近百年的清代上江文化之轴。

明末清初江南分省前后之特定时段，以明遗民觉浪道盛、方以智师徒为中心形成上江学派。觉浪往来宁安之间，金陵天界寺、栖霞寺、安庆府华严寺、中方寺，据康熙《太平府志》《当涂县志》，顺治觉浪开选佛场于无相寺，又因《原道七论》系狱太平。此时段宁安人物尚有吴次尾、钱澄之、

《长江沿江城市与中国近代化》

方文、沈昆铜、沈眉生。清代江宁不产汉学家，仅严长明一人闻名。卢抱经、钱竹汀时的钟山书院传汉学，成器者仅孙星衍寥寥数人；姚惜抱改彰宋学，一时蔚为大观。皖江汉学家亦不多见，鲜有马宗琏、马瑞辰这样的经学世家。清代学术汉宋之争，主要表现徽扬与宁安之争，如戴震与姚鼐、江藩与方东树。宁安文化是一本大书，方苞生于南京，葬在南京。姚鼐在南京讲学二十余年，逝于钟山书院，其四大弟子梅曾亮、管同都是南京人。曾国藩复兴桐城派，亦以安庆、南京为基地。在江南文化区域，宁安呈现的是洁净的宋学气象，与徽州—扬州的汉学风貌不同。

“安庆者，金陵之门户也。”（顾祖禹《读史方舆纪要》）从太平天国到民国，宁安亦构成近代史之轴心。莫友芝 1861 年入曾幕，1871 年卒于兴化舟次，曾国藩有挽联“京华一见便倾心，当年虎市桥头，书肆订交，早钦宿学；江表十年常聚首，今日莫愁湖上，酒樽和泪，来吊诗人。”江表十年，从安庆到南京，曾国藩幕府汇聚全国精英，引领同治中兴。惜其逝后事业被李鸿章废止，而开始大规模采购。 民国宁安风流韵事，芜湖潘赞化与潘玉良、安庆郁达夫与海棠、江上往来南京、安庆的徐悲鸿与孙多慈。安庆报人张友鸾一生热爱南京，曾创作以南京为背景的小说《白门秋柳记》《秦淮粉墨图》。而生于安庆的文化名人陈独秀（百花亭）、陈撄宁（苏家巷）、赵朴初（天台里）、宗白华（小南门），皆与南京有缘。

近代通商开埠引起民风嬗变，沿江城市形成亚文化圈，而逐渐脱离所属省域文化。上海、武汉、重庆是下游、中游、上游地区三大中心。另一个特征，清政府主导的“京—津”模式演绎而成，如江苏“南京—上海”模式、安徽“安庆—芜湖”模式、湖北“武昌—汉口”模式，政治文化中心与通商口岸分离，互为倚恃。长三角中心城市上海，沪宁、沪杭是两翼，进入高铁时代，沿长江、杭州湾向前延伸，沪宁—宁安、沪杭—杭甬形成的经济带将是两翼。

巧合的是，在明清航运时代，南直隶（江南省）、浙江省经济文化轴心依托长江、大运河两条水路形成，与当今高铁时代日趋成熟的沪宁—宁安、沪杭—杭甬城市带，线路基本吻合。

／登云坡

惇大成裕

“明作有功，惇大成裕，汝永有辞”，语出《尚书·洛诰》。周公为开拓东土，掌控东方诸侯国，在洛邑建立新都。《洛诰》讲述的就是新都城宗庙、宫室等主要工程完工后，周公邀请周成王到洛邑举行祀典，主持国政，通篇都是周成王与周公之间对话。此篇也是《尚书》中唯一记载作者的一篇，作者作册佚，即史佚，又称尹佚，是周朝史官之长。

对这句话的阐释，《孔传》云：“明为有功，厚大成宽容之德，则汝长有叹誉之辞于后世。”《蔡传》云：“明日奋扬而赴功，惇厚博大以裕俗，则王之休闲亦永辞于后世矣。”二家所释之义相近。王先谦《参正》云：“言今王往新邑，惟使诸臣向就有官，思尽其职，显为有功，勿怠其事，惇厚广大以成宽裕之治，则汝永有闻誉之辞于后世矣。”

“惇”者，厚也。“惇大成裕”，惇厚博大以成宽裕之治。咸丰十一年（1861）八月初一，湘军攻克金陵上游门户安庆，八月初七曾国藩进城，面对的是一座经历过屠城血光之灾的省城，百废待兴，与当年周公营建洛邑之境遇有相似之处。此后的三年，到同治三年（1864）九月初一离皖赴金陵，曾国藩一直坐镇城中心督帅行署，指挥着这座城市从市政、建筑、工商业到科举、人才、文化的复兴工程，而“惇大成裕，以养元气”也成为曾国藩皖垣城市复兴的指导思想。“皖民本是劫余灰，湘乡曾公费浇培。才见众绿生春蕾，萌芽出土勾伸荄。抽条缀叶蔚成堆，曾公一笑须连髯。”（方守彝《追录旧作送长白联仙蘅太守入觐叙后长古一首》）

方守彝是同光体皖派三大家之一，其父方宗诚是理学家，入曾幕。在《追录旧作送长白联仙蘅太守入觐叙后长古一首》叙中，方守彝追溯了曾国藩在皖垣开启的“惇大成裕”治理传统。联仙蘅即联元，满洲镶红旗人，曾任安庆知府、安庐滁和道台、安徽按察使，入觐改三品京堂，在总理衙门行走，次年，补内阁学士。义和团运动爆发后，拳民进入北京，围攻各国使馆，徐桐、崇绮称“民气可用”，纵容拳民。在御前会议上，联元与崇绮争论，谓“民气可用，匪气不可用”。后被杀，与许景澄、袁昶、徐用仪、立山合称“庚子被祸五大臣”。联元在清末满洲大臣中算比较开明的，不知是否与他在安庆为官时浸润曾公“惇大成裕”的遗风有关。

叙曰：“昔汉兴，反秦之敝，与民休息。史称当时循吏如河南守吴公、蜀守文翁之属，皆谨身帅先，居以廉平，不至于严，而民从化。王成、黄霸、朱邑、龚遂、召信臣等所居民富，所去见思，以为廪廪德让，君子之遗风焉。往者，江南底定，制府曾文正公念安庆孑遗，民初离水火，务一切煦妪而长养之，广求贤吏，欲得如汉之文翁、召信臣者。时前安庆守开县李公宗羲，方居忧归蜀，而闽县陈公濬以侍郎史典郡江西。于是文正公以其贤者遂调守安庆。未几，李公亦奉命来为布政使，其后又继文正公帅江南，至今民怀两公之惠。陈公守安庆数年，擢安庐滁和道入觐。先大夫尝为文送之，谓陈公为政，务惇大成裕，以养元气，敬贤训士，洁己惠民，民戴之如父母师保然。又论陈公入觐，宜以吏治之

古宜城渡码头

污隆、民生之休戚敬陈君相之前，以慰天下望。继是来守吾郡者，则有广州何公家骢、湖州沈公镕经，独今太守长白联公凡再至。汉史谓孝武之世奸宄不禁，时少能以化治称者，惟董仲舒、公孙弘、儿宽居官可纪。皆儒者通于世务，用经术润饰吏事。以视先后典郡诸公，古今人殆无以异也。”

在这篇长叙中，方守彝回顾了曾国藩收复安庆之后，从李宗羲、陈濬到何家骢、沈镕经、联元历任知府所遵循，由曾国藩开启的“煦妪长养”的治理传统，“惇大成裕”“以养元气”“与民休息”。汉代诸多循吏中，文翁、朱邑出自安庆府前身的庐江郡，明安庆知府胡瓒宗曾于城中建二良书院，二良者，文翁、朱邑也。可见，“惇大成裕”之传统，亦皖地本身所固有，曾文正公将其激活，李宗羲、陈濬、何家骢、沈镕经、联元诸公皆谨守之，方宗诚、方守彝父子则记录之，而公之于天下。

《孟子·尽心上》：“人之所不学而能者，其良能也；所不虑而知者，良知也。孩提之童无不知爱其亲者，及其长也，无不知敬其兄也。亲亲，仁也；敬长，义也。无他，达之天下也。”每个人天性都是善良的，而所有的恶都是后来沾染在良知之心上的灰尘，须时时轻拂拭，让良知之心闪耀其本来的仁义的光辉。“惇大成裕”治理传统，正是源于儒家对人的道德主体的充分信任，恻隐之心、羞恶之心、辞让之心、是非之心原是人与生俱来的品质，如与其严刑峻法恐吓民众，不如煦妪长养激活人心之四端，由内而外，构建中和之天下。

同治二年（1863）十二月三十，这是曾国藩在安庆度过的最后一个除夕，辞旧的爆竹声隐隐传来，白雪覆盖的古城呈现出劫后复苏的气象。正午时分，皖派碑学宗师邓石如之子邓守之带独孙邓绳侯来到督帅行署，提早给曾国藩拜年。邓守之儿子邓解原在曾国藩幕府，后不幸染疫早逝，曾国藩为此一直惴惴不安。两人叹白发，话家常，而沉默多于言说。在一旁玩耍的邓绳侯当时才几岁，他的孙子就是后来的两弹元勋邓稼先，可谓继承了曾国藩洋务之梦。除夕之夜，正襟危坐的曾国藩在日记中记录了此事："午刻，邓守之来，携一幼孙，仅八九岁，盖完白先生之子孙仅存此耳，相对凄然。"在我看来，这样一幅朴厚温暖的画面，正是对"惇大成裕"最好的注解。

月色如昼：1862年安庆元宵节

咸同年间，两江总督曾国藩在安庆度过了三个元宵节，出门赏月的只有1862年元宵节。1863年元宵节下雨，“是日大雨如注，竟日不息，愁闷殊甚”，无月可赏；1864年元宵节，仍在延续冬天的寒冷，“天气虽晴，奇寒如故，殆近岁所未有也，至内室围炉一坐。”（均出自《曾国藩日记》）闭门不出。就在这一年的六月，曾国藩和他的幕府团队离开安庆，从小南门乘火轮到南京。

1862年元宵节，是太平天国八年战乱结束后第一个元宵节，曾国藩和幕僚们的赏月地点在皖江幕府，就是今天的清节堂商场旧址。莫友芝《元夕皖江幕府观湘中新至雅乐，遂登西楼骋望，赋呈涤生节相兼柬李申夫观察》记录了此事。

跟随曾国藩从督帅行署到皖江幕府听乐赏月的除莫友芝外，还有李申夫、李眉生、穆海航。是日（1862年2月13日）曾国藩日记：“浏阳诸生邱庆龠等来此，令吹笙笛为乐，余与莫子偲、李申夫、眉生、穆海航等听之。月色如昼，万里无云，与客细论时事，不知今年果有转机否，二更散。”莫友芝日记：“晚走幕府，观浏阳新至雅乐，申夫、海航亦到，与滌公同登楼听肆奏，观城中灯火，三更乃还。”

在皖江幕府举行的元宵节晚会，邱庆龠率乐队演奏浏阳古乐。浏阳古乐是祭孔音乐，清末民初时期最负盛名，有“用乐古礼在浏阳”之称。我国古乐源远流长，相传伏羲氏创琴瑟，周初有“金、石、竹、匏、土、木、丝、革”等八类乐器，称为“八音”。秦朝除曲阜外各地古乐皆失传，曲阜古乐后亦残缺不齐。清乾嘉年间，浏阳乐工邱谷士钻研典籍，精音韵之学，亲赴曲阜考察，对照古代图解和部分古乐实物，研制出完备的八音古乐，复原了早已失传的“匏”乐器，著有《律音汇考》一书。经其言传身教，浏阳文庙春秋祭孔大典悉用古乐旧制。

咸丰十一年（1861）十一月二十七，曾国藩邀请邱谷士之子邱庆龠来安庆，其日记有记：“酉初，贺宏勋带浏阳精于古乐者邱庆龠等六人来。邱系谷士先生之子；六人者，皆承谷士之教，讲求古乐。带来乐器，琴一、瑟一、凤箫一、洞箫一、匏一、埙一、篪一、笙一。因令奏乐，以鼓节之，音节清雅，穆然令人想三代之盛。古昔圣王修己治人之术，其精者全存乎乐，而后世之独缺者，乃首在乐。余因古人治兵之道，作诗之法，皆于音乐相通，而懵然不知，深以为耻。思寻访谷士先生之徒党，相与讲求一二，故招集六人者自浏阳来皖。儿子纪泽粗晓音律，明年当令其来营，究心兹事。”

曾国藩对浏阳古乐极为赞赏，据说还送给乐队两块匾，上书“雅淡和平”“精深正乐”。在音律方面被曾国藩寄予厚望的曾纪泽，对浏阳古乐用心探究，并竭力推荐给同治皇帝。浏阳古乐名声大噪，曲阜孔府也派人到浏阳观摩古乐，仿制全套古乐器。清末湖南浏阳人谭嗣同亦以浏阳古乐自豪，他评价浏阳古乐家邱谷士：“幽求钟律，钩索元音，从古乐久废之余，独传候气定律之法，……由是吾乡之乐，有声天下。”（《谭嗣同全集·思篇》）

在浏阳古乐声中，在如同白昼的皎洁月光下，皖江幕府之外，劫后余生的城市，也在抚慰心灵的创伤。民众在古老的街巷默默地永生，默默地死去。他们没有选择，太平军进城，他们要像“长毛”一样披发；湘军进城，他们又要重新蓄辫，每一次反复都是一场血腥记忆。元宵之夜，飘荡在街衢的浏阳古乐，是一个复活的幽灵，也是一个精神的象征，“礼崩乐坏”后，曾国藩要重建他胸中的儒家秩序。在他身边的莫友芝，此后十余年，不遗余力在浩劫后的江南搜罗残存的文献，就像失传多年的古乐还能够被邱谷士复原一样，莫友芝也在重续断裂的江南文脉。

当晚，曾国藩还有一个核心幕僚赵烈文缺席了赏月晚会，元宵节这天他正在湖口到安庆的船上。夜幕降临，赵烈文登小孤山，“傍晚到小孤山下泊，觅渡登山，拾阶二百余已至庙上。”小孤山在安庆上游，相距不远，赵烈文也能感受到“月色如昼”。两天后赵烈文抵达西门盐河码头。“晚到安庆府，泊西门外盐河口，即石牌河，盖皖水也。”（赵烈文《能静居日记》）

这个月圆之夜的祥和氛围，也有刻意营造的成分，每个人心中其实都难以忘怀不到半年前的那场屠城之灾。安庆城陷后，赵烈文日记记录了屠城惨状：“前日援贼前队驱胁良民，死于炮火者一万数千人，今城陷复杀贼及万，共死三万余人，军兴以来，荡涤未有如是之酷者也！闻收城之日，五鼓攻陷，杀戮至辰巳时，城中昏昧，行路尚须用烛，至今阴惨之气犹凝然不散，尸腐秽臭，不可向迩。嗟乎！无边浩劫谁实酿成，闻之非痛非悲，但觉胸中嘈杂难忍而已。”

据赵烈文统计，城陷前后有三万多人死亡，这些遗骸大都掩埋在城外清水濠西北边荒山野岭中。安庆城三面环水，南临长江，东绕菱湖，西近皖河，古称“海上小蓬莱”，只有西北边的丘陵地区可以埋葬下这么多尸骨。

研究地域历史文化时间久了，非常排斥所谓的大历史。地域历史面对的是鲜活的个体，他们真实的人生。而大历史则注重理念的演绎，有幸进入大历史视野的人物，也只是某种理念的符号。曾经寻访过西门外地藏庵、清水壕遗址，民国从玉虹门、地藏庵到清水壕这一幅图景非常清晰，生生死死，这也是这座城市的市民告别自己家园的线路。

位于月城的玉虹门，城门内玉虹街，在老一辈安庆人童年记忆中，鬼影幢幢，阴森恐怖。老人去世后，多从玉虹门抬出，大约灵魂不舍亲人和家园，不愿出城门，在此游荡。出了玉虹门，停柩地藏庵做法事，回顾逝者的一生。地藏庵旁边有一条小路，翻过马山，山北麓清水濠，连接鸭儿塘和菱湖。这条河流像但丁《神曲》中的“忘川”，灵柩过了河流，所有挣扎的记忆和恋恋不舍，都抹去了，重归平静。前面是肉体最后的归宿二里半，落日苍山烟雾里，乱蓬荒冢不知年。咸丰年间太平天国安庆保卫战，湘军围城一年多，城破后大肆屠城，数万遗骸埋在清水濠西北边。上世纪 70 年代建石化厂，上万工人涌入此地，九里十八湾变成了一座油城，这块土地重新焕发出生机。

湘军是咸丰十一年（1861）八月初一攻陷安庆，就在城陷前不到一个月，赵烈文乘船从江上经过安庆，还亲眼看见太平军钓鱼的悠闲场景，“临江群贼，方持竿学钓，暇逸如此，恐非旦夕事也。”夜晚，一轮明月照耀在安庆上空，“夜月甚皎”，赵烈文赋诗一首：“皖江明月照江流，江上兵鏖卒未休。如此年时虽好景，无情我忍独忘忧。”（赵烈文《能静居日记》）或许是因为赵烈文曾近距离地观察过太平军，这是一群和他一样鲜活的生命。因为是同类，所以赵烈文后来心里无法接受屠城之惨。而在曾国藩的日记则没有这类记录，一个“贼”字带过。

今天的人民路御碑亭广场，毗邻当年的皖江幕府（清节堂），其北面曾有万寿宫，就是现在劝业场的位置。大年初一，曾国藩到此拜牌。“早起，赴万寿宫拜牌，辰初行礼毕，归公馆，各文武来贺。辰正早饭。饭毕，又见客数次。早间大雾，辰刻放晴，巳初阴，巳正定晴。出外贺年，未初归公馆。天寒，至各处小坐。酉刻清理文件，雪芹来久谈。夜核改信稿，复江军门信一件。二更，温《古文·奏议类》。三更睡，癣痒，竟夕爬搔，不能成寐。念养生之道莫大于眠食，眠不必甘寝酣睡而后为佳，但能淡然无欲，旷然无累，闭目存神，虽不成寐，亦尚足以摄生。余多年不获美睡，当于此加之意而已。”

在这篇日记，曾国藩近乎流水账地记录了一天的起居行程，以及每一刻的天气变化。在日记的最后，他透露了自己多年失眠的毛病，连不能成寐的“闭目存神”也是一种幸福。看来死于他刀下的那么多“贼”，当无边的血色向他涌来时，他也不能完全做到心安理得和无动于衷。

读莫友芝《郘亭日记》考订安庆内军械所原址

安庆内军械所由曾国藩设于咸丰十一年（1861），研制成功中国第一台蒸汽机和第一艘轮船，被誉为中国近代工业的开端。同治三年（1864），九月，安庆内军械所随曾国藩大营迁南京，更名金陵军械所。同治四年（1865），军械所骨干徐寿、华蘅芳、徐建寅等人奉调赴沪，筹建江南制造总局，金陵军械所于此时并入李鸿章金陵机器局。安庆内军械所—金陵机器局—江南制造总局，这是一条中国近代工业的路线图。

曾国藩安庆大营机构庞杂，据其幕僚王家璧同治二年（1863）九月二十八“上家大人书”记录：“此间事权所寄，内则幕府、文案处、内银钱所；外则善后局、总粮台；分其任者内军械所、外军械所、子弹局、火药局、枪炮局、采访忠义局、团访局。”又据朱东安《曾国藩幕府研究》，安庆大营内军械所、内银钱所主要服务于大营内各类人员供应；而外军械所、外银钱所则隶属总粮台，直接服务于战争，军事色彩更浓。（参阅该书第三章《粮饷筹办机构》）

曾国藩幕僚莫友芝日记亦有安庆内军械所记载，《郘亭日记》咸丰十一年九月二十一(1861年10月24日)记载：“晴。移居于行台东之内军械所，以丹臣移而同移也。”行台即督帅行署，莫友芝清晰地说明了安庆内军械所在曾国藩督帅行署的东路。何敦五，字丹臣，湖南巴陵人。原为湘军军官，咸丰八年（1858）七月儒曾国藩幕，主持内银钱所，兼理外银钱所，后改办粮台、军械所。同治三年（1864）十一月仍在幕中，这是迄今发现的唯一清晰表述安庆内军械所地理方位的文字。咸丰十一年八月初一（1961 年 9 月 5 日），湘军攻克安庆，八月二十二、二十三，莫友芝与欧阳晓岑、何敦五等人先后乘船抵达安庆城西八卦门外，一个月后，莫友芝与何敦五移居内军械所。

被广泛认可的安庆内军械所遗址位于东门原迎江区政府内，安庆市文物局立碑于此。此外还有西门说，但莫友芝日记这段文字基本可以否定此说。曾国藩大营军事机构多，隶属于总粮台的有外军械所，隶属于善后总局的有子弹局、火药局、枪炮局，一些遗址的考证不应仅局限于内军械所。内军械所当时在这些机构中并无特殊性，只是后来名气大了，不要忽略了曾国藩安庆大营其他军事机构。《皖政辑要》记载，光绪二十三年（1897），巡抚邓华熙在东门城内火药库旧址建银元局，后改铜元局，光绪三十二年（1906）改为度支部造币分厂。“皖省原有制造局，系为修枪及重装子弹而设。光绪三十二年，巡抚恩铭因节省经费，饬令造币分厂兼办。二十三年四月停铸铜币，七月，巡抚冯煦奏改为制造厂，考究自造子弹事宜。”火药库—银元局—铜元局—度支部造币分厂—度支部造币分厂（兼办制造局）—制造厂，这就是文物局所立东门安庆内军械所遗址的历史，并无有力的资料证明其是安庆内军械所。

莫友芝安庆居处考

莫友芝于咸丰十一年（1861）八月乘舟抵安庆，同治三年（1964）九月随曾国藩大营登舟往江宁，在安庆居住三年。读《郘亭日记》结合《莫友芝年谱长编》（张剑撰），考证出莫友芝在安庆的居处有三，如下：

1.“行台东之内军械所”

《郘亭日记》咸丰十一年九月二十一：“晴。移居于行台东之内军械所，以丹臣移同移也。”

2. 学署

《郘亭日记》同治元年（1862）二月二十三：“雨农相访，李中丞亦来。雨农谓丹臣且行，必相邀寓其署中，无词以却之，殆不可不往也。”因为同住的何敦五（丹臣）改派湖口盐务厘卡总查，安徽学使马雨农邀请莫友芝到学署居住。

五月初九：“移书廿二匣，过学院署，订以十五日移往。”

五月十五：“懿甫、慕庭来视行，食后移居学使行署居停。”

3. 李八街

同治元年（1862）十月十八，莫友芝儿子莫彝孙奉其母、婶、弟、妹从贵州抵安庆，暂住三步两道桥之德发店。两个月后移家李八街。在莫友芝为家人选择房屋租住时，幕友们非常热心，洪汝奎推荐万寿宫西侧洪家大屋，李鸿裔推荐自己的租屋。而姚慕庭在李八街的住处刚空出，外面虽狭窄一点，但里面很宽敞，莫友芝比较满意，十二月二十六移家于此。

《郘亭日记》同治元年十二月二十六："家人乘午雨少止，移家李八街。"

同治二年（1863）致弟祥芝信："新租屋子在李八街，聊所容膝，然客舍马房俱有。"

4. 小二郎巷

宣统元年（1909）八月十三，莫友芝安庆幕友方宗诚之子、同光体皖派诗人方守彝，和将李八街所住之屋租给莫家的另一幕友姚慕庭之子、桐城派后期大家姚永概，两人一同到方宗诚买下的小二郎巷方家老屋探访徐铁华。方守彝写了一组六首绝句，题目很长："《八月十三日，偕叔节过小二郎巷老屋访铁华。叔节见予独立枯梅树前，因说前数十年梅花开时，幕庭先丈、郑容甫先师、张洞泉先生共饮树下，予二人侍坐，听谈往事。叔节犹能记当时一二语，予则恍惚如隔世人矣。感成六绝句》"。

其中第四首："旧是独山郘叟居，先人收拾拥琴书。一梧千竹移家去，两作赁春高士庐。"诗后的自注也不短："贵州莫子偲先生初居此。莫先生移金陵日，先君亦从曾文正公在金陵。守彝承先君命，奉母迁入。先君时出时处，著书课儿孙于此，前后约十年，门下士如闲伯、仲实、叔节、萧君敬孚、阮君仲勉，皆曾留此数月。而徐君椒岑、先师容甫客皖时，每夏月辄来取梅阴、设竹榻，夜谈必三更乃散。吴君挚甫，亦曾在梅花窗下点校毛诗，过录姚姬传先生评点古诗，

／大二郎巷

东部新城朝霞

＼莫友芝

凡一月余。守敦生于此，守彝棲息尤久。后移家小南门屋内，全椒金子善奉母寓之。近年守敦挈子女归里，石埭徐铁华又寓焉。‘一梧’谓小南门宅，‘千竹’谓里宅也。”诗和自注，说的是小二郎巷方家老屋以前莫友芝曾居住过：“旧是独山郘叟居”“贵州莫子偲先生初居此”。

在《郘亭日记》中，方宗诚也数次到过莫友芝住处，对这里的宅院很熟悉。同治元年（1862）三月初五：“晴。椒岑相过。待园与方存之宗诚、苏子献其琛继至。”

三月初七：“方存之相过，同午饭于大帅许，在坐有汪晴溪翰。”

三月初九：“存之、椒岑、彤陔相过谈。”

三月十八：“乍晴阴，时有小雨，闷热。食后存之相过，以其从孙山余涛来，植之先生之孙也。”植之先生即方东树，方宗诚族兄。方守彝这年十七岁，不知他父亲方宗诚有没有带他来这里拜访过莫友芝。

黄甲山：彭玉麟回家之路

清末民初安庆古城，是一座滨江的山城，高低起伏，曲折幽深。高语罕1906年到安庆投考安徽高等学堂，从大南门（镇海门）进城，“登岸没有几步，便进了城。城是在山坡上，从城门到大街，前后要登数十级台阶。”旧时安庆有九头十三坡之称，高语罕从大南门入城，要经过凤凰坡、登云坡、任家坡。若从城西八卦门（正观门）入城，头条街巷就是五垱坡，也是拾级而上，坡上有轩辕庙。南门任家坡以西、西门五垱坡以东。有一个更加高大的山坡黄甲坡，又名黄甲山、黄家山，其制高点大约在今龙山路滨江桥一带。明嘉靖年间，安庆知府胡瓒宗将山谷书院自府学移建于黄甲山，其格局中为山谷祠，左为德星堂，旁为书舍。山谷祠是纪念北宋诗人黄庭坚的，黄甲山（黄家山）的命名是在山谷祠迁建之前还是之后，不得而知。

民国年间，山谷书院、山谷祠均已不存，其原址又建起了一座范黄亭，大约是纪念范仲淹、黄庭坚两人的。同光体推崇江西诗派，尤重山谷（黄庭坚）诗，住在小南门贲巢的方守彝，循胭脂巷、任家坡、杨家拐，经常登临范黄亭放歌。辛酉（1921）方守彝有诗《次韵邠儒范黄亭之作。亭新筑于黄甲山最高处，相传山谷曾读书山麓，旧有山谷祠。兹亭危压城阛，吴楚山川极目在望》：“涪翁千岁无消息，洞口青牛识旧颜。地接风流情怀古，神来云槛坐联班。苍藤雉堞朝烟上，红绮鸥波夕照间。最好清风明月夜，斋呼坡谷咏江山。”末一句是诗人的想象，清风明月夜，邀苏东坡、黄山谷来黄

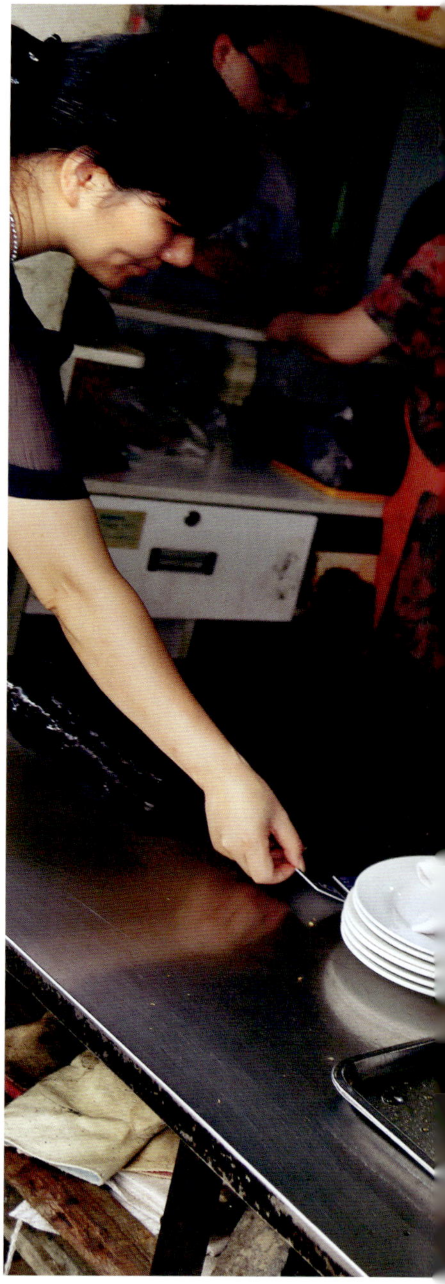

大南门牛肉包子

RUN
WITH ME

＼彭玉麟

甲山饮酒赏月。作者自注：“黄州与皖同一衣带之间，高亭依槛，烟帆如接。苏黄神契，故并及之。”“闉”的意思是古代城门外曲城，安庆城西八卦门外有一规模很大的月城，据此推测范黄亭应面向西南方向。至于黄庭坚有没有在皖垣黄甲山麓读书，尚须考证。安庆府前身舒州，郡治在今潜山县。黄庭坚与舒州渊源极深，其自号“山谷道人”。“山谷流泉”之景就在潜山天柱山南麓，有大量宋代摩崖石刻，包括黄庭坚的。黄庭坚因为舅舅李常（字公择）在舒州做官，常来探望，留下诸多诗篇。其诗《书石牛溪旁大石上》：“郁郁窈窈天官宅，诸峰排霄帝不隔。六时谒天开关钥，我身金华牧羊客。羊眠野草我世闲，高真众灵思我还。石盆之中有甘露，青牛驾我山谷路。”古南岳天柱，佛道名山，石牛古洞亦天柱一景，诗人将此想象成老子骑过函谷关的青牛，要骑着它从山谷回到天关。北宋舒州籍大画家李公麟据此画过一幅《鲁直（黄庭坚字）青牛图》，题记：“鲁直坐石牛上，因此号山谷道人，题诗石上，所谓‘青牛驾我山谷路’也。”

黄甲山有无演绎过黄庭坚与舅舅的渭阳情谊，尚存疑。清道光年间，彭玉麟与舅舅在黄甲山度过的美好时光，在彭玉麟一生中魂牵梦萦，却是真实不虚的。方守彝曾与潘季野一起登黄甲山范黄亭，怀古话今，不知那次他们有没有谈及彭玉麟。“新亭高敞宜登眺，仙侣招邀特破颜。放论当醒天梦梦，伤时欲泪雨斑斑。古人解脱忧患外，尔我何妨歌哭间。眼里未殊千载上，依然江影旧时山。”（方守彝《昨同季野登范黄亭，追往话今，颇姿言慨。季野示句，原韵和之》）晚清有一则逸事：同治中兴，皖垣大江落日，方守彝父亲方宗诚与彭玉麟立江畔，二人丰姿美髯，谈笑鸿儒，江上过往考生皆行注目礼。不知他们所立江畔之地，可是城中高过城墙的黄甲山。方宗诚、彭玉麟之谊，史料有记载，光绪年间，方宗诚自直隶辞官南归，闲居江上，彭玉麟每巡阅长江至皖，皆来探视。“京卿公（方宗诚）谢官归皖，彭刚直巡阅长江至皖，辄先修谒。”（陈澹然《桐城方贲初先生墓表》）

彭玉麟度过童年、少年时光的故居在黄甲山，从黄甲山下坡，向东穿过杨家拐，经过李鸿章弟弟李蕴章家族的任家坡太史第，再穿过胭脂巷，就到了连接小二郎巷和小南门街的方家大院，彭玉麟家与方宗诚家距离不算太远，对这一带幽曲寂静的里巷深院，彭玉麟很熟悉。彭玉麟父亲彭鸣九，字鹤皋，生于乾隆三十七年（1772），湖南衡阳人。他曾游学江南一带，肄业于镇江北固书院。适京师修四库全书，开实录馆，彭鸣九考取供事。书成，议叙从九品，留居候选。嘉庆十八年（1813）选授安徽安庆府怀宁县三桥镇巡检，此时彭玉麟已年过四十，尚是独身。怀宁县令任寿世，字齐峰，浙江钱塘人，他有一同乡好友王维则，游幕安庆，其女王氏年逾三十未嫁，故从中做媒，撮合此事。大约嘉庆二十年（1815），王氏嫁彭鸣九，嘉庆二十一年十二月（1817年1月）、二十五年（1820），先后在三桥巡检司署生下彭玉麟及其弟彭玉麒。道光元年（1821），彭鸣九调任安徽庐州府合肥县梁园镇巡检，有史料说彭玉麟生于梁园巡检司署，不确，其父调任之年彭玉麟已六岁。

彭玉麟外祖父王维则，浙江绍兴府山阴县人，游幕岭南、皖江，居安庆城中黄甲山。师爷可谓绍兴府地域性职业，王维则独子，彭玉麟的舅舅也在安庆作幕。王维则卒于安庆，其妻沈氏对女儿管教甚严，导致其成为大龄剩女。“外大父殁于皖，即依外大母沈太夫人寄居于皖。性耽诗书，尤喜读曹大家及古烈女传，事母甚笃。外大母钟爱，择配维严。年逾三十，归先府君。时先府君为怀宁三桥镇巡检，母持己严，御下惠，处众温厚，官舍内外称贤。越二载，生玉麟。”（彭玉麟《王太夫人行状》）彭鸣九三桥、梁园任职期间，将自己的积蓄寄予衡阳渣江亲族，置薄田百亩，以作归老之际。道光十一年（1831）秋冬之际，彭鸣九闻母亲凌氏病逝，带妻儿回衡阳奔丧，这也是十七岁的彭玉麟第一次回祖籍地，没想到此行命途多舛，一去而不归。

回衡阳渣江后，彭鸣九问亲族索要田契，亲族不但翻脸不给，反而以供养其母责彭鸣九偿还债务，态度横暴。彭鸣九东四处措葬母费用，王氏甚至卖掉自己的礼服簪珥，一家人赁屋而居，饥寒交迫。彭鸣九身心俱疲，忧愤成疾，道光十三年（1833）三月病逝于衡阳。“及归问其田，所亲匿不与，反责以负债。故贫不能营葬，鬻衣供费，寄食族中。久之益困，或以当告官治之。鸣九益伤，已不能睦恤亲族，而用财利为讼。兼以丧母哀泣，未逾年卒，年六十二。”（同治《衡阳县志》·人物第八《彭鸣九列传》）彭鸣九故去后，亲族为永久霸占田产，又欲加害彭玉麟、玉麒兄弟，“是年秋，玉麒将易盐于市，亲党伏禾中，突起擒而投之塘，水没颈，遇梁姓救以归。”（彭玉麟《王太夫人行状》）这次谋杀事件对彭玉麟刺激颇大，他在诗《伤遇》中也有提及：“底事张罗逼鹡鸰，忍看原草惨青青。弥天骤雨摧花萼，蓦地狂风起竹林。”自注：“族之不仁者，谋予不获，乘间挤幼弟于塘，遇救始免死。”亲族暴行犯公愤，稍稍有所收敛，将彭鸣九所置田产十分之二之瘠田归还其妻儿，但还是时常威胁彭氏兄弟。王氏告诫彭玉麟此地不可留，赶紧逃命，不久彭玉麟到衡阳石鼓书院读书，彭玉麒出外经商，都离开了渣江。“亲党亦稍萎公愤，十分其田而归其瘠者二，然心终衔之。乙未大旱，母以书数册易升斗，和蒿茶作糜，日一食，得不死。次岁稍丰，亲党嗾无赖子踵门凌辱，玉麟、玉麒不敢出门户，以为常。母呼玉麟泣曰：此地不可久居，吾老矣，无能他去，汝兄弟曷入城避难。是年冬，玉麟辞母，肄业石鼓书院。玉麒亦习贾于外，以脱祸。”（彭玉麟《王太夫人行状》）

此次回湘，成为彭玉麟一生的转折点，此前安庆黄甲山亲情、友情抑或朦胧的爱情，在此后彭玉麟的人生中，一遍遍地梦萦、咀嚼。彭玉麟在安庆告别舅舅回衡阳，有诗“儿奉双亲别渭阳，缟衣难释祖慈伤。儿时不识家何在，十七年才返故乡。”（《道光辛卯，丁大母艰，由皖江别舅氏，侍

／雨中市景

双亲初归衡阳》）对这次回乡之旅，一开始彭玉麟兄弟还是充满期待的，“昔闻衡九面，今日到衡阳。树绕湘流绿，云开岳色苍。弟兄惭二陆，父母喜双康。风土初经历，家乡等异乡。”（《到衡阳喜作》）道光二十四年（1844），彭玉麟舅舅在安庆黄甲山家中病逝，无嗣，家中只剩下年迈的外祖母和其尚未出嫁的养女竹宾。“回雁峰高雁一行，飞来噩耗到衡阳。阿姨未字阿婆老，忍使流离在异乡。”自注：“幕游皖江，无后，外大母年近九十，有养女未字，贫不能归浙。”（《闻舅氏讣，诗以哭之》之一）十二年前，舅舅在江畔送别彭玉麟时，曾放声大哭，可见舅甥感情之深。“十二年前惜别时，渭阳情重泪如丝。那知后会无生日，骊唱今为薤露词。”自注：“道光辛卯秋，舅与皖江送别时大哭。”（《闻舅氏讣，诗以哭之》之三）第二年春，彭玉麟遣弟玉麒到安庆接外祖母沈氏及养女竹宾到衡阳，不久，彭玉麟母亲王氏为姨氏竹宾择婿嫁之，适姚氏。彭玉麟、玉麒兄弟也在这一年成亲。

彭玉麟外祖母养女竹宾，与彭玉麟岁相仿，但辈分却是彭玉麟的小姨。当年在黄甲山，有外祖母疼爱，舅舅悉心教导，与竹宾嬉戏游乐，这一幕幕温情的恩爱图，在经历了回祖籍衡阳的世态炎凉后，更觉珍贵。而衡阳渣江，注定是彭玉麟一家的悲惨之地，外祖母来后不到一年，就一睡不醒。竹宾嫁到姚家两年，也因难产而死，彭玉麟伤心欲绝，作诗《挽竹宾姨氏》：“月冷璇闺惨俗帏，无端生死理难窥。伤心怕读桃花句，谶语空留梧叶诗。恩意旧时承密勿，音容此日恸长辞。酒浆和泪营斋奠，滴下泉台知未知。”自注：“姨赋自桃花，起二句云：‘绝似伤心薄命人，含愁使带雨泣春。’产之前二日咏新秋，有‘底事西风来肃杀，无端桐叶使飘零’之句，真谶语也。”有传说彭玉麟暗恋外祖母养女梅姑，两人青梅竹马，情投意合，慑于礼教的压力，梅姑嫁与他人，后难产而死。彭玉麟身心俱裂，发誓要画十万梅花以纪念梅姑，每画成一幅，必盖一章曰“伤心人别有怀抱”“一生知己是梅花”。如果这个传说是真的，那这个梅姑，说的应该就是彭玉麟姨氏竹宾。从这首悼亡诗来说，彭玉麟与竹宾的感情不像是姨侄之间，而更像是一对生离死别的恋人，尽管他怕引起误解，在竭力掩饰，譬如“恩意旧时承密勿”句后还注明“用李纲祭姨母文句”。且诗后的自注还引用了竹宾的诗句，可见她也是一个知书达理的才女，灵性非凡。彭玉麟外祖母家教甚严，母亲王氏三十多岁才结婚，这样的诗书之家，是不会允许姨母与侄子谈情说爱的，只能以一曲悲剧告终。

／彭玉麟梅花图

咸丰十一年（1861）八月初一，湘军攻克了安庆，九月十七日，清廷授彭玉麟安徽巡抚，整整三十年，当年的黄甲山少年重归故里，已双鬓苍苍。衣锦还乡对彭玉麟已毫无意义，因为他挚爱的亲人都已故去，黄甲山故居也是一片废墟。“操江厂外耀弓旌，肉薄同登破此城。十载练潭容贼有，一朝皖水庆功成。釜中余炙存人脯，屋上饥乌作鬼身。灰烬如来庵尚在，卅年难慰渭阳情。”（《攻克安庆省城》）自注：“予舅氏曾宅于庵旁，庵幸无恙。”“渭阳情”，即舅舅与外甥之情。故居在黄甲山如来庵旁，早已是一片灰烬，但如来庵所幸尚在。这一次归来彭玉麟感慨良多，又有诗《过皖城王氏故宅感赋》（二首）：“乱后重来皖水滨，更无笑语可相亲。旧时王谢门庭改，难觅乌衣证夙因。之子门前我惯经，红羊劫后草青青。不知人面何处去，冷落桃花旧日庭。”这是一所承载了彭玉麟儿时记忆的房子，如今芳草萋萋，人面桃花，可以肯定“桃花”暗喻竹宾，竹宾亦喜作桃花诗。大约光绪癸未年（1883）后，年近七旬的彭玉麟赎回了黄甲山宅基地，还作了两首诗，也许当事人都已故去，他毫不隐瞒地回忆与竹宾早年情谊。“劫火灰飞舅氏衰，买归遗址喜还悲。人亡此日空留屋，甥小当时只倚姨。第宅循环归故主，门楣依样换初基。绿窗明月今犹昔，太息比邻易旧时。惭予宅相已衰羸，五十余年复旧观。徒倚花墙伤往事，栽培竹径护新篱。墓门禋祀垂宜远，庭院梧桐荫未移。回忆儿时嬉戏处，女贞浓绿荫阶墀。”（《赎回皖城舅氏旧宅基，新之以为春秋祭产，喜而有作》）诗后自注：“外祖母有养女，长予，赖以提携嬉戏。”在晚清官员中，彭玉麟性情恬淡，以清廉著称，曾三辞安徽巡抚，后又辞漕运总督、两江总督、兵部尚书。追溯他的人生，他一生的梦想，其实都在黄甲山这片小小的院落，后来的强悍，只是严酷生存环境的逼迫。同治十年（1871）十一月二十六日致俞樾信中，彭玉麟曾说自己“我本无家”。

自十七岁那年告别皖江，这么多年来，他一直都在梦想回家的途中。当他晚年赎回宅基，独倚树影花墙，阳光照耀在黄甲山，他恍惚又回到了五十年前外婆、父母亲、舅舅、弟弟还有竹宾小姨俱在人声喧闹的家中。

小南门鱼市

在任家坡看长江

很长一段时间，我一直不能确认，在任家坡能不能看见长江。每个人都有自己生命的底色，或曰舞台背景。在人生的舞台演戏，背景是不可或缺的。有的人舞台背景是童年浸满夕晖的田野，有的人是小学时和父母一起吃饭的温馨画面，有的人是女友决然离去后的心碎瞬间，有的人是深夜火车驶离后异乡空旷的站台。而我的记忆底色，人生舞台背景，是夏日的某个午后，陪同金杏邨老人到任家坡探望吴云老人，我依稀记得，在吴云老人堆满盆景和花草的有天井的老房子，我可以看到长江。

古城安庆背山面江，是一座曲折幽深的丘陵城市，有九头十三坡之称。任家坡位于大南门，是其中一座较大的坡。大南门附近，任家坡东有登云坡，西有五垱坡、黄甲坡，南有宣家坡、凤凰坡，老城十三坡，这里就占了六个。当然，你如果现在站在任家坡，是绝对看不见长江的，六七层的多层建筑挡住了视线，你所能看见的，是被灰色楼房切割的破碎的空。从20世纪90年代开始，任家坡老房子就被慢慢拆得差不多了，如今仅剩下任家老屋东路四进，任家坡也是因为这座老屋而得名的。

任家兴盛于晚明及前清，出过一对父子进士任可容、任国桢，一对兄弟进士任埈、任塾，任塾儿子任奕鉴是康熙辛未进士，又是一对父子。任家还与桐城望族桂林方氏、麻溪姚氏联姻，直隶总督方观承、桐城派大师姚鼐的祖母，都是任家的闺秀，可谓一时之盛。光绪年间，李鸿章弟弟李蕴章购买下任家大屋，李蕴章之子李经世自己是翰林身份，又将老屋命名为太史第，这也是李鸿章家族目前保存下来为数不多的故居之一。具有讽刺意味的是，李家房产是因为被冠以太平天国英王府名义，才得以幸存至今。这座建于城中山坡、且不断膨胀的安庆大宅门，开始只是一处名为屺园的私家园林，他的主人就是致仕回乡的山东提学使任塾。

“山以前身献，江从半壁收。”一开始屺园里的建筑是稀疏的，多花园，多池沼，多流水小桥，任塾选择这块朝南的山坡归隐，只是想安静地度过人生最后的时光，畅快地吹吹江风。所以，他在屺园里建了一座可以俯瞰长江的霄汉楼，且吟诗：“凭栏月涌三江上，解带风从万里来。”乾隆年间，姚鼐辞官归里，在敬敷书院担任山长期间，盘桓在祖母的故居屺园，也喜到霄汉楼吹吹江风，“过眼云烟窥物外，凭栏花鸟又枝头。层轩尚有斜阳白，更就明霞望逝鸥。”（姚鼐《霄汉楼》）和城中大多数亭台楼阁一样，霄汉楼毁于咸丰年间太平天国兵燹，曾经风光的任家也在血腥的战乱中迅速败落。

而我之所以不敢确定在任家坡能不能看见长江，正与此有关，高大建筑的阻隔，现在已经无法看见了，而记忆又是模糊的。此后的人生，我无数次踟蹰任家坡喧嚣的市声中，越来越怀疑自己曾经的、依稀的、断片的、残缺的记忆。在夏日炫目的阳光下，我人生舞台的背景泛滥起乳状的白色，情景变得虚幻不真实。蓝天白云的任家坡，东头胭脂巷浓密樟树下一声清脆的呼喊，悠长地传到西头杨家拐布满苔痕的坡下。我的视线渐渐越过古老的墙头、瓦片、屋檐，在堆满盆景和花草的天井，两位老人温暖的谈话声越来越远。那年我二十二岁，喜欢热力涨溢的夏天。

文史编辑，这是我大学毕业后的第一份职业。那个夏日午后，我陪同金杏邨老人到任家坡探访吴云老人，是想了解民国这座古城的一个秘密：郁达夫最后离开安庆前，有没有到方公馆找命理学家方重审算过命；如果去过，方重审又对他说了些什么，而这些与他在苏门答腊岛神秘失踪有没有关系。安庆这座282年的安徽老省城，晚清民国几十年，又是一个人文荟萃的黄金时期，金杏邨、吴云老人，那时都年过七旬，尤精于安庆民国掌故。

去年初夏，方公馆后人、一级演员方子春从北京回安庆寻觅祖居，带来了一本他父亲方琯德自传体小说《胭脂巷的子孙们》。方琯德是北京人艺导演，方家和安庆另一大家族胡玉美很相似，后代在演艺界的比较多。小说开篇即写1929年秋，方琯德父亲方孝冲（方守彝第三子）的出殡仪式。在书中可见方家与胡家是世交，第一家路祭的就是胡玉美家族。方孝冲有八个儿子，长子即命理学家方重审，方子春的大伯。方重审女儿就是美国华裔女作家、《春月》作者包柏漪的母亲。据包柏漪自述，《春月》写的就是方公馆故事。方子春父亲方琯德排行老七，书中记载，方公馆就在任家坡南侧，有五进，最后面是祖宗堂，供奉方家祖宗牌位。

胭脂巷是任家坡向东延伸的一条很短的窄巷子，通往登云坡，其实书名改为《任家坡的子孙们》更加合适。同光体皖派三大家之一的方守彝从桐城到省城安庆定居，老公馆一开始不在任家坡，而是在小南门。方守彝三个儿子方孝冲、方孝远、方孝宽成为老公馆继承者，美学家宗白华就出生在老公馆，他和方瑄德是表兄弟，比包柏漪高一辈。京师大学堂总教习吴汝纶从日本考察学制回国后，先在安庆巡抚衙门创办桐城学堂，这期间也是住在方家老公馆。方孝冲一支后来分出去居住于任家坡南侧，这个任家坡方公馆是方家新公馆，区别于小南门老公馆。

方家子孙们，经常从任家坡新公馆穿过窄窄的胭脂巷，然后下登云坡，到小南门老公馆。登云坡下有一个公厕，一次方瑄德穿一身新衣、新皮鞋到老公馆，经过公厕进去拉屎，皮鞋笨重，新裤子脱起来也不方便，结果一不小心掉进了茅坑。当他一路号哭、浑身臭烘烘地回到新公馆，家人为了驱除他身上的晦气，不让他进门，用水桶提水冲他，用树枝打他，还念念有词。无疑，这一天，是未来北京人艺著名导演兼演员方瑄德人生舞台的背景，也是他记忆中无法消退的底色。

登云坡上，有一个安庆很有名的酒楼小蓬莱，我疑心坡下方瑄德掉进去的公厕，就是供酒楼食客使用的公厕。民国二年（1913），陈独秀留日好友苏曼殊在安庆高等学堂教书，经常与柳亚子大舅子郑桐荪来这里吃小吃。苏曼殊性喜甜食，安庆名产丝枣、千层糕都是苏曼殊的最爱，而小蓬莱吸引苏

／任家坡

曼殊的，则是这里的烧麦。应该还不仅仅如此，阳光透过大玻璃照进金色大厅，有目光穿过大玻璃投向江上点点白帆。江上小蓬莱，我一阵激动，像方瑄德一样，从任家坡走过已经面目全非的胭脂巷，登云坡尚在，坡下通向小南门正街的阴翳小巷尚在，而苏曼殊在小蓬莱吃烧麦已是整整一百年前。登云坡古名盛唐山，高于西边的任家坡，是城中制高点。就在现在，从登云坡仍然可以清晰地望见长江。

十四年后，那时苏曼殊死去近十年，郑桐荪依然怀念这段可以看见长江的日子。他在写给外孙柳无忌的信中说："苏曼殊与我们几人，在安庆每天上小蓬莱吃点心或饭。现在回想起来，每天上小蓬莱乱谈古今，觉得生平快乐，莫过如此。而念起故人黄土，则又悲从中来，不能自慰。"吸引苏曼殊的小蓬莱烧麦同样也吸引了童年方瑄德，进入人生暮年的方瑄德，在漫长的回忆中，他对江城之江特别敏感，小蓬莱的大厅三面都带玻璃，从哪个角度都可以远眺长江。一手牵爸爸的手、一手牵妈妈的手，在方瑄德眼里，从江上投射进小蓬莱大厅的阳光是金色的。而我此时也进入了方瑄德回忆的核心层面，童年方瑄德居住的是任家坡新公馆，而非小南门老公馆，这一点很重要，因为这恰恰与我的回忆有关。方瑄德初中美术老师孙多慈第一次见到他，问他是不是小南门方家的。方瑄德回答，我现在住大南门，是胭脂巷（任家坡）方家的。孙多慈笑着说："一样的，是方家。"

在任家坡方家新公馆书房里，童年方瑄德做完功课后，最喜欢趴在窗户上看江中来往的轮船，英国怡和公司的船烟筒是一黄一红道道，招商局的船是黄色圈圈。很多年前，我和金杏邨老人到任家坡探访吴云老人，那时任家坡都还是老房子，与童年方瑄德居住的环境，并没有多大的改变。此后由于老城改造的变迁，我一直回想不起在吴云老人有天井的老房子能不能看到长江，而今终于有了答案。

现在，被我称为记忆底色或人生舞台背景的那个夏日午后，可以完全清楚地浮现在脑海中。就像十四年后郑桐荪回忆他与苏曼殊在小蓬莱吃烧麦“念起故人黄土，则又悲从中来”一样，那个夏日午后的两位老人，也早已故去多年。金杏邨老人住在任家坡西侧五垱坡的一栋平房里，一只懒洋洋的花猫整日蜷缩在堆满旧书的桌子上。从五垱坡到任家坡，经玉琳路到墨子巷上去即可，很近的。但我们没有从这条路走，因为我的记忆出现的是我们缓缓行走在双井街，在卫山头，金杏邨老人指着旁边新建的高楼说，像鸽子笼一样。这时记忆更加明晰了，我那天并非先到金杏邨老人家里，而是和他从双井街先到我的单位：安庆市文史资料编辑部，地址在孝肃路 144 号，也早已拆掉了。金杏邨老人，还有一个熟谙民国黑幕的詹寿桢老人，都是我们编辑部的常客。

而在对吴云老人的回忆中，我老是把他和一个叫周瘦鹃的老人混在一起，小巷尽头，堆满了盆景和花草，一口古井，屋顶很安静，花白胡子的老人坐在藤椅里品茗看书。后来我也明白了，出现这种混淆，是因为吴云和周瘦鹃都曾是一名出色的园艺师。

终于可以走进吴云老人有天井的老屋，这是第一进，两位老人相互寒暄后，在一旁谈论盆景和园艺，我则在里面东逛西逛。至于那天和金杏邨老人找吴云老人求证的是哪个问题，是不是有关郁达夫和方重审的，我已记不清了。但显然那时我完全不知道方重审和他爸方孝冲就住在任家坡，是不是恰巧就是吴云老人住的那座老屋呢？出现这个想法，让我自己也大吃一惊，但老屋早已拆毁，无从考证。在一篇已经丢失的文字中，我这样写道："一个月夜，郁达夫悄悄潜入方公馆，当他从方重审书斋走出公馆来到任家坡时，脸色比月光更惨白。"

记忆中可以肯定的是，吴云老人有天井和盆景园的老屋，和童年方琯德居住的方家新公馆一样，都在任家坡南侧。第一进在坡上，第二进、第三进，则顺着坡往下，不会挡住后面的视线，所以，童年方琯德在书房做完功课后，趴在窗户上可以数江中的轮船。我就在这时打开老屋通往第二进的大门，这一刻显得静谧漫长，两位老人谈话声越来越远，奔流的长江哗啦啦地涌进我胸口。

《卧虎藏龙》摄影师鲍德熹在迎江寺

任家坡街市

第二章

清末新政：司下坡　龙门口

高阁江光带平楚，远天迟日揽悲华

——沈曾植

双花王阁　持明窦　成园

双花王阁

双花王阁在安徽布政使司内署北，成园之南。双花王者，盖因署西有牡丹、署东有新植樱花百株，沈曾植故名之。光绪三十四年（1908）作有《双花王阁记》：

“双花王阁在内署北，成园之南，室三楹，隘不容回旋，而视听差静，光差少，置几榻焉。西北为天柱阁，可以居高明，远眺望。东北为柱笏亭，昔我有先正（注：指曾国藩），奋庸乎中兴，惧功宗笃弼之荡吾志也。西牖外牡丹十余本，前政所留遗，五色具焉。东牖外樱花逾百株，余所新种，亦五色具。吾尝以牡丹五色具夸人，而人不耸；以樱花五色具诧人，则人皆动色相传告，索吾赏花尊罍者，比比也。牡丹王于唐，樱王于海东，故不若新，远不若近，有是哉！吾又以谓樱无王度，牡丹无王才。客曰近闻泰西人讲求种植牡丹法，出口花骤增，将且不减樱之入口。彼其人善幻多技能，以霸佐王。王强本而富末，今兹新樱故牡丹，熟知夫异日者不故其新，新其故乎？”

光绪三十二年（1906）四月，沈曾植署安徽提学使，其祖父沈维轿道光年间亦曾任安徽提学使，可谓祖孙安徽学政。八月十日赴任，旋赴日本考察学务，十一月四日回上海，十三日赴江宁，二十一日（1907 年 1 月 5 日）赴两江总督端方招饮，陈伯陶、张謇、许鼎霖、郑孝胥、袁树勋在座，是日往安庆。值清末新政，安庆学界气象颇新，安徽高等学堂聘严复任监督，厉行改革。龙门口藩署东侧安庆试院改为全省师范学堂，姚永概为监督，日籍西山荣久、正木太郎被聘为教员。光绪三十三年（1907）春师范学堂开学，巡抚恩铭、布政使冯煦、提学使沈曾植出席典礼，严复登台发表演说，学生情绪激昂，一时春光无限。东邻明治维新是新政之榜样，除仿效日本教育模式，聘请日籍教员，沈曾植还大种樱花。光绪三十四年（1908），《双花王阁记》谓其在藩署东侧种植了一百多株樱花，宣统元年（1909）《金镂曲　己酉夏五大观亭公宴作》又谓其“手种樱花三百树”，算起来沈曾植在安庆至少种植了四百株樱花，现署东之安庆一中校园仅剩一株，亦是百年前皖江新政之纪念物。兹录沈曾植《金镂曲　己酉夏五大观亭公宴作》：

“浩浩恢台夏。荡归心，楚江晴涨，朝宗东下。手种樱花三百树，准备春红娅姹。照明岁，初筵尊斝。贱子平生丘壑兴，要长康，偏著诸公画。霜鬓点，颊毫借。

数峰清峭山无价。漫相笑，回旋地小，舞衣狼藉。叔子底如铜雀妓，绝倒会稽颠傻。付清簟，疏帘棋罢。淡淡长安孤岛没，渺皖公，仙去周郎霸。千载上，几人也。”

持明窔

沈曾植在藩署遗迹颇多，署中有其命名之曼陀罗室（外署）、持明窔（西花厅）、双花王阁（内署），内署后成园有其修葺之天柱阁，署东有其种植之樱花百株。《持明窔记》作于光绪三十四年（1908），沈曾植由安徽提学使兼署布政使不久。据王蘧常《沈寐叟年谱》：“官斋五楹，中为堂，曰曼陀罗室，公眠食于是，治事于是，燕闲接宾僚寀谋议于是。又辟方丈室于曼陀罗室之西后阶上，北通内院，西厢颜曰持明窔，为斋后退息之所。”

沈曾植《持明窔记》：

“辟方丈室于曼陀罗室之西后阶上，北通内院西厢，为斋后退席之所。置榻一，椅一，长几一，电灯二，油灯二，丙夜电熄，油以继也。长几陈新购巨帙书，榻偃息，椅取小而轻者，便自移举，不烦仆隶。大榷以深静为主，窗外枇杷树绿阴若幢，朝日照其东，山鹊喈喈为乐声。庭露未晞，人迹都绝，夜向晨逮日二竿，时时于此间得少趣，如昔在上都老墙根宅时。余之疲于当世久矣，盱豫而悔，丰而味劳，谦而不能终吉。伤于外必返其家，于是有闭关之感焉。”

此文沈曾植将藩署持明窦与其京师宣南南横街故居类比。沈曾植祖父沈维轿任工部侍郎，父亲沈宗涵任刑部职员，其家迁京师久矣。沈曾植出生于京师南横街老宅，中进士后供职刑部、总理各国事务衙门，精通法律、西北历史地理，与维新派康有为、刘光第交往密切。戊戌后始出京，往来两湖、两江之间。沈曾植任安徽提学使时期，严复任安徽高等学堂监督，一般认为由于沈曾植不认可严复处理风潮学生建议，而导致严复辞职。沈曾植、严复都可列入维新派，但沈曾植属于稳健的维新派。昔在京师时，沈曾植曾规劝康有为多养中和之气，读严复辞职前致沈曾植信，沈曾植对严复的看法与康有为近乎相同。在《记先太夫人手书日用账册》一文中，沈曾植言其母韩氏五十余年日用账册不辍，生活之艰辛、家庭之亲情、钞票之行废、物价之变换尽在其中。“抑此五十年间由盛而衰，而稍转，转而渐盛，荣悴蔻枯，吾太夫人艰苦万状不可言，而规矩未尝稍异，亦无一日间断者。”沈曾植叹此账册“吾太夫人精神所存”，其亦秉承其母之精神。

成园

安徽布政使司（藩署）后花园成园，毁于太平天国战乱，同治九年（1870）布政使吴坤修复建，光绪三十四年（1908）布政使沈曾植在成园建天柱阁，“礼岳楼”牌匾由王闿运题写。民国改为天柱阁小学、高琦小学。20世纪90年代初，校园仍有残存的天柱阁，称“小炮楼”。沈曾植曾与幕客李证刚（翊灼）、黎养正（端甫）、谢凤孙（石钦）在成园合影，三人皆清末民国著名佛教居士。右一当是李证刚，江西人，与欧阳竟无同出金陵刻经处杨仁山门下，后任教于清华大学、中央大学。沈曾植与李证刚无主客之分，常相与放论天柱阁，往往自昏达旦，沈曾植有诗《阁夜示证刚》。沈曾植在藩署遗迹颇多，署中有其命名之曼陀罗室（外署）、持明窦（西花厅）、

／宣统己酉（1909）安徽布政使沈曾植与幕客李证刚、黎端甫、谢凤孙在藩署成园着僧服合影

／成园天柱阁，辛亥毁于浔军祸皖

／安徽布政使司（藩署）内景，民国为安徽省立图书馆

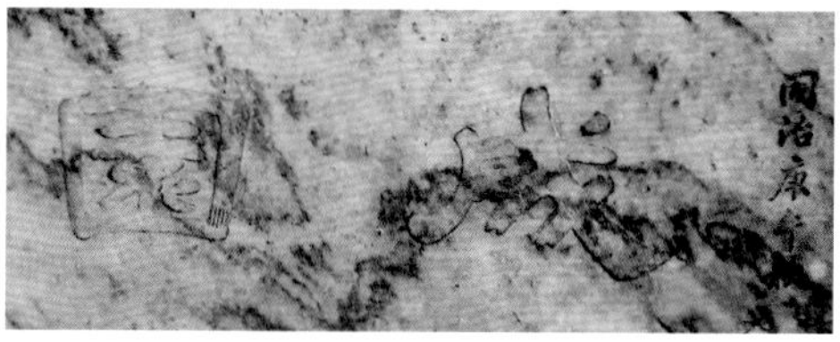

吴坤修题写成园

双花王阁（内署），成园有其修葺之天柱阁，署东有其种植之樱花百株。据王蘧常《沈寐叟年谱》记载："官斋五楹，中为堂，曰曼陀罗室，公眠食于是，治事于是，燕闲接宾僚宷谋议于是。又辟方丈室于曼陀罗室之西后接宾僚宷谋阶上，北通内院，西厢颜曰持明突，为斋后退息之所。"

清末宣统元年（1909）沈曾植六十岁，冬日于藩署后花园成园留影，将照片分送友人张謇、郑孝胥、方守彝，有诗《六十岁成园留影自题》："池上芙蓉台上楼，楼高遥望海西头。鸿飞逸侣歌招隐，蝉蜕骚人赋远游。显晦世间区八士，荒唐孤梦幻千秋。维摩丈室萧然在，万朵黄骅沥茗瓯。"第二年夏又有诗《自题僧服小影》："了却宰官身，即是菩萨道。无佛无众生，灵源同一照。"许全胜《沈曾植年谱长编》（中华书局）记载：宣统元年己酉（1909）："十一月，公着僧服摄影于布政使署之成园，并作诗寄友朋。"宣统二年庚戌（1910）："七月，公着僧服与李翊灼、黎养正、谢凤孙同摄影。"言沈曾植两次着僧服留影当有误。沈曾植《自题僧服小影》后有自注："尔时着僧衣，同摄者证刚、端士、石钦也。庚戌七月。"庚戌七月，沈曾植安庆辞官前夕作此诗，又言"尔时着僧衣"，当知照片非此时拍摄，仍是己酉僧衣照，去年旧照又题诗。非两次，一次耳。王蘧常《沈寐叟年谱》亦有记，可佐证："宣统元年己酉，公六十岁，时国事日非，公尝作僧衣以欧法摄景，寄朋侪题咏以寄意。明年自题云云。"

"昔我有先正，奋庸乎中兴，惧功宗笃弼之荡吾志也。"沈曾植效法曾国藩倡学皖垣，藩署成园聚集幕客李证刚、谢凤孙、黎端甫，亦聚集皖江耆宿方守彝、方守敦、胡元吉、徐铁华、姚永朴、姚永概、洪思亮、赵曾重、刘廷凤，王闿运、李宣龚、李审言、朱孔彰、缪荃孙皆曾到成园访学。双花王阁后边成园，西北天柱阁，东北柱笏亭，20 世纪 80 年代高琦小学尚存，天柱阁毁于辛亥浔军祸皖，仅剩两层，称"小炮楼"，柱笏亭称"大亭子"，有老照片。沈曾植

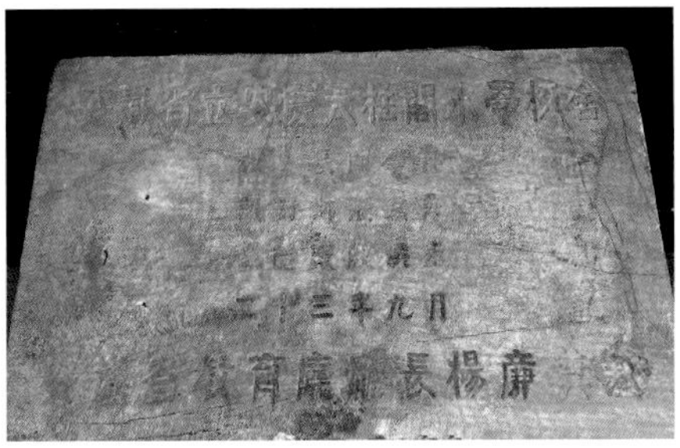

成园遗址民国时期改为天柱阁小学，今高琦小学

在成园诗作颇多，有《偕友登礼岳楼》《六十岁成园留影自题》《楼望》《拔可来登礼岳楼病不能偕短章以谢》《阁夜示证刚》《燕亭宴坐》。

天柱阁：沈曾植成园倡学

南宋之前，皖江文明中心在古南岳天柱山地区，薛家岗新石器文化、周诸侯国皖国，均发轫于此。天柱山又称衡山、霍山、潜山、皖山，公元前106年，汉武帝刘彻曾南巡至此，封禅祭岳。南岳司火，天柱山地区也是火神祝融部落发祥地。公元589年，隋文帝为开拓南疆，改封湖南湘山为南岳，并改其名为衡山。南宋嘉定至景定年间，为躲避金兵南袭，安庆府城又从故怀宁旧城（今潜山）沿皖水南迁，辗转漂泊于古皖口、罗刹洲、杨槎洲，最后选址于盛唐湾宜城渡，就是今天的安庆城。南岳废，府城迁，随着时光流逝，文献淹没，古皖文明早已面目不清。沈曾植赴任安徽提学使后，自号皖伯，皖伯大夫者，即皖国国君，皖江人文始祖，显示沈曾植复兴皖学的雄心壮志。

为厘清皖学源头，沈曾植考证出《吴越春秋》中的宛秀山不是浙江会稽玉笥山，而是安徽潜山天柱山。“按宛秀之山，《吴越春秋》注谓在会稽，一名玉笥。盖自魏晋以来，地志就说，相沿如此。

墨子巷 东
MoZi Xiang E

沈曾植

天柱阁

然此引《黄帝中经》，而《中经》明言东南天柱，名曰宛秀。天柱在潜不在越，则《中经》所谓宛秀者，亦必潜山而非越山矣。禹求书于衡山，神人授书于岩岳之下，得书则反岳，治水则始于霍山。明此，天柱在衡霍山内，而宛秀即潜山天柱，皖人乃自古无知之者也。”（沈曾植《说宛秀山》）皖人不知宛秀即天柱，浙人沈曾植熟稔《吴越春秋》，故知，宛秀、天柱、衡、霍、潜，实乃一山。“东南天柱，名曰宛秀，赤帝左阙，其岩之巅，承以文玉，覆以磐石，其书金简，青玉为字，编以白银，皆瑑其文。”（《吴越春秋·越王无余传》引《黄帝中经》）

考证宛秀山即天柱山，沈曾植又开始着手重建天柱阁。天柱阁是北宋熙丰年间太守朱公绰始建于舒州郡城，明嘉靖年间知府胡瓒宗复建于安庆西门外，后毁。沈曾植亦梳理了天柱阁历史：“舒州，山郡也，背岳而面江。盖潜岳天柱之名，肇见汉初，而阁负岳胜以为尊，遂以舒州天柱阁名闻当世。嘉定避乱，徙怀宁于盛唐湾，旧城圮废。迄元世，别建潜山县，于是昔之负岳为尊者，壹属诸潜山。而怀宁独得江滨狭地，背龙山而带江流，无复汉唐壮观矣。明一统志犹沿宋旧，书天柱阁于怀宁。嘉靖中，天水胡缵宗守此邦时，于西门外复建天柱阁，顾已非复宋时旧址。而登高西望，晴峰涌翠，犹时时远见于霜清雾霁之朝，缥缈崇岩，发人寤叹。司玄命之真灵，若支牟而眷顾乎？此都居者游者，藐焉勿瞩，惜已。余尝有感于兹，而溯稽地志，恨不详阁建何年。偶检郭功甫《青山集》，得《舆地纪胜》所载诗之全章，题目《舒州使宅天柱阁呈朱光禄》。朱光禄者，朱公绰，吴人，乐圃先生长文父也，官至光禄卿，见庐氏《苏州府志》。其守舒州当在熙丰间，诗言：“城头建阁旧丞相，窗户再兴光禄贤。”检乾隆通志职官表，熙宁前以故相来守舒者，惟李文定公迪，在天圣初年。阁盖创于李，而修于朱也。夫今怀宁非昔怀宁，明之天柱阁已非宋之天柱阁。余今重建此阁，则又非胡氏旧地矣。”

上世纪80年代高琦小学内残存的天柱阁，俗称“小炮楼”

光绪三十三年（1907）十二月二十八，沈曾植兼署安徽布政使，布政使司内署有成园，天柱阁即复建于成园。“丙午，叟被命提学于皖。乙酉，以皖藩摄巡抚事。闻予因学校事致劳瘁，亟召予。署有成园，园有天柱阁，叟之所葺也。阁凡五级，登临四望，近揽龙山，远招庐霍，长江衣带，旋绕襟袖，游目骋怀，致绕佳趣。叟政事闲暇，即相与放论其上，解题析义，难辨风生，往往自昏达旦，而无倦色。叟每乐甚，辄曰：‘有此江阁以来，还有此主客不？’”（李证刚《海日楼诗补编》序）

成园在内署之北，其格局王遽常《沈寐叟年谱》有记载：“丁未十二月，简署安徽布政使。署有园林台榭之胜，在内署北成园之南，有室三楹，曰双花王阁，为公偃息之所，西北为天柱阁，东北为拄笏亭。”宣统元年（1909）六月二日，沈曾植邀王闿运到安庆，就住在布政使司成园，当时天柱阁尚未竣工，沈曾植请王闿运题写了“礼岳楼”牌匾。之前王闿运对成园已经不陌生了，光绪三十四（1908）年七月七日《湘绮楼日记》有诗寄沈曾植：“数别娱园又五年，离心来往皖江边。鹓鸿得侣霄分路，乌鹊横桥月正弦。瓜果空庭山悄悄，蘼芜千里思绵绵。遥知拄笏清吟罢，怅望银河定不眠。”拄笏亭就在成园。大约本年七月间，天柱阁于署园内落成，沈曾植属方守彝为诗记之。方守彝诗及叙如下：

“《天柱阁落成，应方伯沈公教并叙》：皖城崇雉环山，浩波抱郭，青林粉壁，参差疏密于朝曦夕照间。昔有人采兰江南，指而望之曰：‘此蓬莱仙境也。’情景所会，偶然有言，人间流传之，遂目为‘小蓬莱’。布政司署据其巅，得势最高，乙庵方伯起阁园内。其西，云表一峰，远在百里外者为潜岳。汉武东巡，曾封祀焉。以其拔地胜起孤撑矗立，又有天柱之号。公开阁面岳，抗楼以承之，牓阁曰‘天柱’，牓楼曰‘礼岳’。而天柱阁实本方志旧名，既成，命守彝宜有述也。自维无暇尚之思，不足追步作者，枉荣命而点新营，殊滋愧焉。虽然，守彝部下草野人也，敢以野人之歌进。

人求海上蓬莱山,谈虚说妄神为妍。
胡为贵远不贵近,日日住在蓬莱间。
乙庵先生当代雄,风流可传数百年。
起楼筑阁山之巅,云里一山迎栏前。
排云扶霄严且正,大字书牓髯堪掀。
情寄物表乃见物,百忙端要放一闲。
不然昏昏埋簿领,神明如月有亏圆。
远引清空洗尘土,风期高尚身能先。
便当文章断俗想,宁复仙境藏阴奸?
以意移人用神矣,不然贤者何贵焉!
野人再拜题高阁,岳神为我一开颜。”

天柱阁面向古南岳天柱山,接南岳之火,抗楼以承之,牓阁曰“天柱”,牓楼曰“礼岳”。此阁寄托了沈曾植复兴皖学之愿,祝融、皖伯开启的古皖文明之火生生不息。自兹后,沈曾植有客来皖,必登楼望岳。宣统二年(1910)正月,同光体闽派诗人李宣龚来访,上天柱阁,时残雪未消,晚日照城郭,皖垣如画里。沈曾植因病不能陪同,有诗《拔可来登礼岳楼病不能偕短章以谢》:“数点新红上野花,未消残雪蜀都茶。时晴喜见披雪客,卜夜难留上水槎。高阁江光带平楚,远天迟日揽悲华。凭君莫更征诗债,孽雁伤弓痛转加。”李宣龚亦有答诗《礼岳楼晚望答乙庵先生》:“雪裹江城望未孤,犹留残照送平芜。山川坐落诗人手,徙倚能收半壁图。未许大邦称鲁卫,从知本志陋曹吴。罪言在箧今垂老,夜半微闻觉痛无?”天柱阁不仅可以登临,里面还可以宴请、住宿。宣统二年(1910)五月,江苏大儒缪荃孙应沈曾植邀请来皖,就住在天柱阁,据《艺风老人日记》记载:“阴。寅刻上江新轮船。至芜湖发阿三信。亥刻到安庆。与沈子培相见,即住署中天柱楼,四鼓方寝。小雨。”(五月二日)“雨。经帅送礼,方伯送百金,曹、马、钱、陆均送礼。吴学使、卞柳门合请天柱楼。饭毕,江孚已至,即上船。”(五月八日)缪荃孙这次为期一周的游学之旅,所获束脩亦不菲。临别,安徽提学使吴同甲、巡警道卞绪昌在天柱阁宴请了缪荃孙。

天柱阁落成那年,恰逢沈曾植六十

大寿，他特意身穿僧服在成园留影，将照片分送给友人张謇、郑孝胥、方守彝等，并作了一首诗《六十岁成园留影自题》："池上芙蓉台上楼，楼高遥望海西头。鸿飞逸侣歌招隐，蝉蜕骚人赋远游。显晦世间区八士，荒唐孤梦幻千秋。维摩丈室萧然在，万朵黄骅沥茗瓯。"此时，沈曾植已将藩署变成了佛堂，据王遽常《沈寐叟年谱》记载："官斋五楹，中为堂，曰曼陀罗室，公眠食于是，治事于是，燕闲接宾僚寀谋议于是。又辟方丈室于曼陀罗室之西后阶上，北通内院，西厢颜曰持明突，为斋后退息之所。"宣统二年十一月十七日《张謇日记》记录了此事："得子培寄相片并诗。子培僧服，居然一老僧也。"郑孝胥收到相片后，作诗《题沈子培六十僧服小影并寄季直》："身晚情孤话旧难，只将心事付蒲团。独居便合称闻道，厌世何曾待去官。零落生存虽未尽，浮沉离合总无端。江头海澨堪相望，剩遣闲愁入岁寒。"方守彝亦有诗《次韵乙庵方伯六十岁成园留影自题之作，即奉题寒林坐腊园》："扫除一切全无事，华发何由生乱愁。便觉将心安己境，从兹洗足息行游。萧疏老木宜真静，寂寥寒山有好秋。不用文殊相问讯，此间无座著双瓯。"

严复与沈曾植

1907年6月安徽高等学堂监督严复因风潮辞职，一直耿耿于怀，把矛头指向芜湖人，其辞职后曾在《直隶教育杂志》发表《严几道先生辞安庆高等学堂意见书》，指出此次风潮系芜湖籍学生发起，甲班学生陈寄密、谢师衡（芜湖人）二人在讲堂张挂三道揭帖，辱骂"伪监督严复"，丑化诋毁斋务长严复校友、同乡周献琛，攻击所有闽籍教员，引发风潮。而其上任之初有人寄匿名信恫吓阻遏其任职，"后知此事乃芜湖人所为"。受辱后的严复将其个人遭际转化地域印象，愤而言"溯自国家罢科举，饬立学校以来，皖之芜湖怀宁学子风潮甲天下。"

当时芜湖乃至太平府只有一座中学堂，1903年皖南道刘树屏将中江书院改办为皖江中学堂，位于城中赭山之顶，民国后易名省立二师。1906年9月苏曼殊曾在皖江中学堂任教，不到一月仓促离开，10月6日其致刘三信言："此间风潮愈出愈奇，不可思议。"他返沪后致信皖江中学堂教员卢仲农、朱谦之："皖江风潮，一至于此，夫复奚言！两公一点婆心，固惟梵天帝释可表！奈何徽州诸公，必欲将总理殴死，卒致大局无可收拾，反谓总理破坏学堂。乌睹所谓佛性者乎？贤如两公，尤不能使人无责备也。我闻有谓江君彤侯于中播弄，致有此次风潮。然焉？否焉？曼亦与江君为至友，如其有之，当愿两公劝渠痛改前非，善果则不远矣。亦大善士所不宜得已者耶？""徽州诸公"欲将皖江中学堂监督（总理）邓绳侯殴死，可见此次风潮之惨烈，苏曼殊逃之夭夭。

苏曼殊谓江彤侯播弄是非，要卢仲农、朱谦之劝其痛改前非，江彤侯歙县秀才出身，与怀宁秀才陈独秀为挚友，到皖江中学堂任教亦是陈独秀向监督邓绳侯推荐，陈独秀《存殁六绝句》有："谷士生前为诤友，彤侯别后老诗魂。冢中傲骨成枯骨，衣上啼痕杂酒痕。（存为歙县江彤侯，殁为绩溪章谷士）"彼时陈独秀在芜湖创立反清秘密组织岳王会不久，江彤侯亦是会员，皖江中学堂风潮乃至半年后的安徽高等学堂风潮，可

严复

能都与岳王会从中鼓噪煽动有关。另外一个原因，清末民国省城安庆教育界，桐（城）怀（宁）士绅势力庞大，招致皖北、徽州诸势力嫉妒，逢桐怀必反。高语罕《百花亭畔》言清末桐怀士绅控制全省教育资源，严复与之不睦辞职。实则正是姚永概提议严复任高等学堂监督，皖江中学堂驱逐邓绳侯，与写匿名信阻遏严复，都是逢桐怀必反。皖江中学堂驱逐邓绳侯、安徽高等学堂驱逐严复，乃至后来安徽大学挤兑王星拱，背后人物其实都是江彤侯。抗战时期江彤侯任安徽省参议院议长，安庆沦陷多年，桐怀势力逐渐式微，抗战胜利后江彤侯惧桐怀势力死灰复燃，与新桂系合谋阻挠还省安庆，最终使安庆永远失去了省会地位。

严复任安徽高等学堂监督时期，沈曾植亦任安徽提学使，1907 年 6 月严复因风潮去职，其 6 月 5 日《上提学使书》颇责沈曾植未尽提学使之职。严复要求开除肇事学生二十余人，沈曾植只答应开除五名，严复以为留下遗患使其不便管理学校，“公又教以收复师生感情为主义，又云已退五名之外，不可追究，意即以此为收复感情之术。然复闻宥人而其人感者，必其权力之下者也，若吾力所不能制者，是乞和解，滋益骄耳，尚何感情之与有？肇事之众，不过二十余人，外是皆被挟持者。昨有单呈中丞，何待函告？公自任为复外护，而于事则使其必不可留如此，复愚，诚不识所以护之者居何等也？”

《严几道先生辞安庆高等学堂意见书》发表时，删除了手稿中一段文字，这段未刊文字充满对沈曾植的指责，兹录如下：

“当是时官绅旁观，无一出弹压者。提学司沈反怪高等学校为独立性质，不受节制，宜致败事。固其实不然，盖高等学校之成立在先。提学司来皖，又未尝以一檄申明部章，令监督教员等赴辕受署，则以为安常处顺，为期尽职而已。不谓风潮乍兴，遂指此以为罪案也。学生谢师衡诣学务所，翘角厉角，言监督诸长罪过。提学恶之，然阴至书堂员，

／任家坡

言谢生具侠骨，有豪士风。于是学生相率自首于教务长凡十二人，其偭然无忌惮如此者，知其众所为得助也。教务长以其单呈提学，提学乃将谢师衡开除，然犹劝闽籍教员出为公保，俾其留学也。学生既罢学，仆亦有电致恩中丞请解馆，提学又牌示剔退五人，余限三日回堂，更派课长王咏霓为提调。迨复回皖，学生之被胁而去，又被胁不得回堂者已五六日矣。”

严复发表时删除此段文字，亦属明智，毕竟是道听途说，难于证实。严复早年就读之福州船政学堂、英国皇家海军学院，回国后执教之北洋水师学堂，皆军事院校，长期服务于海军。其就任安庆高等学堂监督后，大量移植闽籍教员，且多为船政系。如风潮饱受攻击的斋务长周献琛即毕业于福州船政学堂，后留学英国学习海军，参加过中日甲午海战大东沟战役。这样一批人接管安庆高等学堂后，以治军方式治校，高等学堂几成军事院校。且淘汰率奇高，有些要求譬如“以一切西学必以西文教授”，就是现在的高校也难以做到，学生为日后生计、前途而不满，亦是可以理解，非为孰对孰错。

严复在高等学堂奠定的严谨学风亦为后来省立安徽大学继承。这恐怕也是严复在安庆留下的高等教育遗产。

粤人与清末安徽新政

丁杰 丁仁长

丁仁长祖父丁杰是怀宁人，曾国藩皖江幕府成员。嘉庆年间丁杰父亲丁尚清游幕岭南，入两广总督张百龄幕，全家自怀宁迁番禺。道光二十九年(1849)，丁杰以广州府学附生参加广东乡试中举，任福建松溪、建宁知县。咸丰十一年（1861），曾国藩开安庆幕府，丁杰被招为火药局洋炸炮委员，研制炸弹。后回粤任潮州韩山书院山长。

民初鼎革之际，社会动荡，思潮竞涌，以前朝翰林、举人为主体的文化遗民充当了国学保护者角色，延续命脉。岭南遗民群体由于有港澳两地避居，相对较安宁，民国居住在香港、澳门的文化遗民有梁鼎芬、吴道镕、陈伯陶、丁仁长、张学华、区大典、朱汝珍、汪兆镛、赖际熙、温肃等人，多是清末翰林。其中丁仁长、汪兆镛非岭南本土人，丁仁长祖籍安徽怀宁，汪兆镛祖籍浙江山阴，都是因为祖先游幕广东而落籍番禺。丁仁长（1861—1926），字伯厚、号潜客。光绪进士，授翰林院编修，任贵州乡试正考官、顺天乡试同考官。丁忧回乡后被两广总督谭钟麟聘为越华书院山长，兼授其子谭延闿。清末新政各省废书院设学堂，丁仁长与翰林吴道镕就广州府学创办教忠师范学堂，任监督，后又任两广大学堂监督、广东存古学堂监督、《番禺县续志》总纂。汪兆镛（1861—1939）举人出身，与丁仁长同岁，曾入两广总督岑春煊幕府，亦任《番禺县续志》分纂。民国丁仁长居港、汪兆镛居澳，两人诗歌酬和、书信往来颇多，1925年丁仁长北上谒见溥仪，次年病逝天津，汪兆镛与张学华为其遗诗作校定，于1929年刊行《丁潜客先生遗诗》。

与岭南遗民群体相似的是皖江遗民群体，岭南遗民群体得益港澳两地庇护，而皖江遗民群体得益清代最大的古文流派桐城派学脉之延续。咸同年间，两江总督曾国藩在安庆聚集幕府，复兴桐城；光宣年间，安徽提学使、布政使沈曾植又再次聚集曾国藩幕府后裔，汉宋兼容，倡导皖学，而与沈曾植同时期

作者与安徽巡抚邓华熙裔孙邓又同先生交流

的安徽巡抚冯煦、提学使吴同甲、张其淦亦饱学之士，皆热心文教。桐城派——同光体皖派于民初在省垣安庆依旧势力庞大，难以撼动，如曾幕方宗诚之子方守彝、方守敦，姚濬昌之子姚永概、姚永朴，李宗羲之孙李范之以及洪思亮、赵曾重、马其昶、舒鸿贻、陈衍庶、胡元吉、阮仲勉、徐铁华、邓绳侯、吴季白、胡渊如、陈慎登、潘季野、韩伯韦等人。由于地域文化学脉的完整与厚重，民国时期诸多著名学人皆由此导出，如新文化学者陈独秀、王星拱、程演生、刘文典，美学家、哲学家朱光潜、宗白华、邓以蛰、方东美，史学家徐中舒、李光涛、李则纲、严耕望、余英时，佛教学者马冀平、周叔迦、赵朴初，道教学者陈撄宁，语言学家邢公畹，音韵学家方孝岳，目录学家蒋元卿。

邓华熙　袁昶　张荫桓

上图是我与清末安徽巡抚邓华熙裔孙、香港学海书楼邓又同访问岭南康有为故居及洪氏宗祠。学海书楼秉承阮元学海堂书院精神，由清末广东翰林赖际熙创办于1923年，保存大量岭南文献，对钱穆新亚书院也有一定影响。邓又同先生的祖父邓华熙（广东顺德人）与皖南道道台袁昶开启了皖江近代化。与邓先生相识后，邓华熙大量诗文及奏折开始浮现，原先一个符号似的人物变得鲜活起来，遂有我后来编著的《晚清安徽巡抚邓华熙史略》。邓又同先生又提出整理袁昶史料汇编成书，第二年春天我到香港，接电话的是他女儿邓巧儿女士，告诉我邓先生已去世了。邓华熙、袁昶在安庆、芜湖厉行新政，成绩显著，康有为在代江南道监察御史李盛铎草拟的《请明赏罚以行实政折》中，称赞安庆、芜湖与长沙、武昌、汉口、成都、杭州、宁波等地为全国新政模范地区。

《晚清安徽巡抚邓华熙史略》根据邓华熙奏折内容，分为“皖江近代化”和“两淮灾害”两个部分。后又读《邓华熙日记》验证，还是比较符合史实的，例如邓华熙赴皖前获光绪帝勤政殿召见，光绪二十二年（1896）九月二十六日记：“（光绪帝）又云：安徽土匪不少？（邓华熙）奏云：皖南民风还循良，皖北多强悍，伏莽难清。”

清末安徽政坛是改革派地盘，从邓华熙、袁昶一直到恩铭、冯煦、沈曾植，康有为幕后支持者粤人张荫桓亦曾任皖南道道台。皖南道驻地芜湖有特产铁画，张荫桓钟爱铁画，以“铁画楼”名其居所，其诗文集也冠以《铁画楼骈文》《铁画楼诗钞》。张荫桓与袁昶命运颇相似，都先后担任过皖南道道台、按察使、总理衙门，在清廷煽动的义和团排外浪潮中被顽固派虐杀。据高阳先生考证，张荫桓被杀源于一顿西餐。1898年光绪在颐和园会见德国亲王，张荫桓用他家厨子办“洋菜”接待，犯了内务府及太监大忌，乘义和团之乱，内务府怂恿下旨新疆巡抚将张荫桓就地正法。看电影《一代宗师》，对宋慧乔扮演的叶问之妻张永成印象尤深，张永成就是张荫桓之女。清末顽固派比改革派杀气重，被他们虐杀的官员，除张荫桓、袁昶，还有满洲籍联元也长期在安庆为官，担任过安庆知府、安庐道台、安徽按察使。义和团运动爆发，清廷很多满汉大臣认为这种排外情绪是民意，“民气可用！”礼部侍郎联元认为这不是民意，是匪意，“匪气不可用！”在朝廷御前大臣会议上，公开反对围攻各国使馆。联元与徐用仪、立山同时被杀，后被平反昭雪。

末任安徽提学使张其淦

清末安徽政坛粤籍人物，除安徽巡抚邓华熙（顺德人）、皖南道道台张荫桓（南海人），还有末任安徽提学使张其淦（东莞人）。据冯煦《皖政辑要》，清末科举既停，学堂日增，光绪三十一年（1905）京师设立学部，第二年各省裁撤学政，改设提学使司。旧江苏、安

末任安徽提学使张其淦

徽共一学政，驻江阴，雍正三年（1725）增设安徽学政，驻当涂。沈曾植为首任安徽提学使，后吴同甲继之。提学使署就风节井安庆营副将衙门改建，在今孝肃路与吴越街交汇处，与安徽按察使司前后相邻。旧吴越街两侧清代为安徽按察使司（臬署），民国后一度为省财政厅，大门在今人民剧院北侧。1926年财政厅失火，搬至城北卫门口，从大火后的废墟上新辟一条南北向吴越街，这条街道基本沿着臬署（财政厅）大门后的中轴线。

继吴同甲后是张其淦，他亦是最后一任安徽提学使。张其淦（1859—1946）字豫泉，广东东莞人，光绪甲午恩科（1894）进士。光绪三十四年（1908），他以道员改充安徽自治局总办、安徽洋务局会办，宣统二年（1910）署安徽提学使。辛亥革命后，他辞官隐居上海，卒于法租界格罗希路寓所。张其淦治学严谨，勤于著述，有《邵村学易》《老子约》《松柏山房骈体文钞》《梦痕仙馆诗钞》《吟芷居诗话》《五代咏史诗钞》《元代八百遗民诗咏》《明代千遗民诗咏》，另辑有《东莞诗录》。《东莞诗录》统共65卷，辑录于安徽提学使任上，收由宋至清末东莞诗人八百一十五家，诗歌五千七百三十六首，此书已成为今人研究东莞历代诗歌必选文献。

清末新政三任安徽提学使：沈曾植、吴同甲、张其淦，唯沈曾植倡皖学影响至今。1907年沈曾植为商办安徽高等学堂致函罗振玉，主张聘用本土教员，其言：“吾邦文学之士，尽有已达高等程度者，皖学亦颇有之。”与严复任学堂监督时期大量植入闽籍教员的做法不同。民初鼎革，安徽官宦隐于沪上颇多，如巡抚冯煦、布政使沈曾植、提学使张其淦、存古学堂监督王咏霓，其与皖垣士绅文化互动亦频繁，1913年5月3日，沪西曹家渡小万柳堂，由方守彝及吴汝纶侄女婿廉惠卿发起雅集，参加者沈曾植、陈三立、瞿鸿禨、樊增祥、李瑞清，皆沪上遗民重镇。

郵局1928
安慶市墨子巷郵政所
營業時間：八時至十七時三十分
本地區郵政編碼：二四六零零三

＼菱湖春色

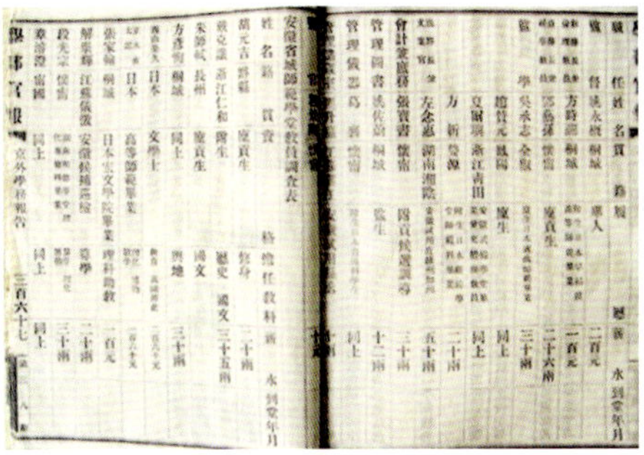

安徽师范学堂教员名册

高等派与龙门派

清末科举废除，新式学堂兴起，省垣安庆有安徽高等学堂、师范学堂，师范学堂在龙门口藩署东侧，两校毕业生被称为高等派、龙门派，民国安徽文教人才多毕业这两所学堂。高等派阵容似略强，有陈撄宁、王星拱、程演生、梅光迪、高一涵。民国中研院史语所有三个安庆人，徐中舒、李光涛、严耕望，徐中舒、李光涛毕业于省立一师，严耕望就读的安庆高级中学也在龙门口，三人应该都算龙门派。安徽高等学堂前身是安徽大学堂，原址城东鹭鸶桥，后迁同安岭敬敷书院旧址，距离龙门口亦不远。辛亥革命后高等学堂停办，陈独秀在旧址建安徽高等学校，教员多是独秀故交，如苏曼殊、郑桐荪、沈燕谋、周越然、应溥泉、傅盛君。苏曼殊行前与朋友函曾言“如有教言请寄安庆省城宣家花园陈仲转交可也”，陈仲即独秀。高等学校虽然是陈独秀创办，但他只肯担任教务长，聘桐城派马其昶任校长。读苏曼殊1913年1月2日复邓仲纯信，“现寓高等（此间大学名义已取消）”，当知陈独秀1912年创立安徽高等学校，是按省立大学规模创建，可能未满足大学条件，故被取消。1917年蔡元培聘请陈独秀任北京大学文科学长，一个主要理由就是陈独秀曾担任过安徽高等学校校长，倒也符合事实。

王星拱与梅光迪均就读安徽高等学堂，为学堂监督严复门生。严复治校严谨，重视英文。二人英文成绩均突出，1908年王星拱考取安徽省首批官费留学生，入英国伦敦大学皇家科学院；1911年梅光迪考取第三届清华庚子赔款官费留学名额，入美国威斯康星大学、芝加哥西北大学、哈佛大学。回国后王星拱曾任安徽大学校长，梅光迪亦曾任安徽大学文学院特约讲座教授。王星拱任武汉大学校长十二年，任职期间以严复先生为楷模，实践其教育理念，抗战时期武汉大学迁居四川乐山，据外文系教授戴镏龄回忆，王星拱校长重视英语，常对人说：“先师几道先生很夸奖我的英语。” 梅光迪任浙江大学文学院院长也近十年，几乎沿袭了严复安

安徽省立一师第一次成绩观摩会合影

徽高等学堂教育模式，在他的建议下，浙大规定一年级学生要读一年古文，文师两院学生还要再加一年历代文选课。此外各院学生都要读一年英文，理工科学生教科书全是英文版，基本与哈佛大学相同，这样毕业生既能读懂中国古典文献，又能阅读外国文献。当年科举刚刚废除，严复在安徽高等学堂采取这一教育模式，曾引发风潮而受挫，二十余年后，他的得意门生王星拱在武大、梅光迪在浙大，则成功地复制了其师教育模式，培养了大批中西合璧型人才。

严耕望与皖垣学术小传统

史学家严耕望（1916—1996）生于安庆城北小龙山麓罗岭镇竹园村（旧属桐城），与黄梅戏艺人严凤英同宗。罗岭严氏字派“尚正一世道，廷光宗德鸿，云礽嘉彦立，承茂祚隆昌”。严耕望德字辈，本名德厚；严凤英鸿字辈，本名鸿六，严耕望比严凤英要高一辈。

严耕望曾就读桐城罗家岭小学、安庆初级中学、安庆高级中学，当时省垣安庆史学人才荟萃，仅胡渊如门下就有陈撄宁、徐中舒、李光涛、李则纲。严耕望高中历史老师就是李则纲。其时李则纲《始祖的诞生与图腾》在上海商务印书馆出版，声望正浓，在其指导下，严耕望第一篇文章《研究国学应持之态度》发表于1936年安徽省立图书馆《学风》杂志第六卷，第二年又在《学风》杂志第七卷发表第一篇学术论文《儒家之礼的理论》。地域文化熏染对人才成长很关键，严耕望进入大学前，已在家乡完成了一个史学家的早期训练。

严耕望《治史三书》回忆其安庆龙门口读高中时，在商务印书馆的购书经历：“当时商务印书馆提出一种预约新书的方式，先付款十六元（当时十六元是学校四个月的伙食费）。以后一年内新书出版，任从选购，六折优待，直到购满所付款为止。那时商务的出版量很大，因此又提出一项宣传推销的方式，即就每周新出的许多书籍中，选出一种重要的，估计推销量也比较大的书作为

严耕望夫妇与钱穆夫妇

“星期标准书”，也是六折优待。我每年都作前项预约，又另选购星期标准书，如《当代社会学说》《一九一四年后世界》等书就是由后一种方式选购的。所以在我的消费上，购书费仅次于学校膳宿费，其他的用度都极节省。”

商务印书馆就在安庆高级中学的左隔壁，每个星期六晚上，严耕望经常站在书摊旁看书。凡是新出的文史社会科学书籍，不论买与不买，都将它的序言与目录翻看一下。这样泛览，对于他后来治史实有极大益处。位于龙门口的安庆商务印书馆，1912 年建馆，1930 年迁上海，1935 年 3 月复迁安庆，改称商务印书馆安庆分销处，馆址依旧。当时的书店经理宋吉吾常住上海，由副经理丁效宏主持日常馆务，人员七人，主要经营商务印书馆出版的各种书籍，如《万有文库》《四部丛书》《四角号码字典》等。

民国《申报》等报刊，在报道安徽省垣安庆新闻时，常以皖垣称呼安庆。近代文明转型期，皖垣小传统是皖江文化内核，《新青年》早期作者群亦附着此传统。严耕望发表第一篇学术论文之安徽省立图书馆《学风》杂志，1930 年 10 月在安庆创刊，至沦陷前共出 7 卷 67 期。该刊重皖省地域文化，姚永朴、张之屏、李契非、吴景贤都在《学风》撰文钩沉皖学。安徽省立图书馆馆长蒋元卿从 1932 年在《学风》辑录皖人著述，毕其一生完成 147 万字《皖人书录》。

皖垣小传统学人与中研院史语所颇有缘，严耕望院士之外，徐中舒、李光涛、邢公畹都曾进入中研院史语所，三人都是安庆城区人。徐中舒治古文字及先秦史，李光涛治明清档案，两人家境相似，都曾寄养清节堂，李光涛进史语所亦是徐中舒所推荐。邢公畹家住双莲巷，毕业于省立安徽大学中国语文学系，后考入中研院史语所，师从李方桂，是当代汉藏比较语言学大师。

1945 年严耕望在武大校长王星拱推荐下进入中研院史语所，为所长傅斯年器重。1964 年在其师钱穆邀请下任教香港中文大学新亚研究所，至 1978

年退休。“在我的印象中，他谈话未尝涉及学问以外的事，亦没有读书以外的兴趣。也只有严先生这种学者，未辜负南港与新亚这种纯粹的学府。”（许倬云《良史与君子》）

严耕望与余英时、何佑森都是钱穆弟子，《从师问学六十年》回忆：“一九八五年六月十八日,我与余英时、何佑森应钱师母之约到素书楼晚餐。当日先生精神极好，席间笑着说，你们三人都是安徽人。英时曰，可谓‘吴学入皖’，相与谈笑极欢。”何谓吴学？严耕望曾感慨：“清末民初之际，江南苏常地区小学教师多能新旧兼学，造诣深厚，今日大学教授，当多愧不如。”盖民初鼎革之际，干戈四起，民心散乱，江南苏州、常州一带尚能安宁。钱穆、钱基博、吕思勉辈足不出乡里，接续地方文脉，而卓然大家，亦可见学问者，传承也。而吴学非吴地之学，乃理一之精光在此分殊未散尽耳。曾国藩《欧阳生文集序》言咸同乱世，湘乡何以接脉桐城，亦此理：“自洪、杨倡乱，东南荼毒，钟山石城昔时姚先生撰杖都讲之所，今为犬羊窟宅，深固而不可拔，桐城沦为异域，既克而复失，戴钧衡全家殉难，身亦欧血死矣。余来建昌，问新城、南丰兵燹之余，百物荡尽，田荒不治，蓬蒿没人，一二文士，转徙无所。而广西用兵九载，群盗犹汹汹，骤不可爬梳，龙君翰昌又物故。独吾乡少安，二三君子尚得优游文学，曲折以求合桐城之辙。”学问传承不中断，实构成地方文化小传统之关键。

余英时父亲余协中留学哈佛，执教南开大学历史系，是著名历史学家。与余英时家学渊源相比，严耕望则多受益于安庆地方文化，读小学、中学时，冯溶生、李则纲对其影响很大，在武大读大学时，选修课老师徐天闵、苏雪林、朱光潜仍属皖江学术圈。推荐他进史语所的武大校长王星拱亦是安庆人，家住近圣街，曾任省立安徽大学校长，抗战胜利后又是国立安徽大学复校的关键人物。

＼安庆黄梅戏

KFC

小城大爱
KFC

真源宫被毁与安庆建城

古南岳天柱山为佛道名山，左真源宫（五岳祠），右山谷寺（三祖寺），真源宫毁于明末战乱，仅存遗址。今年2月15日，皖江文化研究会一行与潜山学人徐霁旻、王胜生、张开朝、汪世诚等联合考察白鹿岗真源宫遗址，并在司命真君祠附近发现汉武帝祭岳台遗迹。《史记·孝武本纪》："其明年冬，上巡南郡，至江陵而东。登礼潜之天柱山，号曰南岳。浮江，自寻阳出枞阳，过彭蠡，祀其名山川。"《史记·封禅书》："其明年冬，上巡南郡，至江陵而东。登礼潜之天柱山，号曰南岳。"《汉书·武帝纪》："五年冬，行南巡狩，至于盛唐，望祀虞舜于九嶷，登潜天柱山，亲射蛟江中，获之。舳舻千里，薄枞阳而出，作盛唐枞阳之歌。"元封五年（公元前106），汉武帝自江陵浮江东下，过古彭蠡泽，上溯皖水，登礼天柱山，封禅南岳。据康熙《安庆府志》记载，真源宫遗址前身是汉武帝所立五岳祠。"真源宫，在县北十五里山谷祠左。黄帝以潜为南岳之副。汉武帝南巡至盛唐山，以衡山远隔江，乃徙南岳之祭于潜天柱山。祭时见五岳云中出现，爰立五岳祠。梁武时，白鹤道人居之。唐明皇率群臣于灵符殿，见云中仙杖甚众，告曰：'吾九天使者，受玉帝命采访。舒州潜山，乃司命真君所居；蜀青城山，乃丈人真君所居；吾则憩江州庐山也，可与三山立祠，明皇遣使于潜，不知祠所。适有二鹿见于高岗，乃祠焉。塑像未成，忽殿后石壁裂，出五色香泥，取作像。宋太祖遣使建司命三箓大醮。太宗建殿宇六百余间。徽宗御书万寿宫，后加真源二字。高宗增置殿宇三千六百间。庆元、嘉定间，毁于兵火。元至正间，安庆大旱，余忠宣诣此祈雨。明洪武重修，赐额。明末寇焚，仅存东岳府三间。”汉武帝祭岳台即皖伯台，据康熙《安庆府志》：“皖伯台在潜邑皖山下，即汉武帝祀南岳处。春秋，县官即其处祀皖山、皖伯之神。”

皖口古城遗址

南宋庆元、嘉定年间，与安庆府治（今潜山）近在咫尺的真源宫被毁，对官民心理冲击很大，千年来皖伯台（汉武帝祭岳台）一直是古皖民众的精神支柱，金兵焚毁真源宫亦是打击官民抵抗意志。焚毁事件发生后，安庆知府黄干作出了三项决策：一、扩修城墙，以备战守，其文集有记载。二、选址盛唐湾宜城渡，以备不测，据康熙《怀宁县志》卷之二“建置沿革”记载：“安庆府　宁宗庆元年升为安庆府，嘉定十年（1217）移府治于盛唐之湾，理宗端平三年移罗刹洲，又移杨槎洲，景定元年复改筑宜城，领县五。”由于战事紧张，黄干所筑宜城渡新城未完工，后长期废弃，康熙《怀宁县志》卷之七“城池”记载颇详细：“夫嘉定丁丑至景定庚申凡四十四年，盖以黄干草创建城之后，值金人充斥，至十八年而移民于罗刹，至端平再转徙而杨槎，以避其锋，至景定庚申而始善建不拔矣。”三、府县分治，分散风险。黄干积极筑城备战，选址宜城渡为新府城地址，同是又将怀宁县治迁出，沿皖河迁到皖口。据康熙《怀宁县志》卷之二“建置沿革”记载：“怀宁县嘉定间移皖口，景定间始迁附郭，与郡同治。”自嘉定至景定四十余年间，安庆首次出现府治、

＼皖口古城遗址

＼皖口古城隍庙

八十八岁杨积荣老人住的房屋是皖口最古老的，他聊起皖口古城代代相传的“拆皖城，造安庆”传说，但已说不清是哪个时代

县治分离，明清时期，怀宁县令祭拜城隍庙，都要到皖口，据民国《怀宁县志》记载，直到清嘉庆二十四年（1819），怀宁县城隍庙才改建安庆城内杨家塘北侧。

南宋嘉定年间，怀宁县治与郡城分开，迁皖口，康熙《安庆府志》及《怀宁县志》均有记。“怀宁县　嘉定间自潜移县皖口，景定间始迁附郭。”（康熙六十年《安庆府治》卷之二　地理志　沿革）景定年间怀宁县治重附安庆府治，据近人程小苏《安庆旧影》，明嘉靖《南畿志》亦有记：“景定元年（1260）府治既定，《南畿志》：怀宁县随府迁宜城，此又怀宁附郭之始。”东晋怀宁设县，与郡同治，清以前怀宁一直郡县合志，直到顺治八年（1651）怀宁知县贾壮始单独纂修《怀宁县志》，康熙年间知县段鼎臣、崔维衡、裴国熙又先后进行增补。康熙二十五年（1686）裴版《怀宁县志》卷十六《坛祠》：“县城隍庙在山口镇，乙酉兵焚，生员徐舜，耆民陶之琦、汪宗泗重建。”又民国《怀宁县志》：“县城隍庙在山口镇，清嘉庆二十四年邑人另建于城内之杨家塘右。”“五月常祀，邑令仍亲诣山口旧庙焉。”据皖江文化研究会多次实地考察，怀宁县城隍庙在今皖口古城菩提寺，宋元至明清，怀宁县知县都要到此祭拜。历史上怀宁县一直与郡同治，南宋末年为何单独迁址皖口？据程小苏《安庆旧影》，新的府城地址宜城渡区域当时属桐城县管辖，作为安庆府治可以，作为怀宁县治不可以，故怀宁县治只能建于与府治隔河相望的怀宁县地皖口。景定间府县合治，宜城渡区域已划归怀宁县管辖。

皖派碑学宗师邓石如

邓石如“笈游道人”铁砚，安徽省博物院藏

铁钩锁，中国画用笔的一种技法，笔势往来，如用铁丝纠缠。南唐后主李煜善用此法，宋黄庭坚《次韵谢黄斌老送墨竹十二韵》：“江南铁钩锁，最许诚悬会。”自注：“世传江南李主作竹，自根至梢极小者，一一钩勒成，谓之铁钩锁，自云惟柳公权有此笔法。”

这一李煜开创的绘画技法，被邓石如创造性地应用于篆刻中，邓石如在扬州期间，为挚友罗聘所治印中就有“铁钩锁”三字，并在边款中注明：“两峰子（罗聘）写竹用此三字法，古浣子（邓石如）作印亦用此三字法。”在其赠罗聘的另一印“乱插繁枝向晴昊”的边款，又写道：“两峰子画梅，琼瑶璀璨；古浣子摹篆，刚健婀娜。世人都爱两峰梅，两峰偏爱古浣篆，感而作此，聊释旅愁。”在这里，“刚健婀娜”四字可视作是对“铁钩锁”三字的诠释。

邓石如弟子包世臣则在《艺舟双楫·述书上》中记述了自己的见解：“字画疏处可以走马，密处不使透风。常计白当黑，奇趣乃出。”这一皖派最高法则被后学者奉为圭臬，赵之谦谓这一法则是“印林无等等咒”（魏锡曾《吴让之印谱跋》）。近世陈三立在《安吉吴先生墓志铭》中也说，吴昌硕“书摹猎碣，运以铁钩锁法”。而皖派画家郑雪湖授黄宾虹“实处易，虚处难”六字诀，则又可以看作是对“铁钩锁”另外一个角度的阐释。

在邓石如之前，中国的篆刻艺术一直源于汉代“缪篆”，所谓“缪篆”，是指汉代规范的摹印文字。但由于年代久远，汉印流传下来的当时并不是很多，这一艺术形式的发展也受到局限。因此，无论是明代文彭的三桥派，何震的雪渔派，苏宣的泗水派；还是清代程邃的徽派，丁敬的浙派，其实对篆刻艺术的突破都不大，囿于古法，印从印入，千人一面，陈陈相因。邓石如则冲决出以印入印的罗网，一肩袱被，草履担簦，游名山大川，访残碑断碣，从华夏大地深处寻觅创作灵感。举凡汉魏碑碣、墓志、造像题记、摩崖石刻，都在邓石如搜寻之列。罗聘《完白山人登岱图》，记录了邓石如遍访泰山石刻，登日观峰看日出的豪迈之情，山人一身古装，凝重庄严，淡墨皴染中用浓墨点苔，流云与凸起的岩石相绕，使山峰具有动感，山人衣袂飘飘，人与自然“不隔”，与造化一团和气。

罗聘《完白山人登岱图》，故宫博物院藏

黑底白字的碑帖，阴气森森，一股黑暗的死亡气息扑面而来。就是这些深埋于地下千年的“死亡通知书”，被山人从泥土中找寻出来，死者的生命信息由此被解密，在山人高扬的生命火炬下，民族沉睡地底的文化基因被克隆，而再度复活。

邓石如弟子包世臣在《完白山人传》记云：“山人既得纵观，推索其意，明雅俗之分，乃好《石鼓文》，李斯《峄山碑》《泰山刻石》，汉《开母石阙》《敦煌太守碑》，苏建《国山碑》及皇象《天发神谶碑》，李阳冰《城隍庙碑》《三坟记》，每种临百本。又苦篆体不备，手写《说文》二十本，半年而毕。复旁搜三代钟鼎秦汉瓦当碑额，以纵其势，博其趣。每日味爽起，研墨盈盈，至夜分尽墨乃就寝，寒暑不辍。五年篆书成，乃学汉分，临《史晨前后碑》《华山碑》《白石神君》《张迁》《潘校官》《孔羡》《受禅》《大飨》各五十本，三年书乃成。”

从包世臣对邓石如学书历程的描述，可以看出起初邓石如从龙山遗民立场对当下书坛的超越，而逐渐演变为以平民立场对宫廷艺术的超越。邓石如临习的各式北碑作品，因广泛来自民间，过去长期为士大夫所忽视，他们仅仅把眼光局限在几个名家之上，因而艺术之路越走越窄。邓石如突然向世人展现了汉魏碑刻这一巨大的宝藏，并把篆刻艺术的源头由“缪篆”接之于“北碑”，开“印从书出”之先河。

邓石如因此也成为皖派艺术的开派宗师，“若完白书从印入，印从书出，其在皖宗为奇品，为别宗。”（魏锡曾《吴让之印谱序跋》）皖派邓石如开之，弟子包世臣扩之，再传弟子吴让之守之，其核心成员还有邓传密、张惠言、吴育、程蘅衫、徐三庚。自皖派出，徽、浙二派便完成了自己的历史使命，其后中国印坛一流艺术家，如赵之谦、吴昌硕、黄牧甫，无不笼罩在皖派浓重的光影之中。

魏锡曾在描述皖派特征时，“印从书出”之外，还有一句“书从印入”，道出了皖派艺术革新路线图：北碑—印从书出—书从印入。邓石如篆刻得益于北碑，书法得益于篆刻，其篆隶之作被包世臣列为“神品”，已达到“平和简静，遒丽天成”之境。

皖派碑学思潮由篆刻领域波及到书法领域，也波及到“书画同源”的绘画领域，成为促成中国画变革的重要因素。其变革首现于皖派画家“黑萧”萧谦中，这位别号大龙山樵、与邓石如同样诞生在大龙山麓的民国北京画坛名家，最早在绘画领域开始了碑学革命，尽管没有提出多少理论，但其画风笔力苍劲，气势浑厚，墨气重，布置密，带有鲜明的北碑气韵。

继萧谦中而起的画坛巨擘黄宾虹，早年就从郑雪湖处得皖派“实处易，虚处难”真传，尔后将绘画连接于金石碑学，“画中笔墨，源于书法。篆隶真行，各有师授。书法精妙，彰于金石。彝器碑碣，神采斐然。古人详诸记载，发为文辞。道形而上，艺形而下。兼该并举，悉悉相通。书味盎然，是谓文人画。”（《黄宾虹文集·书画篇下》）这一段话是黄宾虹对皖派艺术理论的创造性发挥，其金石—书法—绘画路线图正是皖派变革精神向绘画领域的延伸。

皖派艺术革命，大地艺术家邓石如肇其始，丹青天才黄宾虹毕其功，由于打通了中华文化之大本大源，再现了古汉人阳刚朴厚之雄气，其影响力又从艺术领域转向思想学术领域，成为宋学“空疏”和汉学“细碎”的解毒剂，继而成为中国近代思潮的一个重要组成部分。

在皖派诸大师中，无论是邓石如、包世臣，还是吴让之、赵之谦，一生辗转书院幕府，混迹市井乡野，其身影带有厚重的平民色彩，其关注世界也自然站在平民立场。这一点，

倒扒狮老街

皖派诸家异于徽州汉学的官方立场，也不同于桐城宋学的士大夫立场。邓石如秉承家风一生坚持遗民立场，这又必然导致平民立场，以平民身份研习汉魏平民墓志铭，以平民视角关注民生疾苦，以平民喜好感受百姓喜怒哀乐。

明清安徽学术，晚明方以智、钱澄之、金正希、戴敬夫，以及江上二沈（沈昆铜、沈寿民），贵池二妙（吴次尾、刘伯宗）诸公开启的上江学风，一直延续至清初，施闰章、梅文鼎、戴南山、方望溪、朱字绿、江慎修皆承其学脉。自乾隆戴震出，徽州朴学兴起，学风凡一变。嘉道姚鼐弟子活跃，桐城宋学日炽，学风凡再变。晚清皖派碑学兴盛，邓（石如）包（世臣）逐取代江（永）戴（震）和方（苞）姚（鼐）的影响，成为安徽学术向近代转型的重要推手。

这一转型也正符合世界潮流，知识和艺术从少数贵族精英独享的资源而转向广大民众共享的资源。大凡近现代皖江学术名家，如陈独秀、邓以蛰、程演生、刘文典、徐中舒、严耕望、汪少伦、史尚宽等，都受到皖派这一学风的影响。上述人物，陈独秀、邓以蛰、刘文典、汪少伦、严耕望祖籍都在大小龙山两侧，邓以蛰是邓石如五世孙，陈独秀嗣父陈衍庶则是皖派书画大家，也是皖垣首屈一指的金石、书画收藏大家。陈独秀终其一生，始终怀有浓郁的平民意识和平民情怀，其生命的最后岁月，与一个女工相伴于穷乡僻壤，以帮乡民写字和整理家族遗稿为生。就如同邓石如在在临终那年还不避旅途劳顿到泾县孔庙写碑额，陈独秀晚年也是嗜碑如命，为了能从欧阳竟无处借得《武荣碑》，陈独秀作了一首诗当借条："贯休入蜀唯瓶钵，山中多病生死微。岁晚家家足豚鸭，老馋独嗑武荣碑。"晚年邓石如和陈独秀都是以平民身份隐藏于民间，就像他们的龙山先辈钱澄之、邓朴庵、徐羽先、方中发以遗民和平民的双重身份终老家中一样，作为皖派艺术家的邓石如和陈独秀，也是以一介平民的身份告别这个世界的。

包世臣是邓石如和陈独秀之间的过渡人物，也是皖派向皖学转变的关键人物。桐城宋学家关心义理，徽州汉学家醉心考据，而皖派学人们关注的则是漕务、盐政、货币、农政、河工、赋税、律例、兵事、中外贸易、戏曲、历代掌故，从包世臣面向知识阶层的《安吴四种》，到陈独秀面向市井阶层的《安徽俗话报》，皖学也经历了从士人向普通市民普及的过程。作为邓石如入室弟子，包世臣在书印实践方面有独特成就，在书印理论方面贡献更大，并把邓石如的碑学思想向民间推广。

对于皖派学人来说，他们不仅发现了汉魏碑刻这一巨大的地下宝库，也发现了民间社会这一丰富多彩的地上宝库。这两大发现使他们人生态度迥异于学界主流的汉宋学人，宋学推崇的儒家道统文统，他们觉得没有市井的施耐庵、罗贯中、兰陵笑笑生来得痛快；汉学痴迷的那些故纸堆，他们觉得也没有泰山华山的摩崖石刻那样生气勃勃。他们一头扎进了民间，民间戏曲则成了他们的最爱，包世臣撰《都剧赋》，首揭“徽班映丽，始自石牌”。陈独秀在《安徽俗话报》专门开辟“戏曲”专栏，刊登戏曲剧本和戏曲评论，在第十一期，陈独秀还以三爱的笔名撰写《论戏曲》，称赞戏曲“算是世界上第一个大教育家”，“依我来看，戏馆子是众人的大学堂，戏子是众人的大老师，世上人都是他们教训出来的。”此外，陈澹然著有《异伶传》，程演生亦著有《皖优谱》。

邓包雅风

清代安徽学术传统，有方（苞）姚（鼐）宋学古文，江（永）戴（震）汉学考据，邓（石如）包（世臣）碑学篆刻。邓石如、包世臣皆做过幕僚，又皆曾居扬州，大明寺有邓石如心经碑。包世臣故居位于东关观巷27号，从南河下一路往北，经过皮市街、观巷到东关街，此线路与李斗《扬州画舫录》记载的河下街大体相符："自钞关至徐宁门，为南河下；徐宁门至阙口门，为中河下；阙口门至东关，为北河下，计四里。"包世臣弟子吴让之亦扬州人，固守皖派家法，同治间吴让之见魏锡曾带来的赵之谦印谱，赞"先生所刻已入完翁室，何须更赞一词耶？"意谓赵之谦此时已经从浙派出来而转入皖派风格。吴昌硕早年也曾借居扬州何园，皖派碑学的形成与扬州干系极大。

／包世臣

包世臣推崇其师不遗余力，《艺舟双楫》将清代书家分神品、妙品、能品、逸品、佳品，神品仅一人，邓石如隶及篆书，妙品上一人，邓石如分及真书，妙品下二人，刘墉小真书，姚鼐行草书。书中有吴让之与包世臣一段对话，（吴让之）问："先生常言左右牝牡相得，而近又改言气满，究竟其法是一是二？"（包世臣）答："作者一法，观者二法。左右牝牡，固是精神中事，然尚有形势可言。气满则离形势而专说精神，故有左右牝牡皆相得而气尚不满者，气满则左右牝牡自无不相得者矣。"皖派开派宗师邓石如，打开北碑地下宝库，印从书出，书从印入，赵之谦谓此法则是"印林无等等咒"。日本当代书家西川宁、青山杉雨创立谦慎书道会，标榜皖派传统，以“气满”称之，所谓“气满”便出自此处。

高邮汪曾祺自叙其写作风格源于桐城派，国文老师韦子廉“写魏碑，又是一个桐城派。他教我们古文，全部是桐城派，我到现在还能背诵桐城派古文的片段”。无论是皖派碑学、桐城派，还是活跃于扬州的徽州籍乾嘉学派诸人，安徽学术传统对扬州影响深远。与弟子包世臣谨朴之貌相比，邓石如人生可谓闲云野鹤。其亦爱鹤，将鹤寄养安庆城北集贤律院，一日正在扬州大明寺的邓石如得到传报，仙鹤被安庆知府看中，他即刻启程星夜赶回安庆，用行书写下了《陈寄鹤书》向知府陈情上书索鹤，书法文章，堪称佳篇，可媲美王右军《兰亭集序》。

海上画派

邓石如开皖派碑学，印从书出，书从印入，一传包世臣、吴让之，再传赵之谦、吴昌硕。皖派碑学变革思潮由篆刻波及书法，也波及绘画，成为促成中国画变革的重要因素。海派艺术魂魄便是皖派碑学墨气，佐以西洋油画之色彩，东洋浮世绘之意境，知白守黑，从浑厚华滋中掘出光明。张祖翼（1849—1917），字逖先，号磊龛，又号磊龟、濠庐，桐城人，近代著名书法家、篆刻家、金石收藏家；师邓石如，宗石鼓、钟鼎；隶法汉碑、魏碣，皆出于汉魏三代的吉金乐石，属于典型的碑学书风；亦能行、楷书，兼有碑意。张祖翼长期旅居上海，最早提出“海上画派”，与吴昌硕、汪洵、高邕之合称海上四大书家，显示皖派碑学与海上画派渊源关系。西泠印社柏堂后石坊额上隶书“西泠印社”四字，亦为其所书。张祖翼又是最早走出国门的旅行家之一，光绪九年（1883）游历英国，有《伦敦竹枝词》《伦敦风土记》等书出版。

／张祖翼书法

皖学与“齐鲁三先生”

在介绍“齐鲁三先生”之前，先谈谈皖学。中国古代学术这条河流，到了晚清，已呈疲弱之态，乾嘉年间安徽学界的汉宋之争、碑帖之争，姚鼐与戴震的恩怨，方东树与江藩的相互攻击，这番热闹的景象，在经历太平天国战火后恍若隔世。汉学大本营徽州与宋学大本营桐城，湘军和太平军数度在此交战，两地已元气大伤。战后，两江总督曾国藩在省城安庆恢复了敬敷书院和科举考试，设曲江书局，厚葬战乱前后死去没来得及下葬的桐城文人方东树、苏厚子、戴钧衡、马瑞辰等，并着手振兴桐城派。但仅仅过了三年，湘军攻克南京后，曾国藩和曾幕各路英才便浮江东下，安庆顿显寂寞，此后几十年，再没什么大的声音了。

真正重振安徽学术传统的是清末新政后的安徽提学使沈曾植，在邓华熙、王之春、诚勋、恩铭等几任安徽巡抚厉行新政的背景下，沈曾植开始倡导带有鲜明近代色彩的皖学。他以皖派书篆的碑学变革精神为内核，融合桐城与徽州，兼容中学与西学，使皖学呈现出传统学术向现代社会科学的过渡形态。皖学近师吴汝纶，远师姚鼐和邓石如，两祖一宗，既讲究与时衍进，又讲究学术传承。以沈曾植和藩台冯煦为中心，各大流派的学术名家，如马其昶、姚叔节、姚仲实、方守敦、方守彝、阮仲勉、李光炯、史恕卿、邓绳侯、陈衍庶、洪思亮、吴季白、赵曾重、胡渊如、徐铁华、汪宗沂、程朝仪、胡元吉、刘葆良、月霞、苏曼殊、严复等，荟萃于省垣，百年书院敬敷和新式学堂安徽高等学堂，成为汉学宋学中学西学的交融之地，人文气息浓郁。安庆小南门方守彝大宅，是吴汝纶自日本考察学制回国后在安庆创办桐城学堂期间最后的寓居之所，吴汝纶不久即病逝，方家大院成为皖城士绅雅聚的圣地，所谓“好礼宾客，乡之英俊，过皖必谒其门，往往因之睹海内贤士大夫，盖极一时之盛也”（《桐城姚仲实先生年谱》）。这股风气从清末新政一直延续到民初，陈独秀、潘赞化、房秩五、光明甫、韩衍、易白沙、黄宾虹、高语罕、刘文典、邓仲纯、李辛白、高一涵、王星拱等一批青年学子都曾受到这一学风的濡染，亦新亦旧的安庆城成为《新青年》杂志早期作者群赖以成长的温床。

沈曾植本人是大书法家、篆刻家，他继承了从邓石如到包世臣到吴让之的皖派传统，力倡皖派碑学精神，并有意识地把这种人文精神向绘画甚至学术领域推广，使安庆的书画出现了复兴的态势。晚清安庆书画家大多数书尊邓石如，画尊四王吴恽，诸如“江南布衣二郑”郑珊、郑琳、陈衍庶、姜筠，都是如此。所以师从皖派艺术的黄宾虹说：“陈昔凡（衍庶）姜颖生（筠），皆左清晖（王石谷）而右麓台（王原祁）也。”（《宾虹画语录》）首先在绘画领域试验碑学的是姜筠弟子萧谦中，他突破了四王，把北碑枯黑的技法引入绘画，墨气重，布置密，在民国画坛有“黑萧”之称。可惜萧谦中年过六旬即逝，试验半途而废。继萧谦中而起的一代宗师黄宾虹，坚持了皖派的碑学革命，又得享高寿，他的浑朴的“宿墨”法把中国画推向一个前无古人的境地，使陈

倒扒狮老街

陈相因逐渐走入死胡同的中国画获得了新的生命。另外，沈曾植作为同光体重要诗人，在推崇宋诗的桐城派故乡，亦有一大批唱和者，马其昶、姚叔节、方守彝、邓绳侯、陈衍庶均能为诗。皖派是同光体重要流派之一，它与皖派书画以及桐城派古文的美学风格，对陈衍庶嗣子陈独秀，方守彝外孙宗白华，邓绳侯儿子邓以蛰以及朱光潜、方东美等，都产生了重要影响。

沈曾植在传统的汉学宋学之外，尤重史地和法制研究，著有《西北舆地考》《蒙古源流笺证》《汉律辑补》《晋书刑法志》。这种治学特点，对清末民初的安庆学界亦有影响，如“胡玉美”家族六世，“书学邓完白，文宗姚惜抱”（圆顿语）的吴汝纶弟子胡渊如，非常注重培养学生的史地兴趣，他的学生中就有成为史学大师的徐中舒。包括后来在台湾的史学大家严耕望、李光涛，在美国的学术史大家余英时，年轻时都受过皖学这一治学特点的熏陶和影响。在法制学方面，皖省教育家史恕卿、程滨遗、光明甫都用力颇多，程滨遗撰有《中国法制史》，与光明甫一起创办了江淮大学和安徽法政学校，史恕卿的族侄史尚宽是中国民法奠基人。

随着严复、苏曼殊、刘葆良、冯熙、沈曾植等一批外地学者先后离开，皖垣耆老邓绳侯、陈衍庶、赵曾重、洪思亮等相继故去，再加上北洋军阀对安徽文教的摧残，皖学在20世纪20年代经历了一个低潮。北伐战争之后，至1938年安庆沦陷，安庆这一段时间相对比较稳定，以省立安徽大学和安徽省立图书馆为中心，在校长程演生和馆长陈东原等人的倡导下，皖学进入了发展的第二个高潮。这一个十年的皖学明显受五四新文化运动和“整理国故”思潮的影响，注重发掘、编纂、整理安徽乡邦文献，对民间文化尤其是戏曲予以高度重视，《安徽丛书》和《学风》杂志，程演生《皖优谱》，陈澹然《异伶传》，李则纲《史学通论》，陈东原与胡适关于安徽文献整理的通信，刘文典《庄子》《淮南子》研究，陈撄宁的仙学研究，黄宾虹的金石学研究，都是这一时期皖学的重要史料和成果。日军入侵安庆中断了皖学研究。抗战结束后，安徽大学在安庆复校，聚集在安庆的一批学人，如安徽省立图书馆馆长蒋元卿，任教于国立安徽大学的乌以风等，开始重续皖学。他们在省会北迁合肥和安徽大学东迁芜湖后，仍然坚持留在安庆，孜孜于皖学研究。蒋元卿、乌以风与 1949 年到安庆的戏曲家王兆乾，成为半个世纪以来皖学研究的最后一道风景。由于三人都是山东人，蒋元卿是山东海阳人，乌以风是山东聊城人，王兆乾是山东临沂人，所以三人被称为“齐鲁三先生”。

蒋元卿在 20 世纪 30 年代就开始在各种方志搜集资料，辑成安徽四十余县著述人物考，从 1932 年起，先后在《学风》杂志上发表的有怀宁、潜山、宿松、休宁、黟县、宣城、芜湖、南陵、合肥、无为、庐江等十一个县人物著述。其后近 60 年，蒋元卿以此研究为基础，甘于寂寞，以一己之力，撰成 147 万字《皖人书目》，该书汇集皖人著作 17000 余种，著者6600多人，全面反映了安徽文化学术的发展面貌。20世纪90年代初，我和现在的《安庆日报》副总编黄剑平曾去他位于墨子巷的家中采访过他，进入书房，里面堆满了各式各样的卡片，都是蒋老几十年积累的，有的卡片颜色都发黄了。蒋老形象有点像梁漱溟，衣着俭朴，下巴留有短胡须，一副怡然自得的样子。这篇专访在《安徽日报》发表后，引起多人对蒋老的兴趣，蒋老出生在青岛，年轻时的经历有点像美国的富兰克林，他做过报童、印刷工、校对，自学成才，没有任何学历，对知识充满了无穷的好奇。他偶然在《学风》发表的一篇文章为陈东原所赏识，应聘来到了安庆，从此就再也没离开过安庆，在安徽省立图书馆和安庆市图书馆度过了漫长的一生。

乌以风早年毕业于北京大学哲学系，是大儒马一浮的入室弟子，抗战时期追随马一浮在四川复性书院讲学。他的家庭生活本来很平静，但某一天，他钟爱的妻子突然与一个国民党军官私奔了。在强烈的精神刺激下，他找到了妻子，在得知妻子深爱那个军官后，他亲自用八抬大轿把妻子嫁给那个军官，然后一病不起。等身体稍稍复原，万念俱灰的乌以风悄然离开书院，归隐于他早就向往的古南岳天柱山，自号忘筌居士，“筌”是他妻子的名字。像蒋元卿一样，乌以风再也没离开过安庆的土地，新中国成立前曾在天柱山主持景忠中学，后执教于安庆师范学院，毕生致力于马一浮学术的阐释和天柱山开发事业，《马一浮先生语录类编》《马一浮先生学赞》《天柱山志》等都是乌老的代表著作。乌老20世纪80年代末辞世于天柱山忘筌草堂，他的墓我有幸拜谒过。那是2006年夏，酷热难耐，周末我约皖江文化研究会的吴有为、周毅去天柱山避暑，到了茶庄，转来转去，我们最终选择一个僻静的农家旅馆住下。傍晚，我和吴有为在附近散步，穿过一片树林，没走多远，看到坡下苍松翠柏，像是一个墓地。我脱口而道，是乌老的墓！我们拾级而上，一看，果然是乌老和妻子合葬冢，安详地躺在天柱山怀抱中。世事沧桑，感谢墓中这位陪伴乌老孤独灵魂的妻子，我和有为恭恭敬敬地祭拜，唏嘘良久，方才离开。

至于王兆乾先生，一直是我们的朋友，在他生命中的最后几年，无论是接受报纸还是电视台采访，他必讲皖江文化，力挺皖江文化，这给予了我们莫大的信心。有意思的是，自从我们的祖先于明隆庆二年（1568）在江畔建振风塔以振文风以来，近四个半世纪过去了，这中间皖上学术一直没有中断过，从晚明上江人文到清代桐城派，从桐城派到皖学，从皖学到皖江文化，像接力棒一样，真可谓是薪火相传，绵绵不绝。王老承继了皖学对戏曲的重视，除在黄梅戏领域有突出贡献外，对贵池傩戏的研究也是成果丰硕，并担任了中国傩戏研究会副会长。王老的戏曲研究方法和水准在全国都有影响，我曾陪同王老到北京与著名学者周华斌交流，周教授称呼王老是戏曲界的“国宝”。惜乎遽逝广州，文集没来得及整理出版，早日整理出版王老文集已是皖学和皖江文化研究一件刻不容缓的事。现在追忆王老，感觉最值得我们后辈学习的是王老注重田野考察的学术作风。他常年奔波于穷乡僻壤、深山老林，与农民交朋友，注重口述记忆，尽量获得第一手资料，把戏曲放在民间信仰和民间习俗这个大背景下加以考察。这种治学特点使他的研究具有了某种普遍意义，而为国外汉学界所重视。

皖学最后的余晖，因为蒋元卿、乌以风、王兆乾“齐鲁三先生”而显得绚烂多彩。他们连同与他们同一时代的李帆群、马厚文、金杏村、詹守桢等一批安庆老人，成为晚清民国皖学与当代皖江文化研究之间的桥梁。一代有一代之学术，扬弃与变易是学术发展的规律，也是社会发展的规律，但贯穿其间的人文精神和人文品格则是一脉相承、永恒不变的，从这个意义上讲，当代皖江文化也是而且应当是传统皖学的发扬与光大。

／菱湖公园邓石如碑馆

倒扒狮老街

第三章

同光体皖派：登云坡　小南门

离亭灯火自崖返，去浪风宵满郭声

——方守彝

同光体皖派

近人陈衍《石遗室诗话》云："道咸以来，何子贞（绍基）、祁春圃（寯藻）、魏默深（源）、曾涤生（国藩）、欧阳硐东（辂）、郑子尹（珍）、莫子偲（有芝）诸老，始喜言宋诗，何、郑、莫皆出程春海侍郎（恩泽）门下。"此派诗家，流衍于同光之际，蔚为大观，称同光体，又别分闽派、赣派、浙派、皖派。

同光体皖派，汪辟疆《近代诗派与地域》揭橥，附于闽赣派（同光派）后："近代皖派诗家，以桐城吴汝纶行辈为早，吴氏习闻姬传姚氏之说，为诗以山谷为宗，辅以杜韩，故其诗平实稳顺，绝无俗韵。晚年与范当世唱和，益觉清苍。其乡人姚永概、方守彝皆能诗，姚氏简远朴茂，诗如其文，山水之作，工于刻镂。方氏体源山谷，瘦硬澹远，兼而有之。盖桐城文家，多以诗名，姚惜抱曾手批《山谷集》，宗风大启。"又云："闽赣派诗家，实以宋人为借径。姚惜抱氏于乾隆间劝人读《山谷集》，又尝手批《山谷集》，方东树《昭味詹言》亦推重山谷。"汪辟疆道明了皖派乃至同光体与桐城派、江西诗派渊源关系。

钱钟书《谈艺录》"明清人师法宋诗　桐城诗派"云："桐城亦有诗派，其端自姚南菁范发之。"姚范、刘大櫆、姚鼐开启桐城诗派，清代宋诗运动亦以姚鼐为正宗。程秉钊《国朝名人集题词》有曰："论诗转贵桐城派，比似文章输轻重。"自注："惜抱诗精深博大，足为正宗。"然而桐城诗派之名为桐城文派所淹，皖派之名又为桐城诗派所淹。皖派不及闽派、赣派、浙派之显赫，盖皖派实桐城派之延伸也，而整个同光诗派与桐城诗派几可合流："一般文学史认为的近代学宋诗人，如祁寯藻、程恩泽、何绍基、曾国藩、郑珍、莫友芝等都与桐城派诗人有这样或那样的联系，都受到桐城诗派的影响。而桐城诗派的重要诗人，如梅曾亮、方东树、姚莹，乃至于朱琦、鲁一同等本身就是道咸时期的学宋诗人。因此不仅可以说桐城诗派对于近代学宋诗派有直接的启导作用，而且简直可以认为在近代桐城诗派与文学

／劝业场滑板族

史所称的学宋诗派是合流为一了。”（马亚中《学宋诗派与桐城诗派》）

皖派乃乾嘉桐城诗派在近代之绵延。别称皖派，盖该派诗人秉承咸同诸老曾国藩、莫友芝、方宗诚之皖江道统，清末至民国一直在省城皖垣（安庆）活动，半个多世纪，文脉不断，先后以小南门贲巢和百花亭宜城觞咏社为中心集结，而消沉于民国二十七年（1938）抗战沦陷。皖派诗人，除汪辟疆提及的皖派三大家吴汝纶、姚永概、方守彝外，尚有姚永朴、方守敦、徐铁华、李范之、陈慎登、潘季野、韩伯韦、程演生诸君，往来皖垣的同光之际诗人则有沈曾植、沈曾桐、李证刚、罗振玉、李宣龚、王闿运、缪荃孙、李审言、朱孔彰、程朝仪。诗人相见至乐，相互唱和，郁郁乎文哉。“皖城崇雉环山，烟波抱郭，青林粉壁，参差疏密于朝曦夕照之间”（方守彝《天柱阁落成，应方伯沈公教并叙》），可谓云蒸霞蔚，气象万千。皖派与皖城，山川蕴藉而萦纡，人得正气者为温雅，自然与人文交相辉映，亦一时之盛也。

南门建新街

赣人汪辟疆将皖派附于闽赣派后，亦不能反映其真实价值。清末民初省垣安庆，以方守彝为中心聚集了一批文化遗民，这个群体由于其保守主义文化立场，长期被忽视，如今在同光体皖派旗号下重新集结，凸显这个群体在文化转型时期独特的精神价值。由于史料大量散佚，徐铁华、李范之、陈慎登、潘季野这些重量级诗人的东西都很少，同光体皖派研究已变成一个文化抢救工程。2017年在桐城召开的桐城派研究前沿问题学术研讨会，名家云集，我与王达敏、陆建德、关爱河诸先生都有交流，分组讨论正好与中国社科院文学研究所王达敏教授面对面，话题涉及桐城派的终局。王教授系统梳理了新中国成立后散布于海内外的桐城派研究学人，如舒芜、马茂元、钱穆、李诚，以1995年吴孟复先生离世作为终结。我则以民国时期同光体皖派作为桐城派的终局。新文化运动后，古文让位于白话文，桐城派文士栖息诗词领域，同光体皖派系桐城派衍生而来，由汪辟疆揭橥，吴辟疆编纂《晚清

菱湖黄梅阁雪景

皖江洙泗图

四十家诗抄》，同光体皖派中坚人物方守彝《网旧闻斋调刁集》则是一部皖派诗史，记录皖派诗人雅集、交游、唱和。同光体皖派主要活动在省城安庆和桐城，以方守彝、方守敦兄弟所居之贲巢、勺园为中心；方守彝去世后，皖派诗人姚永朴、李范之、陈慎登、潘季野、韩伯韦多执教省立安徽大学文学院，宜城觞咏社成为新的集结中心。1938 年安庆沦陷，姚永朴、李范之、陈慎登这一年都在流亡途中去世，第二年方守敦也在家乡桐城病逝。抗战胜利后皖派诗人老病年迈，孤蓬辗转，再也没有完成集结，可以将 1938 年视为桐城派的终局。

1902 年 6 月，桐城派大师、京师大学堂总教习吴汝纶率团访日，考察教育。日人视吴汝纶为“东方第一人”，访日期间，朝野震动，媒体跟踪报道，明治天皇破格接见，外务大臣小村寿太朗、文部大臣菊池大麓、法务大臣清浦圭吾、宪政党总裁大隈重信、政友会总裁伊藤博文等轮番会见。待遇之高，整个清代无出其右。在日期间，日本多个社团、协会为吴汝纶举办欢迎宴会，其文集有答辞和答记者问。10 月吴汝纶自长崎返沪，没有立即北上复命，而是先回家乡安庆，在巡抚衙门南院创立桐城学堂。这段时间吴汝纶一直住在城南小二郎巷方家老屋，即晚清理学家方宗诚的宅院，当年吴汝纶也是方宗诚向曾国藩推荐的，成曾门四大弟子，方宗诚于吴汝纶有知遇之恩。第二年正月，吴汝纶染风寒病逝于家乡。

当代史学家龚书铎先生对桐城理学研究颇深，弟子史革新、张昭军延续其师学脉，又有发挥。皖南在晚清形成两大学术圈：皖江理学系谱、徽州朴学系谱，皖江重要的理学著作，有方东树《汉学商兑》、姚莹《乾坤正气集》、吴廷栋《拙修集》、方宗诚《志学录》、徐定文《皖学编》。《志学录》仿《近思录》体例，内容不是先儒语录，而是方宗诚个人心得感悟。史革新在《晚清理学研究》一书中提出晚清三大区域性理学群体：关中、皖南（皖江）、湖湘，史革新赞誉桐城荟萃清代学术精华，嘉道前桐城派和汉学皖派都集中这里，嘉道后又成为理学复兴的重要区域。但是晚清理学人物已不局限桐城，有当涂夏炘、夏炯兄弟，石台徐定文、杨德亨。张昭军《晚清民初的理学与经学》一书有专门章节论述，《方宗诚与柏堂学》将柏堂学与唐鉴、倭仁理学并立。除《志学录》外，《柏堂师友渊源记》也是方宗诚的重要著作。《柏堂师友言行记》分四卷，首卷记录桐城名宿诸儒，许鼎、方东树、方鲁生、戴钧衡等；二卷记录游幕山东、河南、湖北时所见贤人君子，有吴廷栋、胡林翼、严渭春、李棠阶；三卷安庆、金陵客曾幕交游，曾国藩外，石埭杨德亨记甚详，其弟子犹有陈兰坡、徐佩珩等人；四卷官直隶所记。

同治年间方宗诚在省城安庆南门小二郎巷购一小院，后又在小南门购一大院，大小院背靠背。光绪三十二年(1806)方氏兄弟分家，小院及桐城勺园归方守敦一房，大院归方守彝一房。方守敦迁回桐城后，空置的小二郎巷小院落多用于出租，同光体皖派诗人金子善（严复家庭塾师）、徐铁华都曾在此居住。宣统二年（1910），方守彝、姚永概来此看望徐铁华，有诗《八月十三日，偕叔节过小二郎巷老屋访铁华》，通过此诗及注解可知柏堂学在安庆的规模，方宗诚在此居住十年，门下学人有姚永楷、姚仲实、姚述节、萧穆、阮仲勉、方守彝。南门幽寂的小二郎巷，雪晴梅开，姚慕庭、张涧泉于梅下饮茶论学，守彝、述节一旁静静聆听；夏夜纳凉，徐宗亮、郑容甫取梅阴设竹榻夜谈，月白风清。

自同治至抗战皖垣沦陷，方家以小二郎巷老屋为中心繁衍生息，先是方守彝在小南门买下四进宅院，与小二郎巷

南门小巷

赍巢与勺园

晚清民国方守彝、方守敦兄弟居住的安庆赍巢及桐城勺园，是同光体皖派两大重镇，赍巢诗圈与勺园诗圈相互交往频繁，美学家朱光潜、宗白华、邓以蛰均曾受益同光体皖派。邓以蛰、程演生是同光体皖派最年轻成员，在方守彝《网旧闻斋调刁集》出场频繁。皖派行辈中，方守彝外孙宗白华、潘季野弟子朱光潜要比邓以蛰低一辈，与宗、朱同辈的尚有洪传经、刘凤梧、许永璋、马茂元。同光体皖派上承曾国藩皖江幕府，下启百花亭省立安徽大学宜城觞咏社，曾在安庆女师读书、后在安大任教的苏雪林所忆其师陈慎登、杨铸秋皆皖派核心成员，其旧体诗甚受杨铸秋影响，故可列入同光体皖派第二代。早期皖派（赍巢阶段）延续桐城派之复兴宋诗，后期（宜城觞咏社阶段）在李范之引导下，则追求晋人境界，与晚明安庆天台里二阮（阮自华、阮大铖）海门诗社宗旨颇为契合，朱光潜《诗论》推崇陶渊明“静穆”。

同治年间方宗诚在小二郎巷买下一

老屋背靠背相连。因方守彝清末民初鼎革之际守一贲卦，自号贲初老人，故小南门宅院又称贲巢。后方守彝长子方时涵搬出小南门，在任家坡李蕴章家族太史第赁屋而居，于其空地种植海棠，常有同光体皖派诗人在此举办海棠诗会。二子方时聚生有八子（方重审、方重坚、方琦德、方珂德、方璞德、方琼德、方琯德、方琥德），人丁兴旺，亦搬出小南门，在胭脂巷买宅居住。1906 年方守彝、方守敦兄弟分家，小南门宅院归方守彝，小二郎巷老屋及桐城南门祖屋勺园归方守敦，分家后不久方守敦携子回桐城勺园居住。1939 年方守敦去世，陈独秀有挽联：“先生已死无乡长，小子偷生亦病夫。”方守彝、方守敦兄弟生于理学世家，居皖垣南门七十余年，守贲卦，续文脉，于桐城派又导引出同光体皖派，其诗集《网旧闻斋调刁集》《凌寒吟稿》可谓清末民初皖江人文画卷。说皖垣贲巢、桐城勺园是彼时文化重镇不过分，而晚岁陈独秀称方守敦“乡长”亦发自心声。

方守敦摄于桐城勺园

院落，后又在小南门街买下更大的院落，两座宅院背靠背。依据一直居住在小南门的杨积盛老人回忆，并结合文献史料，基本可以判定方家大院（贲巢）的位置。杨老小时候经常从小南门街进入方家大院，有三进深，都是两层楼，到后院后再穿过平房到小二郎巷。方家大院是同光体皖派大本营，徐铁华、金子善曾在此租居，现已片瓦无存，唯独连接小二郎巷老宅与小南门新宅的院落尚在，立于其间，依然能感受往日贲巢深厚的文脉。出生在贲巢的方令孺、宗白华，还有在贲巢居住过的方玮德，后来都成为新月派诗人，可谓贲巢清音。

晚清同光年间，小二郎巷方家老屋则是方宗诚柏堂学大本营。曾国藩皖江幕府时期，贵州大儒莫友芝在此居住，方宗诚迁入后，奋力著书，创立柏堂学。老屋后院有一棵梅花树，桐城名儒姚慕庭、徐椒岑、郑福照、张润泉常在梅树下谈学论道，方守彝、姚永概侍坐聆听，一幅皖江立雪图。方宗诚门下姚永楷、姚永朴、萧穆、阮仲勉也都曾在此居住。京师大学堂总教习吴汝纶从日本考察学制回国，在安庆巡抚衙门南院创办桐城学堂，也在小二郎巷方家老屋居住了一个多月。时令冬月，大雪纷飞，后院梅花盛开，雪光花色掩映窗户，吴汝纶在窗下静静地点校毛诗，过录姚姬传先生评点古诗，这是他人生最后的时光。

勺园位于桐城城南，毗邻六尺巷，为方宗诚故居。同治年间方宗诚迁居安庆城南小二郎巷，光绪三十二年（1906），方守彝、方守敦兄弟分家，方守敦一房迁回桐城祖居勺园，方玮德、舒芜出生于此，现仍为方氏族人居住。以勺园为中心，方守敦周围在桐城聚集了一批诗人，而在省城安庆贲巢，以方守彝为中心亦聚集一批诗人，相互酬唱。方守敦《凌寒诗稿》与其兄方守彝《网旧闻斋调刁集》，以及同光体皖派姚永朴、姚永概、徐铁华、李范之、陈慎登、潘季野、韩伯韦、赵纶士、胡渊如、程演生诸人诗集，构成了晚清至民国皖江人文画卷

兹录方守彝民国癸亥元旦诗：“江山如旧又新年，手拄霜颠望远天。何日春风

＼桐城勺园

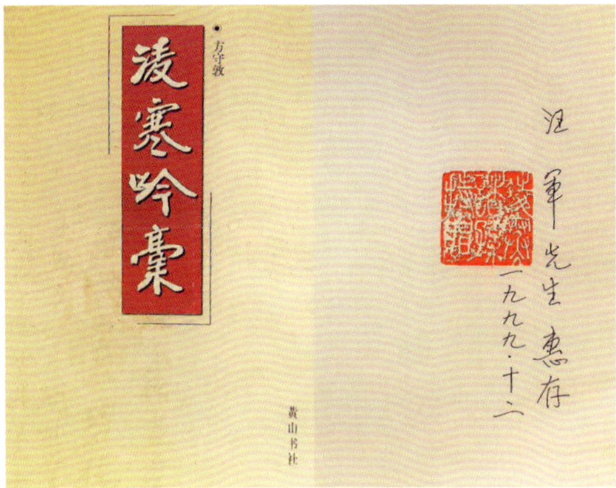

＼舒芜先生题赠其祖父方守敦诗集《凌寒吟稿》

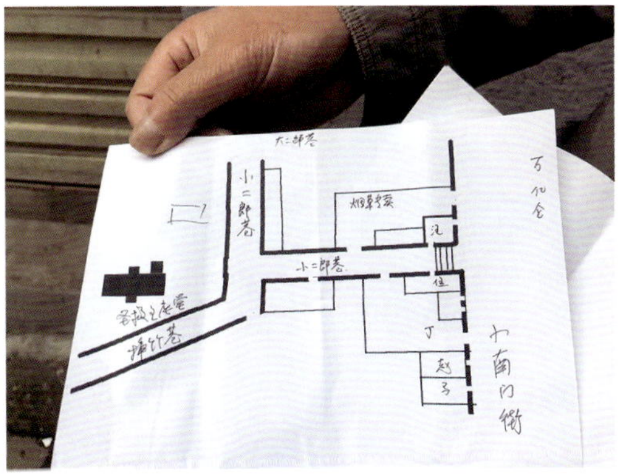

＼2017 年 10 月在杨积盛老人引导下，与著名演员方子春全家首次确认其曾祖父方守彝故居贲巢

＼安庆老城闲人在勺园

荣大地，翁家庭草也生妍。”

方守敦1865年生于安庆南门小二郎巷，直到四十二岁才迁到桐城勺园，应该说与安庆名士陈独秀是很熟悉的，方守敦年长陈独秀虽只有十几岁，但与其兄方守彝相差二十几岁，按行辈讲与陈独秀嗣父陈衍庶是一辈的。1938年，省垣安庆抗战沦陷，第二年方守敦在桐城病逝，漂泊江津的陈独秀作挽联："先生已死无乡长，小子偷生亦病夫。"据杨沪生先生提供的父亲杨永直（方璞德）资料汇编，陈独秀与方守彝几个儿子都交往甚密。流落江津期间，陈独秀夫妇曾寄居方孝远家中，有诗《与孝远兄同寓江津出纸索书辄赋一首》。某日杨永直来江津看望叔父，陈独秀见后深深鞠一躬，道："方府五少爷。"老境颓唐，已无往日侠雄气概。从安庆辗转流落西南的同光体皖派大佬姚永朴、李范之、陈慎登，也在前一年先后谢世。此后皖江文脉式微。抗战胜利后，虽有陶因、杨亮功、胡子穆诸人努力，终难挽回颓势。

联元

贲卦　噬嗑卦

曾任安庆知府的清廷内阁学士联元，因反对义和团被处死，与许景澄、袁昶、徐用仪、立山合称“庚子被祸五大臣”。联元是满洲镶红旗人，曾任安庆知府、安庐道台、安徽按察使多年，深谙皖垣曾国藩开启的“惇大”治理传统，风采朴重。庚子九月九日重阳，安庆士民集聚西门外大观亭，祭奠联元。联元以安徽按察使衔离开安庆省赴京师，方守彝有诗《追录旧作送长白联仙蘅太守入觐叙后长古一首》。诗前长叙，方守彝回顾曾国藩在皖垣开启的“惇大成裕，以养元气”治理传统，咸同后历任安庆知府李宗羲、陈濬、何家骢、沈镕经，一直到联元，都是这一理念的实践者，注重休养生息，敬贤训士。“皖民本是劫余灰，湘乡曾公费浇培。馋见众绿生春雷，萌芽出土勾伸荄。”联元治宋学，通左氏春秋，仰慕柏堂，曾与方守彝、方守敦兄弟亲往大龙山拜谒方宗诚墓。

方守彝居贲巢，号贲初，贲卦内离明外艮止，“文明以止，人文也。”与噬嗑卦是治理的两个不同方向。其七言古诗《舍车老人歌》自注：“《易》贲初九之爻曰：贲其趾，舍车而徒。象曰：舍车而徒，义弗乘也。予初读《易》至贲，若有感于斯言，遂名其读书之轩曰贲初，或偶然自号舍车老人。”皖江注重贲卦的传统可追溯至晚明大儒吴总周、吴岳秀父子，吴岳秀（万历庚辰进士）与其父吴总周（嘉靖丙辰进士）讲性命之学，“为理也，先教化而后刑罚”，贲卦优先于噬嗑卦，以人文化成天下。晚年吴岳秀归里讲学，阐发湛甘泉“随处体认天理”，门人谥为直方先生。崇祯戊辰（1628），应天巡抚田唯嘉檄安庆府重修近思书院，以上江名儒颜素、吴岳秀、方学渐、阮鹗、金燕、方大镇从祀其中。旧时安庆城西正观门至墨子巷间有凤池三杰牌坊，表彰名儒颜素、任可容、吴岳秀，毁于咸丰三年（1853）太平天国兵燹。

春月

春月

著名小说家、美国前驻华大使洛德夫人包柏漪小说《春月》，写的就是安庆小南门方家故事。我上初中时喜欢看《新民晚报》，副刊“夜光杯”有篇包柏漪怀念外祖父方重审的文章，至今记忆犹新。文章感情充沛，包柏漪写到方重审墓在太湖之滨，沐浴在朝阳之下，那一段文字倾诉了包柏漪对外祖父的热爱。方重审是方守彝孙子、方孝冲长子，方重审女儿方瑶华嫁上海工程师包新第，生包柏漪。清末方孝冲曾任江苏常熟知县，在苏州纳妾杨琴芬，方重审、方重坚兄弟为原配所生，方琦德、方珂德、方璞德、方琼德、方瑄德、方琥德六兄弟为杨琴芬所生，与方重审、方重坚岁相差悬殊。在安庆小南门方氏大家庭，方琦德六兄弟备受压抑，方孝冲一房后迁胭脂巷，30 年代又迁南京成贤街文德里十四号,六兄弟纷纷投身革命，方璞德（杨永直）、方琼德（何均）甚至改名换姓，与大家庭彻底决裂。

包柏漪姨妈、北京人艺导演方瑄德之女方子春说：“《春月》主角以方瑶华堂姐和我奶奶为原型。我爸爸曾提供了一张照片给她。我奶奶坐着，堂姐在后边很漂亮。”据包柏漪堂舅、原上海市委宣传部部长杨永直（方璞德）之子杨沪生叙述：祖父方时漀（孝冲）（祖母杨琴芬其时为正房）逝后，方重审（包柏漪之外公）冥顽不化，俨然将家财把玩，祖母杨琴芬对其予以严斥而不恕；时值全面抗战（1939 年 7 月 7 日）前夕；方琦德、方珂德于清华大学毕业之际（1936 年初）已是中共地下党清华支部的负责人；在他们的引领下，方璞德（杨永直）、方琼德（何均）、方瑄德兄弟等先后加入中共；分别任中共地下党复旦大学支部书记、重庆大学支部书记；同时与方重审脱离兄弟（同父异母）关系。

方家六兄弟与大家庭决裂，杨沪生对方重审一房至今仍有微词：“包柏漪与其母方瑶华均因有祖辈之血（缘）亲而颇以为得意，包柏漪在其《春月》扉页之题词，以及在其接受记者专访的表述中此种意味盎然兮。”方重审是命

＼安庆东部古运河李家咀，春光明媚

DON'T WORRY
ABOUT EVERY EACH DAY
TOMORROW
WILL BE BATTER THAN
TODAY

包柏漪

包柏漪母亲方瑶华与外祖母杨琴芬

理学大师。清末民国的省垣安庆，九头十三坡高低错落，小巷曲折幽深，藏龙卧虎。近代佛教复兴的先驱杨文会在安庆曾国藩幕府谷米局任职时，接触到佛经《大乘起信论》后，遂发愿弘法。小南门方公馆方重审家学渊源，续子平一派，揭五星真义，二人有相似之处。方重审曾为徐乐吾《子平真诠》作序，兹录之：

“命理乃吾国科学与哲学融贯而成一种学说，数千年来传衍嬗变，或隐或现，全赖一二有心人为之继续维系，赖以不绝，其中确有学术上研究之价值，非徒痴人说梦，荒诞不经之谓也。其所以至今不能在科学中成立一种地位者，实有数困。盖古代士大夫阶级目医卜星相为九流之学，多耻道之；而发明诸大师又故为惝恍迷离之辞，以待后人探索；间有一二贤者有所发明，亦秘莫如深，既恐泄天地之秘，复恐讥为旁门左道，始终不肯公开研究，成立一有系统说明之书籍，贻之后世。故居今日而欲研究此种学术，实一极困难之事。

按命理始于五星，一变而为子平；五星稍完备者，首推果老《星宗》全一书。然自民国以来，钦天监改为中央观象台，七政四余台历以及量天尺，无人推算，此道根本无从着手，恐将日就淹灭。所余子平一派，尚有线索可寻。此中旧籍，首推《滴天髓》与《子平真诠》二书，最为完备精审，后之言命学者，千言万语，不能越其范围，如江河日月，不可废者。然古人著书，喜故为要渺之词，蹈玄秘之积习，后学之士，卒难了解。《滴天髓》一书，幸有任铁樵注本，征引宏博，譬解详明，可谓斯道之龙象；而《子平真诠》，迄今无人加以诠释。今徐子乐吾，既将任注《滴天髓》印行于前，复将《子平真诠》评注于后，可与任君先后比美，使斯道得一详明而有系统之研究，将来在学术上之地位，植一基础，其功不在禹下矣。

后学者研究命学原理，得此二书，不致误入歧途。至于应用，仍有待乎多看古今命造，此所谓读书与实验二者并重。至天分之高低，与所得之浅深，更互为因果。倘能合天才、学识、经验三者以俱全，于斯道庶几入圣矣。此亦间世而后来，非朝夕所能遇也。

余谈命理有年，所愧三者均有不足，迄今鲜有发明。而乐吾朝夕寝馈于斯，矻矻忘年，时有述作。今书成将付印行，不弃愚蒙，嘱为一言，爰略述所知，以发其端云。

丙子仲春桐城方重审序于海上小忘忧馆。”

同光体皖派诸诗人

李范之　陈慎登

明清之际方以智出入儒释道三教，恣意浪游，王夫之曾谓之“通脱”。余英时亦曰：“方以智之晚节，持守之峻切不若船山，经世务实不及亭林，盖由于其通脱之性有以致之。”民国沪上学人王文濡（均卿）所编《明清八大家文钞》流传甚广，八大家者，明归有光，清方苞、刘大櫆、姚鼐、梅曾亮、曾国藩、张裕钊、吴汝纶，取舍严格遵循桐城文统。王文濡性“通脱”，曾于所办《香艳杂志》照片自题“不新不旧，不隐不仕，不党不会，不求不忮，不老不少，不生不死，无以名之，废物而已。”此语可作“通脱”注解。王文濡与沪上藏书家周越然友善，皆祖籍吴兴，周自号言言斋主，其《性知性识》《情性故事集》饱受非议。民国二年（1913）应教务主任应溥泉之邀任教安徽高等学校，与陈独秀高君曼夫妇、应溥泉夫妇住一栋楼，应、周常与陈独秀高君曼夫妇一起打麻将，那是一段轻松的时光。周越

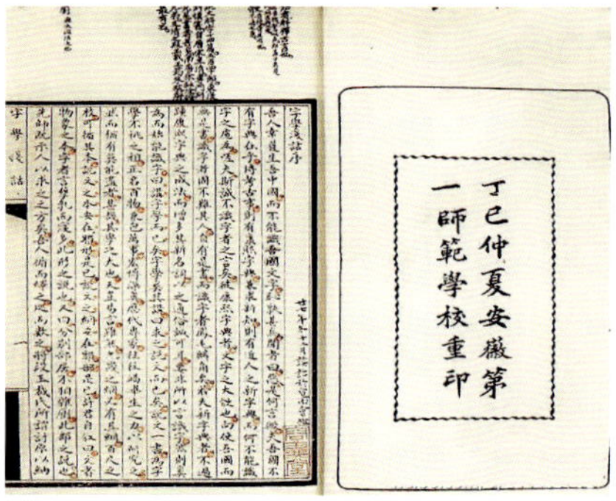

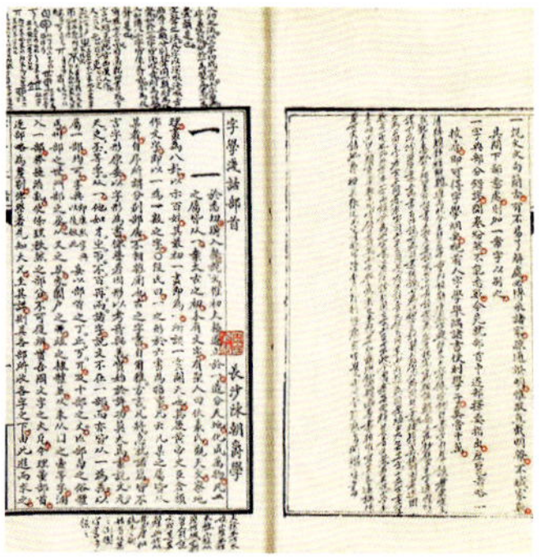

陈慎登著述《字学浅诂》

然曾撰《我所知道的陈独秀》，或许性格使然，其笔下独秀不仅“通脱”幽默，且活泼伶俐。后来往返于沪上皖江的郁达夫、易君左，亦可谓“通脱”，然达夫颇为适之诟病，故其小说《采石矶》以打压黄仲则的学阀戴震比作胡适。

京师宣南有龙树寺陶然亭，两处均宣南诗社雅集之地。同光体诗人陈宝琛访龙树寺，有诗句：“城南老槐多阅人，未料世事日日新。”晚清宣南居有一批“通脱”士大夫，多来自两江两浙，如上疏禁烟的黄爵滋、建议发行纸币的王茂荫、主张废除酷刑的沈家本。与“通脱”对应的是“颛蒙”，即所谓“顽固派”。李范之出身官宦世家，两江总督李宗羲孙，京城名宦乔茂萱婿，常于江亭与友唱和。后辞别京城赴任安庆，由宣南陶然亭而皖垣鹭鸶桥啸楼、百花亭寂园，画作《江亭饯别图》郑孝胥、方守彝、方守敦均有题诗。兹录方守敦诗：“几年江上客，吟啸起风烟。怀旧人长往，披图意黯然。瘴乡云似墨，瀛海云无边。北望孤亭在，乾坤事可怜。”近日从同光体诗人郑孝胥日记，又知其喜谈清末泰州教。兹录如下：“李范之谈苏州归群草堂事：黄锡朋者，海宁人，举人，尝为山东知县。归后，流寓苏州讲学，聚徒数百人，亦有女弟子。其学传于李龙川，李又传于周太谷，号为三教同源，然常谈者则多儒教。其斋壁悬联语曰，尧舜之道，孝弟而已矣。又曰，夫子之道，忠恕而已矣。其弟子来去自由，有终身相从者。赁屋于葑门内十全街。弟子寄宿者常数十人，毛实君与焉。李尝过实君，留宿数日，黄昧爽即起，弟子皆起，讲学数时，退而自修。其弟子皆崇奉黄，谓有前知之术。所持精语，曰转识成智，曰心息相依，略混释、道家之说。陈伯严，陈仁先皆尝往观。黄今已七十余矣。刘铁云亦黄之徒也，所撰《老残游记》言革命事，时人以为前知。”（《郑孝胥日记》1916 年 11 月 9 日）晚明有王艮泰州学派，清末又有泰州教，与江右、浙中、东林头巾气不同，泰州根植民间，倡“百姓日用即道”。清末泰州教源于石埭周星垣（空同子）

太谷学派，其学一传李龙川，再传蒋文田、黄葆年，《老残游记》作者刘铁云即黄葆年弟子。太谷学混杂儒释道，号三教同源，且以儒为主干，与明末福建莆田林兆恩三一教有类似之处。李范之隐于安庆市井，“通脱”且诙谐，喜作魏晋诗，喜言泰州教，大体亦可列入刘铁云之流。

李范之诗友陈慎登，曾在安庆女师、安徽大学任教，是苏雪林老师，苏回忆其在课堂大骂陈独秀竟至昏厥。陈慎登精通文字学，其著作《字学浅诂》于民国二十二年（1933）由安徽省立第一师范学校重印，容肇祖批校。陈独秀晚年也专攻文字学，有著作《小学识字教本》，二陈殊途同归。抗战爆发后陈慎登客死湖南桂阳，其时陈独秀正流落江津。后期同光体皖派，陈慎登与李范之经历颇相似，一湘人，一川人，居安庆，后同在省立安大授课。安庆沦陷后返原籍，一年内先后故去。陈慎登是怀宁葛振元太史之婿，一生教徒授经，有卫道之风。陈慎登卒于桂阳后，章士钊有悼诗《二十二叠韵陈慎登挽词》：“穷儒走死在萧寺，所余几篓滥文字。国家用兵万民荒，斯文丧否人何异。憾君未得来梁岷，尽有弟子差訚訚。奇书满腹办一死，能令公死难令驯。耒阳一瞑空千载，今之耒阳何处在。李白与尔死生交，昨夜蛟龙梦堕海。举世何人知长卿，忝与同时浑未惊。手摩遗札空痛哭，愿讨友罪君无名。”陈慎登子陈士洪后任教湘南学院，精于诗词，《郴江诗词》曾刊载陈士洪《庚午除夕步先父戊寅（1938）除夕韵适庆弟自台湾至》，后附陈慎登原诗：“轰天爆竹古州城，客子通宵目未凝。江表信闻心似醉，炎方春早气如蒸。老苍几辈分存没，文物千家感废兴。最忆皖中逢此夕，吟笺岁岁百花亭。”

阮仲勉、潘季野与桐南朴实学风

安徽敬敷书院末任山长阮仲勉、沈曾植门生、安徽官立中等工业学堂总教习潘季野，他们是近代桐南朴实学风开启者。桐南即今桐城南部双港铺、练潭驿、罗家岭一带，大龙山北麓，松山湖西岸，旧时省垣安庆到京师的驿道穿境而过。民国史学家严耕望、伦理学家汪少伦都是桐南人，当代台湾学者汪中（履安，龚鹏程之师）也是桐南人，均以学风朴实著称。余英时《严耕望：中国史学界的朴实楷模》曾言：“陆象山说：‘今天下学者，唯有两途：一途朴实，一途议论。’耕望木讷寡言，终其身与‘议论’无缘，他走的是彻头彻尾的‘朴实’的道路。但今天中国的史学界弥漫着‘议论’，而‘朴实’一途则空前地寂寞。耕望是史学界的‘朴实楷模’，现在他走了，这条路更空寂了。世有闻耕望之风而起者，予日日引领而望之。”

阮仲勉（1845—1927）居双港铺，后迁安庆双莲巷；潘季野（1876—1950）居练潭潘家楼，后迁安庆近圣街。二人治学都以宋儒为本，熟稔桐城义法，习同光体诗，兼以汉儒考据，可谓“义理、考据、辞章”不辍也。阮仲勉、潘季野终生讲学，门徒众多，与张謇齐名的周学熙师从阮仲勉问学，颇有所悟，自是始服膺

劝业场书店

圣贤语言，时时省察克治涵养。美学家朱光潜亦言：“我得益最多的国文教师是潘季野，他是一个宋诗派的诗人，在他的熏陶之下，我对中国旧诗养成了浓厚的兴趣。” 二人虽为乡儒，而学术视野开阔，清末台湾设立行省，阮仲勉主讲台湾书院三年，光绪二十二年（1896）又与黟县大儒胡元吉（程朝仪弟子）共掌敬敷书院。潘季野曾在安徽学务公所任职，深得安徽提学使沈曾植器重，聘为安徽官立中等工业学堂总教习，后又任教安徽公立法政专门学校、省立安徽大学文学院，与同光体皖派大佬方守彝交游密切。阮仲勉、潘季野热心桑梓教育，光绪三十二年（1906）在双港铺天城书院旧址创办公立天城两等小学堂，国立安徽大学筹委会委员汪少伦及巴金好友、国立安徽大学哲学系教授桂丹华都曾就读该校。阮仲勉、潘季野著述繁多，可惜大多尚未付印，整理二人著作，梳理桐南学脉，亦是重新寻回皖江文化之朴实精神。

“闲鸥”程演生

省立安大校长程演生故居程家大院在安庆西门内五垱坡，祖父程合林同治年间从浙辞官卜居于此，一直到抗战沦陷前，程家居住七十余年。程家大院又名长枫别墅，依坡而建，屋七八楹，后面园林甚大，祖母黎太夫人于园林筑莲花庵，幼年程演生常陪伴其在此诵经。黎太夫人过世后，程演生常邀诗友吟啸于此。 据九旬老人章光庭回忆，他1926年2月生于五垱坡66号，与坡末端程演生家相距不太远，程家地基高出五垱坡街约一米多，大门外有个和院墙一样高的石墩子。程演生是五垱坡大人物，幼年章光庭经常看见他独来独往。

光绪年间，四川成都曾夫人、湖南衡阳魏夫人先后借居程家大院，二人皆才女，常伴黎太夫人于园林吟诗礼佛，幼年程演生耳濡目染。曾夫人名懿，怀宁知县袁幼安之妻，著有《古欢室诗集》三卷，她亦是有名的中医学家。魏夫人，长沙张锡九之妻，其父魏荫亭湖湘大儒，

程演生《长枫诗话》

在曾国藩、罗泽南家设馆，与曾家两代姻亲。程演生同光体皖派中年龄最轻，颇受长辈喜爱，邓以蛰召集方守彝、方守敦、姚述节、陈慎登、葛温仲、程演生、江树庭于登云坡小蓬莱茶餐厅雅集，方守彝《次韵总持蓬莱诗韵》有诗句："乡村城市都无赖，羡煞闲鸥心最凉。"诗后有注："葛、邓乡居，姚、陈、江及仆皆居城，闲鸥专美总持。"总持即程演生。

程演生与苏曼殊交谊甚笃，甲寅（1914）正月同光体皖派茶楼雅聚，程演生出示苏曼殊临别为他画的《江湖满地一渔翁》，嘱请方守彝题诗。方守彝作五言古诗《禅人曼殊写江湖满地一渔翁图与总持话别，总持嘱题》，有诗句："天光摇积水，八表入荒寒。山影淡将灭，树色老欲干。孤竿向何许，危坐波上滩。寂寥万籁声，刁骚一片澜。"苏曼殊病故前不久，住上海卢湾程演生家中，后程演生游粤西，又住新民里蒋介石家中。马以君《苏曼殊年谱》谓宋美龄待曼殊甚好，有误，此时蒋夫人是姚

／程演生

阿巧，蒋、姚二人虽穷困，尚是一片初心。程演生《曼殊轶事》有记："秋间余游粤西，曼殊移居蒋某寓，余临行把别，曼殊言蒋夫人甚贤，可暂托也。"

雅集

光绪丙午小南门贲巢诗会

光绪丙午（1906）夏，同光体皖派诗人姚永概、金子善、阮仲勉雅集安庆小南门方守彝贲巢。因贲巢小南门庭院有一棵高大的梧桐树，而与小南门宅第背靠背的较早买下的小二郎巷庭院有一片竹林，故方守彝以"一梧千竹"称谓贲巢。此次诗会姚永概亦戏拈"前庭有修梧，后院有高竹"为首二语，诗会主人方守彝先作：《"前庭有修梧，后院有高竹"，叔节过仆书室即所见成句，属诗友赋诗各以此为发端，仆为室主人，先作》，有诗句："前庭有修梧，后院有高竹。清风灌输之，荫此老渐秃。晴云常恋檐，疏雨过添绿。四时靡弗宜，尤宜此炎伏。或坐或徘徊，或默或诵读。或倦肱隐囊，或思肠转辐。或邮书万里，或引满百斛。客来茶烟高，人定叶声独。病或与医论，书或课孙熟。啸歌或纵声，悲惶或私哭。不寐立夜阶，斜月插高木。隔城即大江，波涛声听肃。仰天辨列宿，璀璨光纷瞩。四壁照琳琅，精芒箭出簏。

吁嗟四十年，卑鄙作家督。虚牝掷黄金，成就老庸碌。”自同治初年方守彝奉母迁贲巢居住，已有四十年，这个南门城墙边静谧的院落，可以听见长江波涛声。方守彝淡泊名利，抱一贲卦，隐于斯，歌于斯，哭于斯，亦与同光诗友雅集于斯。

于《慎宜轩诗集》得姚永概《仲勉、子善同集伦叔斋小饮，余戏拈首二语，邀伦叔、子善同赋》，未觅得金子善、阮仲勉诗。得姚永概诗后，方守彝有《和叔节梧竹诗原韵》，姚永概亦有《伦叔即作长篇，又和余原韵，再来征和》。此次诗会不久，供职省垣安庆的同光体赣派诗人欧阳述(曾任驻日横滨总领事)用“前庭有修梧，后院有高竹”韵作诗三首，姚永概有和诗《欧阳笠侪观察述用“前庭有修梧”韵三首索和》，方守彝有和诗《和欧阳笠侪观察见示和叔节梧竹诗韵，往复成四首》，有一和、二和、三和、四和，其后姚永概亦有《笠侪以诗来，忆及扬州过从之好。伦叔和笠侪诗，颇有谢罪逃诗之说，再叠韵奉柬二公》《四叠韵酬笠侪、伦叔》。此次贲巢诗会，仅方守彝、姚永概就有诗十一首，若再将金子善、阮仲勉、欧阳述“梧竹”诗篇搜集齐全，直可编一本诗集，书名可用《贲巢调刁》（取方守彝《网旧闻斋调刁集》意）。此次贲巢诗会后不久，七月初四（8月23日）姚永概与严复书信推荐金子善为其家庭塾师，言金子善“诗画骈散字五者俱佳，人品尤高绝”。时严复任安徽高等学堂监督，姚永概任教务长，此函姚永概还与严复商议慰留学堂教习常伯琦事宜。民国元年（1912）严复受聘北京大学校长，亦邀姚永概任文科学长。

欧阳述有《浩山集》十二卷，其贲巢诗句亦不难寻觅，汪辟疆《光宣诗坛点将录》喻其为“地妖星摸着天杜迁”：“笠斋所交皆一时豪俊，诗宗唐音，而与小长芦、独漉堂为近，风华典赡，情韵兼美。”欧阳述字伯缵，号笠斋，世称浩山先生，与汪辟疆系江西彭泽同乡。光绪甲午（1894）科举人，后出使日本，任神户领事、横滨总领事，回国后任安

/
劝业场书店

徽巡警处总办、江苏候补道、江西优级师范学堂监督。其父欧阳云，字陟五，号石甫，咸丰癸丑（1853）进士，授户部主事，历官河南道监察御史，有《亦吾庐诗草》。

清李放、叶眉纂录《皇清书史》载："欧阳兆熊，字晓岑，自号匏道人，湘潭诸生，书亦险劲，如其文。欧阳勋，字功甫，兆熊子，诸生。欧阳述，字伯元，勋子，官江苏候补道，工篆书，有临三坟记石刻，左文襄、王闿运皆为之跋。"《湖南古旧地方文献书目》言欧阳述为欧阳兆熊之子："《欧阳述日记》，（清）欧阳述撰，清稿本1册（湖南）。欧阳述，字伯元，号曼卿，湘潭人。欧阳兆熊子。日记自清光绪二十年（1894）四月初一至七月三十日。"曾参与光绪十五年《湘潭县志》编纂、后任昭潭书院山长吴熙，其《绮霞江馆联语偶存》，亦言欧阳述为第一批湘潭积谷局司事欧阳兆熊之孙。据《光绪湖南通志》："欧阳兆熊字小岑，道光丁酉举人，工诗古文，豪爽喜任事，曾国藩会试下第时，道病，势甚危，兆熊知医，为留逆旅月余诊治之，初不相识，遂为布衣交。及国藩督帅，招之入营，不赴，偶客军中，去留听使。固要之，则为司榷税及两淮盐局，屡保员外郎，以其不乐外吏也。年近七十卒。"赵烈文《能静居士日记》亦屡记之，称其为曾营座上客。欧阳兆熊子欧阳勋，字子和，治古文，咸丰五年（1855）早逝，曾国藩为其文集作序。《欧阳生文集序》正式打出复兴桐城派旗号，而向为史家器重。欧阳兆熊撰有笔记《水窗春呓》，记录湘军旧事，其言曾国藩一生三变，做京官时讲理学，办团练时讲申韩，安庆、南京收复后又学老庄柔道。

上述史料，初步考订清末有两个欧阳述。一彭泽人欧阳述，字伯缵，欧阳云子；一湘潭人欧阳述，字伯元，欧阳勋子，欧阳小岑孙。《湖南古旧地方文献书目》言欧阳述为欧阳小岑子，不确。即清人亦有将此二人混淆，《皇清书史》言欧阳述字伯元，欧阳勋子，又言其官江苏候补道。实则彭泽欧阳述官江苏候

上海曹家渡苏州河畔小万柳堂及万柳夫人吴芝瑛

补道，湘潭欧阳述性格酷似其祖欧阳小岑，亦不喜出仕，终生为湘潭地方士绅。

同光体小万柳堂雅集

时间：1913年5月3日；地点：上海曹家渡小万柳堂；发起人：方守彝、廉惠卿；参加者：陈三立、沈曾植、瞿鸿禨、樊增祥、李瑞清；缺席者：郑孝胥。小万柳堂是清末民初上海名绅廉惠卿、吴芝瑛夫妇私家花园。民初癸丑（1913）方守彝游沪上，三月二十七日（5月3日）廉惠卿与方守彝邀瞿鸿禨、樊增祥、沈曾植、陈三立、李瑞清宴集小万柳堂，评书论画，方守彝有诗《三月二十七日小万柳堂宴集呈座上诸老并简廉南湖》："柳堂当汐社，遗老此幽寻。不忍春风去，无言杯酒深。一湾新涨渌，四座古山林。芝术年年长，愿闻黄绮音。"沈曾植亦有诗《方伦叔廉惠卿招饮小万柳堂纵观书画竟日后默记呈两君》（《海日楼诗注》卷五），同作尚有：陈三立《方伦叔廉惠卿招集小万柳堂》（《散原精舍诗续集》卷上）、樊增祥《伦叔惠卿招同乙庵散原诸君集小万柳堂纵观书画杂记以诗》（《樊山集外》卷五）。这次聚会也邀请了同光体另一大佬郑孝胥，郑孝胥因故未到。其日记有记："三月二十五日：廉惠卿来，携画四幅，属余题之，且约廿七日集于小万柳堂。"方守彝此次沪上之行，安庆故旧沈曾植有诗多篇，除小万柳堂雅集外，亦有《老友贲初叟自皖来过谈》《和伦叔韵》《简贲初》《伦叔将归皖偕月霞上人石芝居士摄影为别媵诗寄怀》。清末沈曾植皖垣五载，常与方守彝、邓绳侯、马通伯、胡季庵、姚永概聚会成园，人谓皖垣曾国藩后，"宾客游从之盛，此其最矣。"

方守彝、陈三立皆咸同耆老之后，方守彝父亲方宗诚、陈三立父亲陈宝箴都曾到过安庆曾国藩幕府，彼此惺惺相惜，方守彝去世后墓碑亦是陈三立题写。方守彝《网旧闻斋调刁集》卷首录有陈三立对方诗评语，颇为周详。"清冷苍邃，时辟异境，奄有苏梅之胜。丙

陈三立

午三月陈三立读讫注。”（按：一卷至五卷之诗，光绪三十二年就正魏季词陈散原二先生于金陵。季词之祖，默深先生也。）“萧闲质澹中往往发苍倔之气，取径造格，雅近北宋。作者于其乡老先生以诗鸣者又别树帜。此老神完，中有恃，亦归于能自淑而已。庚午九月获诵一过率注，三立。”（按：六卷至十卷之诗，宣统二年就正陈散原先生于金陵。）“仪卫老人论诗尝推曾南丰，所作亦颇效之。今读此卷，体势意态犹接渊源，似与惜翁派有别。三立记。”“翁诗有拙气，此盖质厚之体所涵摄，不可灭之境最未易及。余所得佳胜，乙盦已先我言之矣。癸丑十一月十五日夕，三立。”（按：第十一卷之诗，癸丑年就正沈乙盦陈散原二先生于申江。）

民初月霞、沈曾植、欧阳柱、方守彝沪上旧影

读方守彝《网旧闻斋调刁集》，民初癸丑（1913 年）除夕有诗《癸丑除夜次韵奉酬乙庵先生，题寄合影之作。合影四人：月霞上人、乙庵先生、欧阳居士、贲叟》：“前身合伴商山皓，支许重联破笑看。雪上偶然聚鸿爪，云间隐者是龙蟠。欠伸惊醒打头屋，迢递飞来脱手丸。高唱不眠和残漏，心随白鹤守天寒。”这一年方守彝曾有沪浙之行，二月离开皖垣小南门贲巢顺江而下，与皖垣故旧月霞、沈曾植、冯煦重聚。《沈曾植年谱长编》亦有记：“十月七日（11 月 4 日）公以诗简方守彝。案，《海日楼书注》卷五《简贲初》自注‘十月初七日’。十月中旬，方守彝自杭州到上海，读公诗，有和作。案，方诗见《网旧闻斋调刁集》卷十一《到申读乙庵先生见怀诗次韵》。十月二十五日（11 月 22 日），题方守彝《网旧闻斋调刁集》。案，公《网旧闻斋调刁集》卷前题词署‘癸丑

╲ 安庆长江暮景

菱湖公园

十月二十五日’。十二月，方守彝将归安徽，公偕释月霞、欧阳柱四人合影，并作诗寄皖，守彝于除夜次韵奉达。《伦舒将归皖偕月霞上人石芝居士摄影为别媵诗寄怀》（《海日楼诗注》）、《网旧闻斋调刁集》卷十一《癸丑除夜次韵奉酬乙庵先生题寄合影之作合影四人月霞上人乙庵先生欧阳居士责叟》。”

初以为欧阳居士是杨仁山居士弟子欧阳竟无，及读乙庵年谱，我才知欧阳居士即石芝居士广东新会人欧阳柱，亦石埭杨仁山弟子。关于欧阳柱，有一段记载，其归宿与魏源居士何其相似乃尔：“欧阳柱，字石芝，自号了一居士，少业儒，专以变法图强为志。后见清政不纲，知事无可为，遂屏绝政闻，从杨仁山居士学佛，皈心净土。依观无量寿佛经，修第十三观，兼执持名号。于上海龙华镇，筑小园，为闭户作观之所。久之观成，闭目开日，炳然在前。于是极意提倡，与人言，必及净土，则兴会轩骞，击案高谈，欢喜之情，见于颜色。其意盖举世出世间一切可喜之事，无一能胜于净土者，故往往能感人归于净宗。其母朱太宜人，寡居数十年，清贞苦节。晚年，由柱时以净土利益进劝，亦修持无间。至宣统元年，十一月十七辰时，念佛寂然而逝，瑞应颇多。柱所著决定生西日课，流行甚广。复为推行素食，戒杀护生计，讲求蔬菜烹调法，必使悦口，令人放下屠刀，来归我佛。尝与同志，创设功德林蔬食处于上海，中外人士，颇多赞美。而通都大邑，接踵而起，素食之风日盛，利生之功实深。民国二十一年正月初，示微疾。日惟念佛，无一语及家事。有问家中如何部署者。柱曰，一切有为法，如梦幻泡影。惟念佛生西，是真实事，世间事，一切不管矣。至十五日未时西逝，寿七十五。临终安详，毫无痛苦状。微动唇舌，默持佛名，直至气尽，唇乃不动。全身已冷，顶上犹暖。次日更衣，四肢柔软。三日大殓，面容黄润有光。第七日，常修净课楼中，忽有白烟如云，香气馥郁，满室缭绕。其时家中实未焚香，经时许乃散。而家人行经柩侧者，闻余香犹烈。

其妻昔年曾问，君终日孜孜净业，有何足征耶。柱曰，他日我去后，当放香与汝闻。其妻初以为戏，至是果验。”

寻找方守彝墓

2017 年 11 月 15 日上午，我决定再次寻找晚清民国同光体皖派领袖方守彝墓。据陈澹然《桐城方贲初先生传》，“甲子冬十一月六日，贲初方先生卒于皖江邸第”，方守彝 1924 年 12 月 2 日逝于安庆小南门贲巢，葬城外大龙山余脉鹅公山，距其父方宗诚墓地箬笠尖不远。鹅公山主体在今安庆师范大学校园内，我前几次寻找都在山上，这次选择在山脚。东南麓有一栋宿舍楼，住的多是还迁户，有一个年龄较大的妇女很热情，说山脚好像是有一个古墓，但变迁太大，说不清方位，带领我在山脚找了一番，未果。她又告诉我，你到校园东门外燎原社居委问问，他们应该晓得情况。到了社居委门口，一个妇女听了我的表述后，带领我来到东门外原中心村还迁户宿舍，找了几个老人都不在，往回走的路上，遇见村民阮学华，他是中心村胡冲组的，说是有一个方家坟，迁坟的时候棺材里有许多书，村民都分到家里了，后来派出所又收回去。我说不是方家大坟，是方宗诚儿子方守彝墓，因为以前

鹅公山方守彝墓碑 陈三立题

也听村民说过，修合安高速迁移方宗诚墓，发现棺材里有很多书。阮学华的回答让我惊喜："那个方家大坟我知道，方家坟在胡冲，不是一个，我侄子当年参加迁坟，他最清楚。"

我们又一起找到阮学华侄子阮宜青，可以说他是最清楚情况的，方家坟的位置就在安庆师大校园内鹅公山西南麓，十四号宿舍楼位置，还有十几户村民就住在方家坟后面的山坡，坟后有一个小岗，这里原属中心村胡冲组，大约2001年安庆师院征地建新校区，方家坟迁到鹅公山北侧的山峰，不在校园内。阮宜青当年参加过迁坟，说了很多细节，但是他不知道方家坟墓主的名字。在阮学华、阮宜青叔侄带领下，我们离开安庆师大校园，经过宜秀区政府、安庆技师学院，在茅草丛中登爬鹅公山西北侧山峰，到了山顶，茅草依旧茂盛，阮宜青来回找了几次都没找到，还几次跌进茅草中的小坑内。

"清诗人桐城方贲初翁之墓，义宁陈三立题"，刻有同光体大佬姓名的墓碑出现在我面前，四野寂静，心潮澎湃。鼎革之际，方守彝抱一贲卦，隐逸南门，以遗民自居，墓碑再次清晰地表明了方守彝乃至整个同光体的文化态度。下山后，我们又来到安庆师大十四号宿舍楼方守彝墓原址，据阮宜青介绍，墓地应该就在两栋楼中间位置。当年安庆师院建新校区迁移方守彝墓，还不了解他在近代安庆城市文脉中重要地位，这么好的人文景观和文化资源，应该是安庆师大宝贵的精神财富。先前方守彝墓未找到时，我曾向安庆师大党委书记许继荣、文学院院长方锡球建议，将校园内鹅公山顶无名亭命名为贲初亭。找到方守彝墓后，在皖江文化微信群，我又建议将方守彝墓迁到贲初亭畔，这里距离原墓址很近，况且新墓地在荒郊野外，茅草遍山，一旦失火后果不堪设想。方锡球院长及安庆师大毕业生、中国社科院博士后谷卿对我的想法都深表赞同。如果在旁边再建一个方守彝暨同光体皖派纪念馆，设立安庆师大同光体皖派研究中心，意义就更重大了。前此我在和王达

鹅公山拟命名的贲初亭

敏教授探讨时，将同光体皖派作为桐城派终局，而其主要骨干姚永朴、李范之、陈慎登、潘季野、韩伯韦后来都受聘民国省立安大文学院。在安庆师大龙山校园邂逅方守彝和同光体皖派，也是历史的机缘和巧合。

贲初亭

大约两周前，河南大学原校长关爱和教授来安庆师大讲学，相聚期间我给安庆师大党委书记许继荣、文学院院长方锡球二先生说起方守彝。方守彝墓在安庆师大龙山校区内鹅公山，墓址一直未找到，其父方宗诚墓在大龙山箬笠尖，后迁龙山寺前，寻找工作顺利，现已列为市保。晚清民国剧烈动荡的社会转型期，方守彝居安庆城南六十年，抱一贲卦，自号贲初居士，名其宅曰贲巢，交游广泛，唱和不辍，如定海神针维系安庆城市文脉。方守彝仰慕咸同前辈，深居简出，淡泊明志，萧然物外，留下一部《网旧闻斋调刁集》。马厚文言："先

劝业场滑板族

生寓安庆小南门，藏书数万卷，好礼宾客。乡之英俊，过皖必谒其门，往往因之获瞻海内贤士大夫，盖极一时之盛。”

贲卦内离明，外艮止。彖曰：“观乎天文，以察时变；观乎人文，以化成天下。” 贲卦与噬嗑卦是治理的两个不同方向，方守彝推崇西汉文景之治，“昔汉兴，反秦之弊，与民休息。”曾国藩制府安庆，煦妪长养，涌现了李宗羲、陈濬、何家骢、沈镕经等一批循吏，堪比西汉文翁、朱邑。咸同诸老，同治中兴，这是方守彝一直怀念的时光。故此我向许、方二先生提出，将安庆师大鹅公山顶无名亭命名贲初亭，纪念先贤贲初先生。方守彝一生憧憬人文化天下，若在贲初亭畔立其雕像，树碑铭其事迹，是以安庆师大又添一处人文景观。

安庆：最后的南社湘集

1929年4月湖南省立中山图书馆全体职员合影，居中着长衫、持手杖者是馆长傅熊湘

晚清民初省垣安庆诗坛人物荟萃，同光体皖派之外，亦有南社湘集，两派宗旨不同，甚有芥蒂。南社1909年11月成立，名取“操南音不忘其旧”之意，发起人为同盟会会员陈去病、高旭和柳亚子。1923年南社社员因评价同光体不一而解体，后又有新南社和南社湘集、闽集等组织。皖江与湖湘交集颇多，古南岳与南岳，方以智与王夫之，桐城派与湘乡派，文化深层结构相互影响，陈独秀曾撰文盛赞湖南人的精神。咸同年间，曾国藩、彭玉麟仕宦安庆，开启同治中兴，湘军裁撤后落籍西门者颇多；民初易白沙、成舍我寓居安庆，出入学校、报馆间；北伐后至抗战沦陷，湘籍士绅麇集安庆，举办南社湘集，又一文化景象。

傅熊湘号钝安，湖南醴陵人，卒于安庆，“近百年湖南文学家，曾文正外，大之者湘绮楼，而傅熊湘钝安裒然名后劲，洞庭衡岳间称者一口无异辞云。”（《傅熊湘集·傅钝庵墓碑》）清末傅熊湘、宁调元与柳亚子诸人结南社，在他的影响和带动下，119名湖南诗人成为南社重要力量，其中包括54名醴陵籍诗人，醴陵也成为南社诗人最多的县。南社分裂后，傅熊湘又发起南社湘集，延续旧南社精神血脉。

北伐后湖南革命风起云涌，不少湘籍士绅选择避居安庆，或仕宦，或教书。傅熊湘亦到安庆任安徽省民政厅秘书兼棉税局局长，1930年12月15日卒于安庆寓斋。寓皖期间，傅熊湘与湘籍名流袁雪安（曾任湖南省代省长，民国才女袁昌英之父）、宁督凡、方坦伯、易君左、汤滨南以及南社旧友邹秋士等人重聚。易君左任教省立安徽大学，后任《皖报》总编辑，八九年前他曾和郁达夫从上海泰东书局来安庆公立法政专门学校教书。民国十九年（1930）重阳节，傅熊湘约王登乔、李树乔、袁澥滨及门人廖公侠、陈粹劳、袁雅仙、袁族儒在其寓斋宴集，相互酬和，这是南社湘集在安庆的第一次雅集。

同年农历九月十九（11月9日），是傅熊湘的生日，在其安庆寓斋举办了更大规模的雅集，参加者有袁雪安、宁督凡、方坦伯、易君左、汤滨南、廖汉瀛、陈士蔼、张国栋、王登乔、李树乔、魏西云、田寿椿、吴可臣、殷少虞、袁澥滨、刘先春、罗介邱、左砥黄、李凤池、周静如、廖公侠、陈粹劳、刘首春、袁雅仙等二十六人，与会者相互酬和，一直持续到岁末傅熊湘辞世。傅熊湘是南社湘集灵魂，安庆雅集可谓最后的南社湘集，如能考证此次雅集地点（傅熊湘安庆故居），搜集此次雅集与会者诗篇，亦是为南社湘集之傅熊湘时代画一句号。傅熊湘在《南社丛刻》发表575首诗，数量比柳亚子还多，其人生最后的诗篇都作于安庆，从《安庆寓斋漫兴》至《赠李树乔家荫》，统共20余首。检索钝庵诗，南社湘集与安庆菱湖诗社有互动，而与同光体皖派另一湘籍大佬陈慎登似无往来。

1924年上巳南社湘集长沙第一次雅集，后排左一是发起者傅熊湘

柏堂学

贲卦："亨。小利有攸往。"北宋程颐注："物有饰而后能亨，故曰无本不立，无文不行。有实而加饰，则可以亨矣。文饰之道，可增其光彩，故能小利于进也。"有质又有饰，《论语·雍也》："质胜文则野，文胜质则史，文质彬彬，然后君子。"这句话说的也是这个意思。《彖》曰："贲，亨。柔来而文刚，故亨。分刚上而文柔，故小利而攸往。天文也。文明以止，人文也。观乎天文，以察时变。观乎人文，以化成天下。"东晋干宝注："四时之变，悬乎日月。圣人之化，成乎文章。观日月而要其会通，观文明而化成天下。"《象》曰："山下有火，贲。君子以明庶政，无敢折狱。"清末马其昶注："造化有温燠之气，而草木荣；君子有无敢折狱之心，而人之生机遂。盖明庶政者，悬书读法以教于未犯之先。无敢折狱者，哀矜勿喜以慎之于听断之际。无敢者，罔敢自用也。"

光绪三十二年（1906）八月，同光体大佬沈曾植赴皖任安徽提学使，第二年十二月，兼署安徽布政使，宣统二年（1910）七月辞官离皖。沈曾植五载皖垣，振兴皖学，对皖江人文影响之深远，可谓曾文正公后第一人。差不多与沈曾植同时，严复亦来皖赴任安徽高等学堂监督，但一年后即黯然离开。严复上任后，依仗巡抚恩铭支持，排斥本土教员，大量聘用闽籍教员，大刀阔斧地进行改革，终因反对力量太大，至学堂爆发风潮而被迫辞职。严复临走哀叹，官绅二界反对他的力量太大，官界只有恩铭、绅界只有姚永概这两人支持他："人情如此，虽以苏格拉底、孔子为之，风潮亦难免耳。如是吾曹去就分明，皖人自负我辈，我辈未尝负皖人也！"（严复《与侄严伯鋆书》）严复对这次去职一直耿耿于怀，民国元年严复受聘于北京大学首任校长，马上邀请当初支持他的姚永概担任文科学长，给皖垣反对他的那些人士看看，也算是一次扬眉吐气。

沈曾植上任伊始，研读皖学文献，考证宛秀山、天柱阁，且以皖伯自号，完全融入皖垣士大夫群体。其常于官署成园召集皖江士绅学人雅聚，宣统二年五月（1910）缪荃孙应邀来皖，住藩署天柱阁，沈曾植宴请，应邀出席宴会的皖绅有洪思亮、赵曾重、姚永概、方守彝、刘廷凤。当其离任时，皖绅一片惋惜之声，方守彝于江畔送别后大病一场，此景与严复当年仓皇而别可谓判若天壤。

沈曾植是清末民初硕学通儒，其诗学究气浓，重考据，诗后自注篇幅很长。如作于皖垣的五言古诗《闭关》，有诗句"晓读柏堂书，放心穷子归"，道明其治学趣味。诗后自注："《清史稿》文苑传：方东树，字植之，桐城人；宗诚，字存之，从兄弟也。皆诸生。宗诚能古文，熟于儒家性理之言，欲合文与道为一。咸丰时寇乱，转徙不废学。山东布政使吴廷栋见之，聘为子师。倭仁、曾国藩皆因廷栋以知宗诚。倭仁为师傅，写其书数十则，进御经筵。国藩督直隶，奏以自随，令枣强十余年。国藩去，李鸿章继任，亦不以属吏待之。著柏堂经说、笔记、文集五百三十余卷。"这只是自注

╲ 劝业场滑板族

TRUKFIT

的前半部分，后半部分阐释“放心穷子归”，典故出自《妙法莲经》，一个早年走失的儿子，在父亲赤诚的祈求中神奇回家的故事。这是一个譬喻，“长者则是如来，我等皆是佛子。今法王大宝，自然而至，如佛子所应得者，皆已得之。”柏堂学与法华经，理学与佛学，这种读书趣味几为同光体皖派诗人所共有，皖派诗人多为柏堂弟子，而方守彝、李范之、马冀平、张易吾皆虔诚佛教居士。

乾嘉汉学兴盛，虽有桐城派抗衡，然汉宋之争，汉学始终占优势。晚清伴随同治中兴，汉学衰退，程朱理学复兴，形成湖湘、皖南（皖江）、关中三大学术群体。“在清代的学术文化史上，安徽桐城具有特别重要的地位。这里文人荟萃，学者如林。嘉道以前，桐城派和汉学皖派都集中在这里；嘉道以后，这里又成为讲求理学的重要区域，汇聚宋学、汉学和辞章之学于一地，集中了清代学术的精华。理学在这里发展起来主要是借重了桐城派的声势。”（史革新《晚清理学研究》）这段话表明了皖江理学群体与桐城派渊源关系，如同同光体皖派与桐城诗派的渊源关系，皖江理学亦是桐城宋学的绵延，且两者几可合流。“桐城派和汉学皖派都集中在这里”，此说不确，桐城虽有马宗琏、马瑞辰这样的经学世家，但皖派汉学的大本营在徽州。皖江理学群体秉承桐城派，同治以后有方潜、徐定文、杨德亨、何慎珍，最主要代表人物和学术成就就是方宗诚和他的柏堂学。

南宋淳熙二年(1175)，吕祖谦从浙江到福建与朱熹会晤，两人在寒泉精舍相与读周敦颐、程颢、程颐、张载的著作，“叹其广大闳博，若无津涯，而惧夫初学者不知所入也。因共掇取其关于大体而切于日用者，以为此编。总六百二十二条，分十四卷。盖凡学者所以求端用力、处己治人之要，与夫辨异端、观圣贤之大略，皆粗见其梗概。以为穷乡晚进有志于学，而无明师良友以先后之者，诚得此而玩心焉，亦足以得其门而入矣。”（朱熹《近思录》序）这就是朱、吕二人编纂《近思录》之由来。全书十四卷：一、道体；二、为学大要；三、格物穷理；四、存养；五、改过迁善，克己复礼；六、齐家之道；七、出处、进退、辞受之意；八、治国、平天下之道；九、制度；十、君子处事之方；十一、教学之道；十二、改过及人心疵病；十三、异端之学；十四、圣贤气象。

方宗诚治学以绍述、传继程朱理学为己任，他主张：“读子书须先读宋明儒之著录，尤须先读周、程、张、朱之书，然后能辨诸子诸儒之得失。读周、程、张、朱之书，又须先读《近思录》，以为主宰。”（《志学录》卷三）光绪三年（1877）方宗诚模仿《近思录》体例，汇录了自少时鲁洪山中从许鼎读书至光绪初的日记，形成了笔记体的《志学录》。“此予自少读书至五十以外所著日记，光绪三年在枣强编次之以为是录也。大致仿《近思录》之序，唯《近思录》当学绝道晦、异端盛行之时，以明道为心，故首列‘道体’以立之极。予生圣道大明之时，故以‘立志为学’为第一义。”（方宗诚《重校〈志学录〉跋尾》）

《志学录》书凡八卷：一、论立志为学；二、论存心谨言慎行处境；三、论居敬致知读书穷理；四、论存养省察克治；五、论反身体察；六、论正伦理笃恩谊；七、论治体治法；八、论从祀贤儒学术事迹。《近思录》问世以来，后世不断有学者注疏，仅清代学者就有江永、茅星、张伯行等人，但都不具有原创性和独立性。《志学录》体例虽模仿《近思录》，主要内容却并非先儒语录，而是方宗诚个人语录和日记，是其读书、穷理、修身、省察、应事、修平的心得体会。方宗诚著述宏富，有《柏堂遗书》76册，内收《柏堂经说》33卷，《柏堂集》94卷，《俟命录》《志学录》《志学后录》《柏堂读书笔记》《辅仁录》《周子通书讲义》等40余卷。“六经责我开生面”（王夫之），儒学的生命力就在于不断地寻求创新。方宗诚学术著作清末就传到了东邻日本，日本学者研治其书，大为叹服，最早提出了“柏堂学”之说。（慕玄夫《柏堂师友言行记》序）由《志学录》而《近思录》，而宋代周、程、张、朱诸儒，而先秦诸子，这是方宗诚为我们指引的一条进入儒家殿堂的治学门径。

桐城家法：唐调

十年前我主编《皖江文化与近世中国》，收录桐城诗派论文三篇：《以方文、钱澄之为代表的皖江遗民诗人——兼说地域文化世族》（严迪昌）、《明清人师法宋诗 桐城诗派》（钱钟书）、《学宋诗派与桐城诗派》（马亚中），当时并不清晰作者之学术背景，今偶涉民国无锡国专史料，才知钱钟书、严迪昌、马亚中与无锡国专都有学术联系，且都称得上无锡国专校长唐文治先生弟子或再传弟子。唐文治师从吴汝纶，治宋学、古文，讲求义理、考据、辞章，兼容西学及公羊、乾嘉诸学派。二人热心教育，吴汝纶是曾门四弟子之一，长期担任保定莲池书院山长，1902 年任京师大学堂首任总教习，唐文治曾任邮传部上海高等实业学堂（交通大学）监督，后在无锡创办无锡国学专修馆并任馆长三十年。

据无锡国专第三期毕业生钱仲联回忆："无锡国专主要讲授五经、四书、宋明理学、桐城派古文、旧体诗词，旁及《说文》《通鉴》以及先秦诸子等。诗歌讲授《唐宋诗存》《十八家诗钞》，古文则讲授姚鼐《古文辞类纂》和王先谦《续古文辞类纂》。唐文治先生尤其重视宋儒理学，亲编自授《性理学大全》，另有朱文熊先生讲授清初理学家张履祥、陆世仪诸家文集。唐文治先生教学的一大特点是注重诵读，讲授古文辞时，即使是鸿篇巨制，也都由他自己全文背诵。唐文治先生的示范朗诵，抑扬抗坠，阳刚阴柔之文不同其调。学生们都仿效其读法，每日渊渊金石声盈天地之间，我们号称唐调。"民国唐文治在无锡国专教学模式，完全秉承桐城派宋学—古文传统，与姚鼐在钟山书院、敬敷书院，张裕钊、吴汝纶在莲池书院，亦无分别。

╲ 桐城派后期大师吴汝纶

注重诵读，由文之粗而文之精，由格律声色而神理气味，是桐城古文家不二家法，且是养生秘诀。桐城三祖方苞、刘大櫆、姚鼐均享寿八十余岁，而深得桐城家法唐文治亦享高寿九十岁。据朱立侠《唐调：桐城派吟诵法之代表》：早在1901年，唐文治就以文章请教曾国藩四大弟子之一、时任京师大学堂总教习的桐城派大师吴汝纶。吴先生讲授了“阴阳刚柔”之道和“因声求气”之说，并亲自示范了吟诵法。唐先生大受启发，潜心研究，数年后终于在原有江南吟诵调的基础上结合桐城派理论创造出了举世闻名的“唐调”，并长期在上海交大、无锡国专开设“读文法”课，又于1924年出版了专著《读文法》，更在1934年和1948年两次录制了中国最早的吟诵专辑，以中英文两种版本发行海内外，将唐调推广到全世界，使之成为20世纪影响最大的吟诵调。唐调被称为“近现代吟诵第一调”，唐文治被称为“近现代吟诵第一人”。

乾嘉时期姚鼐辞官南归，于江宁钟山书院、安庆敬敷书院等讲学四十年；道光年间，姚鼐弟子梅曾亮于京师宣南雅聚社集二十年，“单绪真传自皖桐，不孤当代一文雄”（曾国藩）；咸同年间，姚鼐私淑弟子曾国藩于安庆、南京聚集幕府，江表十年，续轨桐城；光绪年间，曾门弟子张裕钊、吴汝纶相继主持莲池书院，北学大兴。民国时期唐文治无锡

菱湖花径

国专，可谓桐城派之大本营，当代宋学系学人吕思勉、钱钟书、钱穆、王遽常、钱仲联皆出唐门，而皖江学者马茂元、吴孟复、严耕望、余英时、何佑森亦多是唐门再传弟子，钱穆曾笑谓“吴学入皖”。昔皖学遗坠，全赖无锡国专保存，吴汝纶而唐文治，有“皖学入吴”，方有日后“吴学入皖”，理一分殊，薪尽火传。

＼吴汝纶弟子唐文治

贲巢调刁

贲卦主张以人文化天下，与《尚书·洛诰》“惇大成裕”有相近的意思。方守彝《追录旧作送长白联仙蘅太守入觐叙后长古一首》对曾国藩“惇大成裕”治理传统的追溯中，有“煦妪长养”“与民休息”“以养元气”等字句，与马其昶对贲卦的注解“造化有温燠之气，而草木荣；君子有无敢折狱之心，而人之生机遂”，也有相似之处。贲卦与噬嗑卦正好相反，噬嗑卦主张以严峻的刑罚治理天下。

方守彝为方宗诚次子，一生独守柏堂家学。字伦叔，号贲初居士，并将自己皖垣小南门宅院命名为贲巢。从莫友芝、方宗诚，到方守彝、方守敦，贲巢如同一根定海神针，汇聚且固化了皖江人文之统，方守彝外孙、著名美学家宗白华也生在贲巢。无论世事如何变幻，贲巢“屹然若巨舟浮海，波浪不惊”（陈澹然《桐城方贲初先生墓表》）。“居皖久，海内贤士大夫过皖必诣其门。”马其昶、姚永朴、姚永概“每来江上，皆主先生所，讲学论文，极一时之盛。”“改革后，诸友或老或死，或穷困于旅食江湖，唯先生岿然皖上。”（胡元吉《贲初先生传》）方守彝白发朱颜，气象纯粹，声大而远，其临终这年元旦犹在贲巢放歌：“江山如旧又新年，手拄霜颠望远天。何日春风荣大地，翁家庭草也生妍。”（《元日贲巢独坐》）

方守彝诗集名曰《网旧闻斋调刁集》，网旧闻斋，方守彝书斋名；调刁，形容风声，通刁调、刁刁、调调刁刁。源于《庄子·齐物论》：“厉风济，则众窍为虚。而独不见之调调之刁刁乎？”郭象注：“调调刁刁，动摇之貌也。”集中有一组作于宣统乙酉（1909）的七言绝句，其中第四首和后面的自注，清晰地道明了贲巢的历史，莫友芝、方宗诚先后都住在这座宅院，后方家又在小南门购屋，连成一片。组诗题目很长：《八月十三日，偕叔节过小二郎巷老屋访铁华。叔节见予独立枯梅树前，因说数十年前梅花开时，慕庭先丈、郑容甫先师、张涧泉先生共饮树下，予二人侍坐，听谈往事。叔节犹能记得当时一二语，予则恍惚如隔世矣。感成六绝句》。题中的叔节即姚永概，江南乡试第一（解元），曾任北京大学文科学长，与其兄姚仲实、马通伯并称“一马二姚”，是桐城派末期代表人物。姚慕庭是姚鼐族侄姚莹之子、姚永概之父。

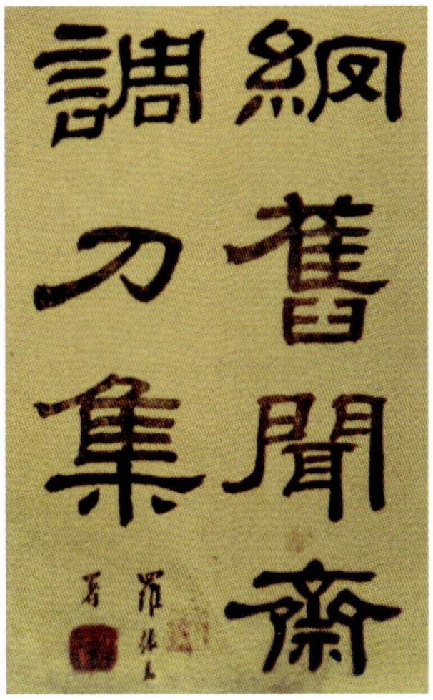

＼方守彝《网旧闻斋调刁集》罗振玉题签

皖派诗人徐铁华原籍石埭，时租居在小二郎巷方家老屋，常与方守彝、姚永概、陈慎登、鲁梦霆、胡渊如等人相唱和。这天（宣统元年八月十三），方守彝、姚永概到小二郎巷老屋访徐铁华，两人在一棵梅树下伫立良久，想起了几十年前桐城先辈姚慕庭、郑福照、张涧泉梅下饮茶话旧的情形，方守彝有感焉，遂成绝句六首。之四：“旧是独山畊叟居，先人收拾拥琴书。一梧千竹移家去，两作赁舂高士庐。”诗后有自注：“贵州莫子偲先生初居此，莫先生移金陵日，先君亦从曾文正公在金陵。守彝承先君命，奉母迁入。先君时出时处，著书课儿孙于此，前后约十年。门下士如闲伯、仲实、叔节、萧君敬孚、阮君仲勉，皆曾留此数月。而徐君椒岑、先师郑容甫客皖时，每夏月辄来取梅阴、设竹榻，夜谈必三鼓乃散。吴君挚甫，亦曾在梅花窗下点校毛诗，过录姚姬传先生评点古诗，凡一月余。守敦生于此，守彝棲息最久。后移家小南门屋内，全椒金子善奉母寓之。近年守敦挈子女归里，石埭徐铁华又寓焉。‘一梧’谓小南门宅，‘千竹’谓里宅也。”

独山畊叟即莫友芝，这首诗和后面的自注把晚清小二郎巷宅院的历史说得清清楚楚。可以看出，方家买下小南门大院后，就搬到那儿居住了，此宅院租给了全椒金子善一家。方家人丁兴旺，子女众多，光绪丙午（1906）方守彝、方守敦兄弟分家，方守彝分得小南门大院，方守敦分得小二郎巷宅院及桐城老屋勺园。分家后方守敦全家搬回勺园居住，此屋又租给了徐铁华。曾经居住过小二郎巷宅院的晚清文人，有一串长长的名单：莫友芝、莫祥芝、黎庶昌、方宗诚、徐宗亮、郑福照、萧敬孚、吴汝纶、方守彝、方守敦、姚永楷、姚永朴、姚永概、阮仲勉、金子善、徐铁华。处在丁字街口的这座宅院，整齐严肃，柏堂理学在这里传承有序。从清末到民初，贲巢亦是同光体皖派之大本营。

关于小南门大院与小二郎巷宅院的关系，方守敦之女、新月派女诗人方令孺的传记《曾经新月映诗坛》第一章《诗书阀阅》中有介绍：“方宗诚最初买了小二郎巷一个院子，后来又在小南门买了一个大宅子，小二郎巷的小院和小南门的大宅子背靠背，连在一起。方宗诚的一大家子就住在一起。”

还可以参考方守敦孙子舒芜的口述自传。诗中方守彝以“一梧千竹”描绘小南门大院的特征，光绪丙午姚永概、阮仲勉、金子善在方守彝家小聚，姚永概亦有诗句“前庭有修梧，后院有高竹。是惟诗老居，须眉交映绿。”（《仲勉、子善同集伦叔斋小饮，余戏拈首二语，邀伦叔、子善同赋》）并邀以“修梧高竹”起头赋诗。方守彝作了两首和诗：《“前庭有修梧，后庭有高竹”，叔节过仆书室即所见成句。属诸友赋诗各以此为发端，仆为室主人，先作》《和叔节梧桐诗原韵》。可以想象，方家大院正屋前的庭院有一棵高大的梧桐树，穿过几进深宅后，后院又有一片青翠的竹林。而墙外就是小二郎巷宅院，有后门相通。

从小二郎巷小院到小南门大院，在这里居住最久的无疑是贲初老人方守彝。这个终生抱一贲卦、隐于市井深处的同光体诗人，是方家大院的灵魂。传说孔子准备出仕，占得贲卦后即打消此念，以隐为乐。徽黟大儒胡元吉在《贲初先生传》中这样写道：“或谓先生曷号贲初乎？曰：此先生之志也。同治中兴，广开贤路，士争进取，先生高门世胄，年方少壮，独耻就有司试，亦不应征辟。既老，诸子踵起，家门鼎盛，乡里争艳称之，先生泊然无异，日手一编，如老诸生。”贲卦初九：“贲其趾，舍车而徒。”胡元吉赞叹斋居凝静、经案绳床、翛然物外的方守彝，与周易“舍车而徒”之义甚合。“先生履道坦坦，不激不随，易箦之际，幅巾深衣蓄发，犹守古制。白贲无饰，方协无咎，其先生之谓乎！即以‘贲初’

为先生私谥可也。”方守彝先以贲初轩命名其屋，暮岁又改为贲巢。其临终前有《贲巢绝句四首》，选其一：“寒碧萧萧千百竿，时闻细雨响沙滩。东窗晓日穿林上，泼墨风枝倚枕看。”衰病的诗人，于贲巢聆听竹叶的萧萧声，细雨的沙沙声。而穿越时光传到我耳畔，是远古调刁风声，隐者调调刁刁心声。

寂园深处

同光体诗人尊宋学、宋诗，且大多具有极深厚的佛学修养，清末沈曾植官安徽布政使，藩署几成佛堂。民国乙未（1919）腊月十九，北宋诗人苏东坡生日，时任安徽高等审判厅厅长张易吾亦皖派诗人，他将位于城中风节井的审判大厅布置成祭坛，与李范之邀众诗友在此饮酒赋诗，祭祀苏东坡。此事方守彝有诗记之："东坡居士尚如生，不负阴阳造化成。峻节雄文祇余事，清风朗月向来情。家山入梦抗怀古，香火逢辰照眼明。无限沧桑遗韵在，掩关独梦鹤高横。"（《去年腊月十九东坡生日，范之易吾于高等厅廨悬像社供馔，招客命酒赋诗，枉及守彝。适寒雨负疴，未能趋命，追呈拙句，以志阙然》）

李范之、张易吾都是四川人，在审判大厅悬像设供祭拜苏东坡，自然也有其乡情因素。陈诗《尊瓠室诗话》记载："李范之州牧（大防），四川开县人，乃同、光间两江总督雨亭尚书（宗羲）之孙、仲壶部郎（本方）之子，少敏劬学，中岁入仕。或云曾官赵州，予与一面，未暇询也。君熟于子部，著有注《老》、注《墨》诸书，皆有卓见。喜吟咏，在皖教授十余年，买宅有久居意。戊寅端阳后，皖垣陷，君避乱归里，是冬病卒，年垂六十矣。"李范之祖父李宗羲，为曾国藩幕府成员，由安庆知府、安徽布政使后一路升至两江总督，安庆可谓李宗羲发迹之地。李范之来皖前居京畿一带，做过赵州知州、南北议和期间与张竞生、曾广益同是南方代表团专任议和人员。其岳父乔茂萱京城名宦，曾为戊戌六君

江城暮色

子收尸。宣南陶然亭是李范之与诗友觞咏之地，临别京城赴皖前，有诗《将之皖，与都门诸友话别江亭，赋此一赠》及画《江亭饯别图》，这幅画郑孝胥、方守彝、方守敦均有题诗，兹录方守敦《题李范之陶然亭话别图》：“几年江上客，吟啸起风烟。怀旧人长往，披图意黯然。瘴乡云似墨，瀛海云无边。北望孤亭在，乾坤事可怜。”

李范之选择到皖垣谋事，或许是想借其祖父余荫。大约1915年7月，李范之来安庆宣家花园就任安徽烟酒公卖局局长，两年后卸任，有诗句：“峨峨皖公山，文献幸犹在。钜人世屡出，璀璨历千载。”显示其与皖垣人文的亲和力。莅皖不久，李范之就到贲巢拜访了方守彝，两人见面后长吁短叹，泪眼婆娑。咸丰年间，方守彝随父亲方宗诚读书于武昌官衙，李范之祖父李宗羲以安庆遗缺知府过鄂，湖北巡抚严树森以安庆未克复，就留李宗羲幕中，“因得朝夕亲接风采”。（方守彝《蜀开县李范之过访，袖出诗篇嘱和》）此后，李范之在安庆一住二十几年，做过安徽省政务厅长、安庆道尹；1928年省立安徽大学创办后，辞官到安大文学院任教，与诗友、同事姚永朴、陈慎登、潘季野、韩伯韦、杨铸秋等组织诗社宜城觞咏社，曲水流觞，饮酒赋诗，其乐陶陶，直把百花亭作陶然亭。1938年安庆沦陷，李范之辗转回川，同年病逝。

李范之在安庆先住鹭鸶桥啸楼，曾有诗集《啸楼集》，后来搬到了城北百花亭寂园。百花亭一带原是八旗兵驻扎地，叫后营，太平天国战乱期间被毁，成为荒地，后陆续有人迁入。

最早迁入的有所谓“后营十八家”，这当中就有陈独秀祖父陈章旭，陈独秀就出生在后营。后来美国基督教圣公会看中了这里，购置了大片土地，建教堂、学校、医院，省立安大建校时，就是租用了这里的圣保罗校舍。清人黄花亭少时观后营武场较射，就见过寂园，那是咸丰之前了。叶子谦《登百花亭记》云：“寂园临塘，城东北一角，不易蓬莱深处，寂园实当之。”李范之亦有诗云：“一泓春水门前绿，半亩蔬园雨后青。镇日香风熏欲醉，诗人合住百花亭。”寂园原先是张易吾居住，张易吾还自号寂园居士，可见他喜爱这里的幽静殊胜。张易吾调任山东高等审判厅厅长后，把寂园让给同乡好友李范之居住。

张易吾名志，生于1880年，四川富顺自流井人，与厚黑教主李宗吾同乡兼同学。曾留学日本明治大学，1915年担任安徽高等审判厅厅长，1920年调任山东高等审判厅厅长。在皖五年间，张易吾与方守彝、李范之、陈慎登、潘季野等是皖派诗圈的核心成员，方守彝《网旧闻斋调刁集》与张易吾、李范之二人唱和之作颇多。张易吾离皖之际，方守彝连写了三首送别赠诗，每一首诗意象都很凶险诡谲，似乎预感了张易吾此行凶多吉少。第一首五言长诗题为《易吾使君移官山左，忧攀惜别，成五言一章，为临歧之别》，开头两句：“贤者去不留，不肖留不去。吁嗟皖公城，此怨向谁诉？”末尾一句：“岩岩圣人乡，翘翘猛虎步。”第二首题目就很诡异：《易吾以古松一盆、玻璃鱼缸一架、丁迈钝集古匋文一联投赠留别。其时鱼已辞缸，丁联文有未能尽识者，赋句呈谢》，末句：“报我化龙雷电去，且留鳞鬣伴山翁。”化龙升天，留下鳞鬣遗物。第三首《易吾即日赴山左履新，再呈长句》，首句“风狂激浪未渠央，五字吟成别意长”，后有自注：“谓前投赠之篇”，就是第一首五言长诗。张易吾在山东遇害后，皖派友人在报刊登诗文几年，选了这一首五言长诗，其时方守彝已经过世。

1925 年 12 月，张易吾因抵御山东督办张宗昌侵害司法，被其杀害。刽子手行刑，子弹从后脑入，前额出，张易吾双目未瞑，嘴巴微张，可谓死不瞑目。这一事件震惊了民国司法界，安庆同光体皖派诗人更是群情激奋，李范之、陈慎登、韩伯韦纷纷撰写诗文谴责军阀暴行。其时李范之正赁居在张易吾故居寂园，睹物思情，悲愤难抑，连写了数首悼诗：《哭易吾诗》《程炳卿以余悲思易吾，旬日不能寝食，约游菱湖以散积郁，即景感赋》《阅报载亦吾殉难后觅遗骸不得，愤而赋此》。这一年除夕还写有一首《乙丑除夕感召寂园居士》，张易吾到山东后一直以寂园居士自号，怀念着百花亭老宅，还有皖垣诗友们。兹录如下：“今年果是龙蛇厄，举国同悲杀范滂。来日大难元气尽，残宵如醉老怀伤。空怜嫉恶嵇中散，苦忆多才盛孝章。忍饮屠苏还自计，投簪欲遁白云乡。”

张易吾墓志铭也是李范之撰写的，题为《山东高等审判厅厅长富顺张君墓志铭》，从文中可以看出，张易吾在皖垣同光体诗圈浸润的“惇大成裕”“煦妪长养”“与民休息”的治理传统，与军阀恣睢暴戾、巧夺豪取、假公济私之间的矛盾和冲突，几乎是必然的。贲初老人方守彝送别诗中所言猛虎、风浪，皆非虚妄也。鱼辞鱼缸，绝无活路；化龙升天，遗留鳞鬣。另一皖派诗人陈慎登也撰有《书山东高等审判厅厅长富顺张君墓志铭后》，全文如下：

“开县李君范之为山东高等审判厅厅长张君墓志铭，事既翔实，直笔凛然，尤得《春秋》家法，他日当为国史所采。张君死难山东，震动海内外，此文虽私家传志，其事足以大书特书，昭示全国，有心者必为张目也。然吾犹有不能已于言者。张君于山东遂其成仁取义之志，而其所以能成仁取义者，实由其平日守职厉节，皭然不污，行之有素，然后能以一朝结缨卫须，甘死如饴，而无毫发犹豫，此又可断言，而为论张君者参究之事实矣。以朝爵所稔知者，其始莅临皖，值倪氏擅权，威慑一时。顾其重君，尝从容语僚属：‘吾有某某事，屡欲托易吾，而不能出口。’其惮君若此。其后某氏主省政，与某钜公善，以圩田事讽君稍委随，君不可。某氏始以殷勤，继以恫吓，君一不为动。君居官尤厉操守，尚名节。法廨大门，与风节井正对，井为元余忠宣公家人殉节处。亭榭圮废，君修葺完整，手题联语，有‘清光长映法曹心’之句，见者以为君诚不愧斯语。皖耆宿方贲初先生为诗，尤亟称之。君既端本严法，属吏莫不整肃。平居职事之余，孝养老母，曲尽欢心。又以其间，读书讲学，纵贯百家，邃于佛理，安庆佛经流通处，为君创设，自是研究佛学者日众。君又工诗文，春秋佳日，扫廨舍，集耆彦，文酒唱酬，至今皖人传为胜事。近年市政大兴，斥地筑廛肆，遂塞井移旧碑委之偏隅，邦人几无复知风节井矣。一二老成贤哲，思君风列，咸慨然有敬其人惜其树之感云。”

元末余阙镇守安庆，与红巾军大战，兵败自杀。其妻蒋氏、妾耶律氏、耶卜氏及子德臣、女安安、甥福童闻余阙死，亦投井自尽。后人将该井命名为“风节井”，并建亭于井旁，其地址就在今安庆孝肃路与吴越街交叉口东侧，民国安徽省高等审判厅大门就正对风节井。陈慎登记叙了张易吾修复风节井亭榭的经过，自撰联语“清光长映法曹心”，余阙可谓其“厉操守，尚名节”的人生榜样。后来因为市政建设，风节井被填，旧碑也被移走，可见风节井之被填埋是民国十几年的事了。张易吾还创设了安庆佛经流通处，弘扬佛法，在皖省任高等审判厅长时，时常到西门外地藏庵参加讲经会。所以，张易吾被害后安徽司法界为他举行了规模盛大的追悼会，地点就选在地藏庵。

山東高等審判廳廳長富順張君墓志銘

李大防

四川張易吾先生，任長吾皖高等審判廳五年之久，有政聲。十四年冬，殉難於張宗昌之鄉下，近始改葬華不注山之陽。李範之先生爲作墓志銘，悲壯動人，應入名宦傳，因錄之以傳墓志者。

編者

民國紀元十四年十二月五日，山東軍務督辦張宗昌劫殺高等審判廳廳長張志，舉國震駭！當是時，宗昌督魯幾兩載，恣睢暴戾，以誅殺爲威。而左右僉壬，復推作威福，干預司法無忌憚。往往置大讞獄，輒脅迫論決成罪，君則毅不爲動。宗昌挾嫌揖君，甚至彊君以司法收入例應解部之款，悉數截留移充軍費，君力持不可。而高等檢察長邱任元，諂事宗昌，不惜殺戮民之骨髓，以饜一人無厭之欲。於是撓行不顧事察紀法，繫民苛獄，假公肥己。君則嚴詞峻拒，任元計窮不遂，悍然一手挽之，君但勞觀太息而已！厥後宗昌聞壽張亮穀斷之驗，即勒持魯省官紳，舉任保安總司令以抗中央，君復堅不副署！宗昌嚇之益深，然以君清操亢節，夙得人心，未敢遽以邪中傷之也。

任元性陰險，乃與宗昌妾弟戚某司令袁致和密謀，深夜膚君于家，以郡中險貪，遂不知所往。翼日紳商代表謁宗昌，請問君現何罪，繫者何人。宗昌詭稱不知，實則君已前一夕於致和所遂供不言，剜剔手皮殆盡，乃偽六，繼偽三，終餘偽一而慘死矣！越三日，宗昌乃揭君罪狀於通衢，誣以謀叛。嗚呼！宗昌之凶頑不法，擅殺高級法官，任元致和以殺人獻媚，亦張發難深於此時者，斯誠有史以來罕覯者矣！聞君受極刑時無懼色，但索紙筆作遺書，不許，乃喟然曰：「予死有命定，不足惜，惜吾國法典未成，假以裁判權於彼族之手，家有老母，逾七十未克終養，此則於國於家兩有遺憾者耳！」

君死，不僅魯人悲悼，各行省司法官吏聯名舉章鳴不平，即國際使節僑民亦歎惋震恐，詫爲非常。函電紛馳，喧騰宇內。各國取消領事裁判權之交涉，各國援引此案爲口實，不允撤銷。論者謂君殉難之日，即中國法權宣告死刑之日，信非誣也。君死之次年，北伐軍興，宗昌遁之日本。二十年十二月，國民政府明令褒卹君，並題給「含生殉義」四字匾額，以褒揚之。未幾宗昌竟以事遇刺，鄭繼成爲叔父復仇，誅宗昌於濟南，遐邇稱快！此豈足爲君之瞑鏡矣。

君諱志，字易吾，一字遊園，四川富順人。父諱復盛，家貧，業儒而商。母宗夫人，通書史，以儒與女學自任。君讀書自十行下，從邑之宿學劉照如、王梁爲詞章先生游，學益進。實先生講求心性之學，君尤有所契，一生學術事功，悉基於此。清光緒丙午偕女弟出游，資僅三百金，留學東瀛，君則肄業日本，入明治大學習法律，旅費拮据，躬耕苦節志彌堅。宣統庚戌，得省大吏厲行新政，延攬留學法律人材，君遂歸業，未匝月乃畢業，歸任山東法政專門學校講席。一時俊髦多出其門，聲譽藉起，咸稱埃接譽爲法律大師矣。

民國二年，除山東高等檢察廳長，首嫻庶務，其與新舊官吏所合辦不敝。歷於監獄尤措意，嘗著力調改善，新者則擴張日本西制以式之，其他舊獄，皆嚴筆公不少假，以是成效不著，然猶爲各省冠。五年調任安徽高等審判廳長，廉正明決，人不敢干以私，縣份改成議審，俾以讞訟已斷決自勵。既號清平，民冤咸鬻伸張。九年調任山東審判廳長，兼省署督君責治，利弊清興苦，皆權衡其當入意。收回青島法院，殫心力尤勤。謀購夏縣泉爲縣設專科大學，若變措講席，闡揚東方固有文化，期以徒實踐介之行，端其德嚴讓之風，蓋所素蓄然也。

十四年，各國以督國力謀取消領事裁判權制度，乃遣員涉查法庭狀況，觀察司法之真際，君以在東關繫甚重，察事故籌，潛心擘謂，翻日夜不休，冀爲收回法權之助。孰知事未靖效，而竟陷於羅網！且國君守法而死，斷見爲法律之阻力耶！此尤君不能瞑目九泉者矣！

君稟賦厚宋五子書，並篤守陽明致良知及知行合一之說，三十後究心內典，長齋禮佛，嘗右兼一，戰則焚香撫之以齋意，戒人食牛犬性，如語意相過與論也。事母孝，母偶病則憂形如不終日，咸意有不懌，則長跪引咎。嘗語人曰：「兼我於得愜心，不僅口體之奉也。」其弟仲陶，女弟兩表，君友愛備至，尤人所難能。配陳氏，無子，生女二，一歸光，一殤。以仲陶之子先貴爲君後。

君卒於民國十有五，逃難之三日，[illegible]，享年[illegible]，浮厝濟南城外四川義地。二十二年九月改葬于華不注山之陽。仲陶以大防與君交最篤，乞銘，銘曰：

白雲鬼城森莽蒼，并從法紀輔橫行；如虎之噬羣之吞，君甘捐死殉道義。力障狂瀾排僉壬，丹成齊青方寸寶，求仁得仁寧怨悔，歸乾坤正氣君益昭！山高兮水淪淪，下有殉法烈士墳，萬古千秋常留佳城。嗚呼哀哉！

哭易吾詩

李大防

騎天落鶴聲，忍我心胸裂。故人竟橫死，萬古真恣血。我欲叩天閽，上有陰雲擋；我欲訴地祇，下有九幽隔。死是何因果？冥思不可得。翻翻逸飛來，入我夢中說。魂歸君泰涉，平生豪壯數。丈夫爲報國，大義日月揭！能涕作家者，退讓欲其賢，死者已矣，生者變其年。君本自骨肉，遺恨償九泉，吾儕後死責，願以一身肩。稍待拜義旗，闡闕靖淫祠，君尊而我母，大義昭中天。鴻章君執友，交比金石堅，謝爲保清譽，爲君正高全。天心未絕禍，爲何逐烽煙，東西爭告恣，險象珠難遏。

交君廿十載，恩義逾骨肉。忍聽虜啼咽，何嘗手與足。開宵嘆山下，忍從情日甚，一日不見君，縱影秘於鄰。君寡我鉄誘，我從君學佛，二者互相師，[illegible]以竭。君尤我藉與，[illegible]隨流俗，徒騎難古剎，徒步訪書宿。宜城風雅宗，桑梓學以勗，我亦恣其間，微自謝塵俗。自君官齊燕，趨步隨驥續。盛耗慣飛來，萬口同驚哭！儻受任宮歎，聞者咸悽惻。弟走鶩相告，車市莫若狂。嗚人一何深，民自不能忘。哀矣五閱年，咨歛我墓詳。

[illegible]有遺徽，下爲百世坊。君民猶傳錄，百世成金湯，自有不死在，水火安能戕！色身原幻耳，何論彭與殤，慎毋且談吝，聊自寶哀腸！

程炳鄉以余悲思易吾旬日不能襲食約游菱湖以散積鬱即景感賦

湖楼忍淚共探幽，曾仰江山與爾哀。此是殺國留跡處，樂鳳應化鶴歸來！

閱報載易吾殉難後覓遺骸不得憤而賦此

從事淪傳不忍聞，待後終夜待朝曛，深悲蒼骨生奇想，難作當年約讒君。

乙丑除夕感悼寂園居士

今年災禍遽先見，舉國同悲救苦渺。來日大難完氣盡，竭智酬老懷偶。余亦頓爲憔中散，吾儕多才幾孝存。必試居然還自計，投筆欲逃自坐鄉。

過秦樓（詞）

倪公故招飲其貸宅爲亡友張易吾故居伯哀即席填此調索和愴然賦此

歡聚當門，殘紅餘樹，夕陽檐角依然。已覺笙歌侵，便帶新弦。淚挽清歌，隔簾爭萬事，南三變俱歸嗚咽，問斯人何往，高山流水，捺斷弦。 騎我曾千載孔城，住過，實難敘地，蒙得年年。如見濤聲，新舊歌待存，零淚微知。消息阻歸來，振巡聲九疑香姻。經當過蕭歡，空說術數，傾淚如泉。

易吾從君移宮山左蹇擊惜別成五言一章爲臨歧之贈

方資初

易吾官皖五載多善政郭八十廳鎮道之資初老人此詩字字起實洞見其治術之本特錄於此　大防注

賢者去不留，不肖留不去，呼嗟皖公城，此語向誰訴。浪風顛黃桑，燕我桐樹樹。樹下白髮人，惆悵亡四顧。有懷不可言，言之更無慮。衆怒不何妨，寧彊曲人從。自其臨蒞初，九邑窺朝暮，爭爭欲所入場，參差期紛織。典他有新修，嚴斗森材，光明一堂中，大吏與經庭，撫觸我撫揣，耳顏目爲注，往過猶愧升，嫡觸怀懸汙。今我丹至公，論吏判皖已高蹈，明匡其邦待，冰雪論蓍蕃。承歡不勝情，龍發在忠懸，山水鷹靜幹，癸我侍殷豫。野鶴雞稱鴿，歸衣遍遨叙，三茶曾寒心，賢聲滿寒窗。獸中宮近人，易意勢要聞，諸鳳對送関，略不遮客情，神明其恬場，其樂豈外具。皖山巍峨峨，皖水瀰迤瀰。官長蜀中賢，化行美詩賦。雨者草雞偷，百端萬以措，其餘圖職守，燥然顯具珠。合當十年留，無羽翔窗燕，如何有新命，肩與轉東騖。移我天柱雲，去作濟南樹。桑木不剪伐，高隊失依護。安得萬貢金，往行鼓牽路。平生純意京，濤祛燕遊慶，蜂新敬寒門，風采映魚腹。名賢誦章句，野芹有時獻，龍師不遠作。哀壽寂寥中，哭官勤數險，一別無計年，基老遷世故。騷賓窮太平，論詩才不歡。才既不數見，見矣多艱逃。才[illegible]所賦功勇健，高翼臨長審，逃前御，歲歲爲入聽，愈驚猛虎多。

書山東高等審判廳廳長富順張君墓誌銘後

陳朝爵

讀縣李君範之爲山東高等審判廳廳長張君墓誌銘，事既翔實，敍筆復偉，尤得春秋家法，他日當爲國史所採。張君死難山東，震動海內外，此文雖私家傳誌，其事足以大書特書，昭示全國。有心者必爲張目也。然吾謂有不能已於言者：張君於山東既其成仁取義之志，而其所以能成仁取義者，實由其平日守禮義，尊然不污，行之有素，始能以一朝結纓衛獄，甘死如飴，而無悲愁猶豫，此又可斷言。而其論張君者所當考究之事實矣。以朝爵所稔知者，其始官皖，值倪氏督皖，威懾一時，凡其意者，從容語僚屬，「吾有某某事，屬欲託某吾，而不能出口。」其僚語如此，其後某氏未敢，與某廷公，以好田事誣君稍諫語，君不可，某氏始爲敢動。雖以恫嚇，君一不爲動。君居官大義操守，尚名節，抗顏大門，肅風節而莊封，非爲咒余忠實公家人殉節處。事猶把握，君稍爲完整，手疏聯語，有「清光長映法曹心」之句，見者以爲君誠不愧斯語。吾書猶力實初先生爲詩，尤贊稱之。君既端本節法，居處其不樂滿。事居職平之餘，奉養老母，尚盡歡心。又以其閒，攻習佛學，綜貫百家，淹於佛籍，要皆俯循通處爲君剏設，自恃研究佛學者日衆。君又工詩文，春秋佳日，尚屬合，亀書畫，文酒唱酬，邇今皖人傳爲勝事。泥年治政大興，斥地獨遊驕，刊落殿，盡塞并修書舉經之福隅，邦人幾無復知風節非者矣。一二老成賢者，思君風節，成鼓然有敬其人惜其樹之戚云。

小雅白华　贲巢清音

民国九年（1920）春，宗白华辞去上海《时事新报》文艺副刊《学灯》主编，赴德留学，先后就读法兰克福大学、柏林大学，外祖父方守彝有诗送别，《送白华外孙赴德国留学》：“骙裹嘶风气不群，怒飞鹏翼势垂云。一方天地妨宽步，万里波涛壮远勤。记取庭兰占雀喜，早凭身手搏龙文。归来定有十围腹，笑破衰颜霁皱纹。”作此诗时方守彝七十五岁，垂垂老矣，既告诫不要忘记故园贲巢庭兰，又期待外孙归来学富五车，并想象祖孙重逢时“笑破衰颜”的场景。可惜方守彝在宗白华回国前一年已去世,祖孙重逢这一幕无缘实现。

同治三年（1864）六月，湘军攻克南京，曾国藩督帅行署及幕府亦从安庆迁南京，遗留房舍多为皖江士绅购置，李鸿章弟李蕴章任家坡太史第，李鸿章岳父赵畇天台里世太史第，都是此时买下。方守彝父亲方宗诚是晚清理学大家，亦是曾幕成员，其购置的城南小二郎巷院落原是贵州莫友芝一家在此居住。据方守彝回忆，其弟“守敦生于此，守彝栖息尤久”。方守敦生于1865年，当知1864年曾国藩督帅行署迁南京不久，方家就搬到这里居住，至抗战安庆沦陷，方家在此繁衍生息七十余年。

方守彝子孙繁多，家族人丁兴旺，据胡元吉《贲初先生传》记载，方守彝有四子：方时涵、方时娶、方时简、方时翮，二女：方淑兰、方幼兰，孙辈则更多，仅方时娶就有八子一女：子方重审、方重坚、方琦德、方珂德、方璞德、方琮德、方瑄德、方琥德，女方瑛德。原先小二郎巷院落已不够住，光绪年间方家又买下小南门街更大的宅院，且与小二郎巷院落背靠背相连，形成一个整体。清末长子方时涵搬出，租赁附近任家坡李蕴章太史第，李家占有三路四进，家族成员多在外，闲置房屋颇多。子孙最多的方时棸曾任江苏常熟知县，也另在胭脂巷新购房舍，胭脂巷西连任家坡，东经插烛巷与小二郎巷相连，彼此都很近。方时棸公馆亦不小，人称胭脂巷为方家新公馆，小二郎巷——小南门为方家老公馆。

从1864年奉母迁此，至“甲子（1924）冬十一月六日，贲初方先生卒于皖江邸宅”（陈澹然《桐城方贲初先生墓表》），方守彝在此居住整整六十年。其回忆：“时涵、时棸、时简、时翮，两女淑兰、幼兰，皆育于此。先兄长女伯兰于此遣嫁，先从兄殁后，从子世立幼读于此。”小二郎巷——小南门宅院于方守彝而言，可谓居于斯，歌于斯，哭于斯。清末民国鼎革之际，方守彝抱一贲卦，隐于斯，名其宅曰贲初轩、贲巢，号贲初居士、清一老人、舍车老人。方守彝作有七古长诗《舍车老人歌》，自注：“《易》贲初九之爻曰：贲其趾，舍车而徒。象曰：舍车而徒，义弗乘也。予初读《易》至贲，若有感于斯言，遂名其读书之轩曰贲初，或偶然自号舍车老人。”贲卦《彖》曰：“刚柔交错，天文也。文明以止，人文也。观乎天文，以察时变。观乎文，以化成天下。”这是“文化”一词的由来，也是乱世文衰之际一个人文主义者的人生理想。“或谓先生曷为号贲初乎？曰：此先生之志也。先生履道坦坦，不激不随，易箦之际，幅巾深衣蓄发，犹守

古制。白贲无饰，方协无咎，其先生之谓乎！即以贲初为先生私谥可也。”（胡元吉《贲初先生传》）

1897年宗白华生于贲巢，父亲宗嘉禄祖籍江苏常熟，光绪丁酉科（1897）举人，母亲方淑兰，方守彝之女。同一年，与林徽因齐名的新月派女诗人方令孺也在贲巢出生。方令孺是方守彝弟弟方守敦之女，虽与宗白华同岁，辈分却是宗白华小姨。宗白华原名宗之櫆，字伯华，后改白华，《诗经·小雅·白华》为怀人之歌：“白华菅兮，白茅束兮。之子之远，俾我独兮。”宗白华以《流云小诗》蜚声文坛，受外祖父方守彝影响亦写旧体诗，早年诗作《律诗四首》可见其功底。《律诗四首》包括《游东山寺》《别东山寺》《赠一青年僧人》，兹录最后一首《赠一青年僧人》：“师是丹霞佛可烧，我从火宅识灵苗。濠梁始信鱼知水，松岭今看鹤在霄。汩汩寒潮注江海，微微尘梦续昏朝。云霾月黑三千界，天遣斯人慰寂寥。”同光体皖派揭橥者汪辟疆对此诗评价颇高，在诗后题记中说：“白华以《流云》蜚声艺坛，世多知之。然其律诗之工，世人不能尽知也。”他还欣然和诗云：“笔砚从今定可烧，登台作赋枉君苗。扁舟载梦来青嶂，好句摩云动碧霄。独契灵源归妙谛，细参回味累终朝。何时换骨寒灯下，待向丹元问郁寥。”

宗白华《律诗四首》作于1914年初，游历浙江上虞东山后而作。检索方守彝《网旧闻斋调刁集》卷第十二，1913年秋末，方守彝从上海到浙江上虞看望女儿方幼兰、女婿虞仲仁，在虞仲仁陪同下亦游览上虞东山，有七言古诗《九月二十五、六二日，仲仁陪游东山，归而记其景物与山川形势之大者》《仲仁复陪游龙田寺，寺在东山北，柏子禅师道场也》，故此可推测宗白华陪同外公方守彝到上虞看望姨父姨妈，并与方守彝一同游览东山。宗白华一生颇受佛教浸染，其精神心理和人格境界留下了深深的佛教印痕，这一点亦受外祖父方守彝影响。方守彝是清末民初皖江著名佛教居士，与迎江寺住持月霞友善，其同光体诗友沈曾植、李范之、张易吾等，皆有精深佛学造诣。

1913 年 3 月，方守彝从贲巢出行，先到上海，与同光体诸诗友樊樊山、陈三立、沈曾植等雅聚小万柳堂，10 月从上海到浙江上虞看望女儿女婿，游览东山，11 月游西湖，大约年底经上海回安庆。读宗白华《我和诗》，就在这一年，宗白华大病一场，“十七岁一场大病之后，我扶着弱体到青岛去求学，病后的神经是特别灵敏，青岛海风吹醒我心灵的成年。”夏天宗白华从青岛到上海，与外公方守彝住在一起，“那年夏天我从青岛回到上海，住在我的外祖父方老诗人家里。每天早晨在小花园里，听老人高声唱诗，声调沉郁苍凉，非常动人，我偷偷一看，是一部剑南诗钞，于是我跑到书店里也买了一部回来。”于此当可断定这年秋天方守彝到上虞游览时，是带着外孙宗白华一起去的。在宗白华人生成长的关键时刻，外祖父方守彝一直陪伴在他身边。“我游了一趟谢安的东山，山上有谢公祠、蔷薇洞、洗屐池、棋亭等名胜，

菱湖雪景

我写了几首纪游诗，这是我第一次的写诗。”这些景观亦见于方守彝诗集，《东山谒谢文靖公祠堂，瞻仰遗像》《东山过蔷薇洞》。

大约 1906 年前后，方令孺、宗白华先后离开贲巢，宗白华随父母迁南京。方守彝、方守敦兄弟分家后，小二郎巷老宅及桐城祖居勺园归方守敦一房，方令孺亦随家人迁桐城勺园。方令孺、宗白华在贲巢生活了八九年，一起度过童年，他们的文集中鲜有文字再现当时的生活场景。方守敦一房搬回桐城勺园后，其孙辈亦有人常来安庆贲巢居住。1937 年，方守敦孙方珪德（舒芜）在安庆读过一学期中学，就住在小二郎巷老宅。其口述自传回忆：“祖父和伯祖父分家时，安庆小二郎巷曾祖父最初买下的那个小院子，归在祖父名下，长时间没人住。这座小院子跟伯祖父家那个较大的小南门方公馆背靠背，我们娘俩就住在里面。”方守敦孙辈最有才华的是长孙方玮德，早逝的新月派诗人，也曾在贲巢居住过。1998 年，方嘉葆与堂弟舒芜的书信中回忆，她十六岁那年，正在安庆女中读中学，方玮德从桐城勺园到南京中央大学读预科，在小南门贲巢逗留半个月，“这段时间，大哥给我印象之深，启发之大，令我终生难忘。”

宗白华父亲宗嘉禄思想近维新派，清末曾任江楚编译局分纂、安徽水利局水利测量事务所所长、南京思益学堂地理教员、江南官立中等商业学堂堂长。宗白华随父母迁南京后，20 世纪二三十年代，方令孺一家也住在南京。1932 年，安庆南门方家人丁最兴旺的方时娶一支，从胭脂巷方家新公馆举家迁南京成贤街文德里十二号。南京成为方家新的居住地，而贲巢在方守彝故去后，日渐冷落。方玮德到中央大学读书时，与同学陈梦家、九姑方令孺、表兄宗白华组成一个“小文会”，经常在《新月》发表新诗。陈梦家《玮德诗文集》跋：“写这一卷诗时（民国十八年至二十年），我们都在南京读书，其时志摩先生每礼拜来中大讲两次课，常可见到。玮德九姑方令孺女士和表兄宗白华先生也在南京，还有亡友六合田津生兄，我们几个算是个小文会。”

在贲巢聚集的同光体皖派诗圈，正如方守彝诗集名《网旧闻斋调刁集》，是对古老时代的留恋。而方氏子孙方令孺、宗白华、方玮德、方瑄德在玄武湖畔的诗情幽思，则是清新的、青春的、轻快的，是簇新的生命。而这些新生命与贲巢依然有着丝丝缕缕的联系。方嘉葆与舒芜的书信中继续回忆，一天早晨，初阳下贲巢，她看见大哥方玮德躺在花厅的藤椅上，拿着一把大蕉扇，轻轻摇着，院中梧桐树绿荫如盖。在那一刻，她分明看见了故去多年的祖父的身影，也恍若听见沉寂已久的贲巢发出的清越之音。

苏曼殊：小蓬莱时光味道

安庆古城有九头十三坡之称，当中最高的山坡就是位于大南门的登云坡。登云坡西邻任家坡，东北与高井头相连，气势雄健。登云坡阶坡主要集中在巷西，现仍存麻石条台阶七十三级，旧通往小南门正街。小南门即康济门，城门外江畔有太平天国古炮台。光绪甲辰年（1904），皖江士绅余诚格（清代湖南最后一任巡抚）、陈际唐（曾任新疆布政使）建议在其遗址建义渡局。方守彝贲巢就在小南门正街，义渡局新楼落成后方守彝曾作诗十首。兹选第三首《义渡局新楼落成诗十首并叙》："安庆江上南北岸，行旅有涉险之戒，操渡者时复困苦之。望江余观察诚格、怀宁陈观察际唐，乃建议设义渡局以济往来，毁南城外粤贼旧筑炮台，建局架楼以临其上。予寓南门内城根，最近楼，临江登览，适意便情。日昨中秋，风雨满江，入夜，云散月明。倚楼静对甚久，寂寞兴怀，触目所见，洒然成咏，得诗十首，为新楼落成也。往哲不可见，守高谁与降？无花秋寂寞，流水日淙泌。霄汉侵兵火，诗篇剔夜缸。我生虽恨晚，神拜德公庞。"（其三）作者自注："乾嘉时黄甲山之霄汉楼据江山最胜，邓山人、姚郎中各有诗。"邓山人即邓石如，姚郎中即姚鼐，霄汉楼位于康熙进士任塾的屺园内，位于任家坡与黄甲山之交，楼高三层，姚鼐任敬敷书院山长期间曾登楼，有诗《霄汉楼》："三十年前登此楼，招携绿鬓赋沧州。四山杂树排檐入，万有青山抱郡流。过眼云烟窥物外，凭栏花鸟又枝头。层轩尚有斜阳白，更就明霞望逝鸥。"

江城七夕之夜

菱湖雪景

有史料说登云坡就是古盛唐山，汉元封五年（公元前106年），汉武帝南巡至盛唐湾，作《枞阳盛唐之歌》。但是方守敦否认此说，他在《铸秋饮马塘新居落成，诗以贺之》一诗中有句“便把盛唐作钟阜”，后注：“君新楼能望大龙山。大龙，即汉武帝江中所望之盛唐山，前辈考之甚详，非城中小阜也。”铸秋即杨大沁，省立安徽大学文学院教授，同光体皖派诗人，其饮马塘新居在皖垣城北。“城中小阜”即登云坡，古盛唐山是大龙山而非登云坡。清末民初，在登云坡西巷口坡顶，有一个茶餐馆小蓬莱，以经营安庆小吃闻名，有千层糕、翡翠烧卖、重油烧卖、水晶包、鲜肉包等地方小吃,这里也是清末民初同光体皖派诗人经常聚会的场所。

小蓬莱与长啸阁是一处，民国甲寅年（1914）方守彝有诗《次韵总持蓬莱四韵》：“阁上江山风月觞，鬅丝莽莽碧天长。眼横李白轻狂酒，心恨麻姑狡狯方。遥识九华在云外，纵将一啸落峰旁。乡村城市都无赖，羡煞闲鸥心最凉。”总持即程演生，家住皖垣五垱坡长枫别墅，后曾任省立安徽大学校长，与邓以蛰是皖派最年轻诗人，为皖垣诸老所器重。诗后自注：“是日，邓叔存召集姚叔节、陈慎登、葛温仲、江树庭、程总持及仆兄弟于小蓬莱之长啸阁。”这次雅聚的皖派诗人有方守彝、方守敦、姚永概、陈慎登、葛温仲、江树庭、程演生、邓以蛰，其中陈慎登与葛温仲是郎舅关系，而葛温仲与邓以蛰又是郎舅关系。雅聚的地点在“小蓬莱之长啸阁”，长啸阁是小蓬莱一部分，或者其中一大包间，或者是其顶层可观赏江景的阁楼。这年中秋前夜，月大如盘，程演生雅兴大发，邀方守彝、陈慎登赴长啸阁赏月吟诗，方守彝未能如约，有诗《盛唐山之长啸阁，楼栏迥然，轩城轾江。江外群峰，螺鬟秀列。八月十四日夜，一轮几望，水色天容，上下莹澈。总持园居罢诵，清兴徐来，乃升阁凭眺，遣使招仆及圣登。圣登如约，仆负微疴，未能也。同心命酒，抚槛怀人，风景有无涯之乐，亦正恐生无涯之感矣。报以绝句二章》："桂花香敛月轮高，有客登楼染素毫。莫以支离败清兴，奉君万顷泻明涛。（其一）三更玉宇有清寒，湘水佳人伴倚栏。喜得素娥能劝酒，醉归潇洒坐吟坛。（其二）"

甲寅年正月茶楼雅聚时，程演生出示苏曼殊为他画的一幅画《江湖满地一渔翁》，嘱方守彝题诗。方守彝作了一首五言古诗《禅人曼殊写江湖满地一渔翁图与总持话别，总持嘱题》，有句："天光摇积水，八表入荒寒。山影淡将灭，树色老欲干。孤竿向何许，危坐波上滩。寂寥万籁声，刁骚一片澜。"诗栩栩如生地描绘了这幅画的图景。据马以君《苏曼殊年谱》记载，民国元年十一月初五（1912年12月13日），苏曼殊抵安庆，任安徽高等学堂英文教员，当时的同事诸友有郑桐荪、沈燕谋、应溥泉、周越然、傅盛君，安庆旧友有陈独秀、邓仲纯、邓以蛰、葛温仲，新结识的朋友则有程演生、易白沙。抵达这日苏曼殊写了一封信给柳亚子，邀请其来安庆："英初五晨间始抵安庆，暂住高等学校，桐荪兄亦同寓所。风雨对床，足慰羁旅之苦，吾兄能来皖江一游否？"

／菱湖雪景

苏曼殊任教安徽高等学堂期间，每周课八小时由沈燕谋代理，自己只教六小时，故有时间到苏沪一带访友，至第二年6月离开安庆，教了有一个学期，给程演生的画大约也是在此时作的。安庆别后不久，苏曼殊从上海赴日本，有诗致陈独秀《东行别仲兄》："江城如画一倾杯，乍合仍离倍可哀。此去孤舟明月夜，排云谁与望楼台？"陈独秀亦有答诗《曼殊赴江户余适皖城写此志别》："春申浦上离歌急，扬子江头春色长。此去凭君珍重看，海中又见几株桑。"

1902年秋天，经冯自由介绍，苏曼殊在日本东京加入青年会，当时青年会成员有张继、蒋方震、陈独秀、秦毓鎏、汪荣宝等，苏曼殊与陈独秀应在此时结识。1903年回国后又与陈独秀共事于上海《国民日日报》，两人曾一同翻译雨果小说《悲惨世界》（当时的译名《惨世界》）。或许是对陈独秀爱屋及乌，苏曼殊此后与安徽颇有缘：这年11月任教于长沙安徽旅湘公学，结识李光炯、卢仲农；1906年任教于芜湖皖江中学，又结识邓绳侯，并与邓绳侯儿子邓仲纯、邓以蛰、女婿葛温仲都成为好友。1909年4月，苏曼殊在东京致邓绳侯的信中曾谓："晚现居江户，一无所事。仲甫、庆初、以蛰三兄，常相聚首，尚弗觉其寥寂。"其时苏曼殊身边的朋友主要是陈独秀、邓仲纯、邓以蛰，所以当辛亥革命后陈独秀就任安徽高等学堂教务主任，苏曼殊自然要赶到安庆教书。

不过好景不长，陈独秀担任安徽高等学堂教务主任不久，就被学生闹风潮赶走了，学堂教员周越然（浙江吴兴人，民国沪上知名藏书家）在《我所知道的陈独秀》一文回忆道：

“清末民初，安徽高校的学生真不容易‘侍候’，真不容易对付！独秀先生的离去高校，全为学生要求不遂。据说当时他与学生代表最后的对话如下：

（学生）我们非达到目的不可。你答应么？—你答应也好，不答应也好。

（独秀）我决不答应。

（学生）你竟不答应！有什么理由？

（独秀）我不必对你们讲理由。

（学生）那么，你太野蛮了。

（独秀）我是野蛮。我已经野蛮多年了；难道你们还不知晓吗？

于是，喊打之声四起；同时，全校电灯熄灭，变成黑暗世界。独秀先生到底是活泼伶俐的革命家，就在此‘千钧一发’喊打未打之际，无影无踪地脱离高校而安然抵家了。次日独秀先生辞职，教务由郑某代理，不久郑某辞职而由溥泉继任，暑假前溥泉又辞职返浙，教务由我主任。溥泉先生先留英，后又留德，精于罗马法，曾任法官多年。”

安徽高等学校教务主任郑桐荪／

接替陈独秀任教务主任的“郑某”，应该就是柳亚子大舅子郑桐荪，与苏曼殊同事兼好友，两人在学校住在一起。应溥泉是留欧法学博士，与周越然浙江吴兴同乡。辛亥后复校的安徽高等学堂这四任教导主任，陈独秀、郑桐荪、应溥泉、

╲苏曼殊

周越然，都是民国有名的文化人。1913 年 7 月反袁的二次革命爆发，失败后柏文蔚、陈独秀逃离，此后安庆长期被皖北军阀倪嗣冲统治，安徽高等学堂也在其武力威迫下停课，周越然与校长马其昶为学校料理后事，这大约也是苏曼殊离开安庆的主要原因。

在安庆的半年时光，苏曼殊亦是小蓬莱常客，“日与桐兄剧谈斗室之中，或至小蓬莱吃烧卖三四只，然总不如小花园之八宝饭也。”（1913年3月28日致柳亚子信）苏曼殊喜吃甜食，小花园饭店在上海。1927年郑桐荪给外甥柳无忌信中曾说：“我们在安庆每天上‘小蓬莱’吃点心或吃饭，这也是他的主动。现在回想当时的每天上‘蓬莱’，乱谈古今，觉得生平快乐，莫过于此。而一念及故人黄土，则又不觉悲从中来，不能自慰。他少年时本是极热心，中年后悲观消极。他的拼命吃charcolate、八宝饭、雪茄烟，实是一种自杀政策。”郑桐荪认为，苏曼殊暴饮暴食，近乎自残地毁坏肠胃，是以此方式表达对现实和人生的反抗。事实上在安庆这半年，是他们这批清末留日革命者一生中快乐的时光。陈独秀此时娶了老婆的妹妹高君曼，搬出陈家大洋房子，赁屋而居，新婚燕尔，与应溥泉夫妇、周越然住一栋楼，陈夫妇住在楼上，应夫妇、周越然住楼下。据周回忆：“某晚，我从高校步行回家时，见门前马轿甚多。问管门人，知柏都督在内。我静静地走入卧室。坐定不久，应溥泉夫人即来道：‘周先生，请你到楼上去同都督打牌。他们三缺一——

应时已经到楼上去了。’我说：‘应嫂嫂，我不敢同都督打牌。’她说：‘有什么要紧呢？他们官虽大，牌是不大的。你去好了；省得陈先生再派人来请。’……后来结账，都督独赢，约五十元；我们三人个个都输。柏都督打牌，不怕输钱，只怕不和‘对对和’；那天晚上他一共和了三副对对和，所以欢乐之至，把所赢的钱，统统赏给仆婢了。”（周越然《我所知道的陈独秀》）柏文蔚、陈独秀、应溥泉、周越然四人在陈家打麻将，这种悠闲的日子是短暂的，此后不久二次革命爆发，柏、陈四处流亡。苏曼殊在安庆期间，经常到陈独秀家去，“仲兄处亦常去，唯仲兄极忙，又好讲笑话。”（1913年1月2日复邓仲纯信）1917年冬天，程演生来上海海宁医院探望病中的苏曼殊，此时陈独秀被聘为北京大学文科学长，程演生亦被聘为北大教授，他的好友们都有些“发达”的迹象，他当然很高兴，托程演生带信给陈独秀、蔡元培，要求一个公费名额去意大利学绘画，他对前途又有了新的憧憬和希望。可惜不到半年就病故了，弥留之际云：“但念东岛老母，一切有情，都无挂碍。”朋友们过得都很好，当然没有挂碍了。假使苏曼殊活得再久一点，看见“仲兄”人生之苦难与凄凉，不知他尚能“都无挂碍”否？

菱湖雪景

第四章

民国人文：百花亭　菱湖

揽龙山兮青青晒，扬子兮盈盈观，

桃李之敷荣兮，此实为百花之亭。

——民国安庆女中校歌

人文百花亭

揽龙山兮青青晒，扬子兮盈盈观，桃李之敷荣兮，此实为百花之亭。（女中校歌）“菱湖龙山振风塔，环绕我校前，这真是百花亭边，快乐之园。”（女中附小校歌）晚清民国时期，不足一平方公里的百花亭，是中西文化高密度碰撞区域，这里是新文化运动领袖陈独秀出生及成长之地，历史事件有徐锡麟刺杀恩铭、圣公会同仁医院开业、末任巡抚朱家宝缒城出逃、圣保罗校长施赖奥克出版《近代中国人的宗教信仰：安庆的寺庙及其崇拜》、省立安徽大学诞生、刘文典与蒋介石冲突等等。1910至1935年的百花亭，从圣保罗中学到省立安徽大学，先后担任校长的有美国学者李遹声、麦加德、卜其吉（圣约翰大学校长卜舫济之子）、施赖奥克、李爱伦，中国学者刘文典（预科主任）、程天放、王星拱、杨亮功、何鲁、程演生，同光体皖派诗人姚永朴、李范之、陈慎登、韩伯韦、潘季野亦在此任教，中西融合，儒耶交织。

图上《THE SCHOOL' CHAPEL' ANKING》，为安庆圣保罗中学三一堂，后为省立安徽大学大礼堂，1928年4月安徽大学在此诞生。图下：上海圣约翰座堂

晚清民国百花亭人文图景

上海圣约翰大学校长卜舫济（Francis Lister HawksPott）

圣约翰大学校长卜舫济

清末基督教圣公会安庆同仁医院开业典礼的老照片，时间为1907年10月24日，距离安徽巡抚恩铭遇刺只有几个月，地点在百花亭，距离徐锡麟刺杀恩铭的安徽巡警学堂只有几百米。这张老照片不是很清晰，上面人物有安徽巡抚冯煦、布政使沈曾植，西方人则有同仁医院院长伍德沃德、戴世璜博士。上海圣约翰大学校长卜舫济也参加了此次开业典礼。同仁医院开业典礼程序是这样的：中外嘉宾在医院大门前合影；伍德沃德院长将医院银钥匙交给巡抚冯煦；大门打开后，客人进入医院参观，卜舫济博士代表圣公会致欢迎辞；随后卜舫济介绍南京来的客人，两江总督端方的特别代表，他带来端方的一封信并宣读，对传教士的医学工作给予了充分赞许。1910年圣公会皖赣教区成立时，卜舫济被选为首任主教，但他没有赴任，仍致力于圣约翰大学教育事业，圣公会改派韩仁敦为首任主教。卜舫济与安庆缘分还没有完，后来其子卜其吉又担任圣公会安庆圣保罗中学校长，圣保罗中学与圣约翰大学联系密切，毕业生可免试直升圣约翰大学。1928年省立安大租用圣保罗校舍成立，圣保罗在隔壁培媛复校，老师在安徽大学兼职颇多，百花亭时期省立安徽大学亦受到圣公会学风的影响。

基督教圣公会安庆同仁医院开业典礼

百花亭晨光

近代美国精英与安庆百花亭

民国圣保罗中学校长 J.K. 施赖奥克（1890—1953）生于费城，是美国著名心理学家、汉学家。J.K. 施赖奥克先任安庆圣保罗中学圣三一教堂牧师，1923 至 1927 年任圣保罗中学校长。北伐军来临后，圣公会外籍教士撤离安庆。1928 年省立安徽大学租用圣保罗校舍成立，继 J.K. 施赖奥克后，刘文典、王星拱、杨亮功、程演生先后主持这座校园，形成百花亭人文的黄金时代。圣公会牧师李遹声太太 Lucy Chaplin Lee 及儿子 Duncan Lee 也在安庆居住过，Duncan Lee 1913 年 12 月 19 日生于同仁医院（St. James Hospital），1927 年北伐军来临之际离开。Duncan Lee 是一个传奇人物，曾是美国 CIA 前身 OSS 创始人威廉的助手，有传记 *A Very Principled Boy*，作者 Mark A. Bradley。李遹声曾任崇实英文男子学堂堂长、天恩小学校长，与圣保罗中学校长施赖奥克、同仁医院院长戴世璜，同为百花亭圣公会关键人物。李遹声出身美国名门世家，参与签署美国独立宣言的 56 人中有两个：Richard Henry Lee、Francis Lightfoot Lee，美国南北战争中南方军最高统帅罗伯特·李将军，都是该家族成员。

＼民国圣保罗中学校园全景

＼圣公会牧师李通声太太 Lucy Chaplin Lee 及儿子 Duncan Lee 在安庆的照片

＼美国学者、安庆圣保罗中学校长施赖奥克

新发现的基督教美以美会安庆老照片

清末基督教在安徽省会安庆传教，主要是内地会和圣公会。1869年，内地会传教士宓道生和卫养生在安庆建立传教站，成为最早在安徽省传教的基督教传教士。1894年，美国圣公会中国籍教士黄朗斋来安庆传教并负责筹建教堂。1900年美籍传教士林学汝奉派来安庆，在城内大二郎巷一带购买民房；次年，始建圣救主座堂（时为全国圣公会十大教堂之一，哥特式建筑），并设立医院，开办学校。1910年，美国圣公会将湘鄂皖赣教区划为两个教区，美籍教士韩仁敦首任皖赣教区主教，安庆圣救主堂为主教座堂，设办事处于百花亭。同时教会在安庆铁佛庵建天恩堂，后营百花亭建成仁堂（1945年底改名圣诞堂）。

除内地会和圣公会外，目前尚未发现基督教其他教会在安庆传教。新发现的基督教美以美会安庆老照片，刊载于美以美会传教士 Edward Carter Perkins （裴敬思）家族网站。裴敬思和安庆圣公会同仁医院院长戴世璜经历有些相似，他在九江创办生命活水医院（Water of Life Hospital），担任医院院长近三十年。这张老照片有文字介绍："ORIGINAL CAPTIONS: Evangelical workers at Anking (Anqing, 安庆) with a group of Knowles School graduates now at work in city and our district"，美以美会工作人员与诺尔斯女子《圣经》培训学校毕业生在安庆合影；另一幅图为裴敬思1918年第一次到九江，途经安庆在轮船上拍摄。

╲ 新发现的基督教美以美会安庆老照片

╲ 安庆基督教美以美会工作人员合影

徐锡麟：百花亭畔“理工男”

少年徐锡麟

1906年5月，徐锡麟从日本回国，住在上海四马路（福州路）周昌记客栈。1907年6月，陈伯平、马宗汉从安庆到上海购置枪药、油印机，也住在这家客栈。周昌记似乎是绍兴人所开，蔡元培、鲁迅都在此住过，鲁迅1917年正月初五日记：“拂晓乘车，午后抵上海，止周昌记客店。”

徐锡麟到安庆后，住在小南门小二郎巷查万和号客栈，“烈士官皖时，赁居安庆小南门之小二郎巷。”（萧岳《徐锡麟轶事》）“始徐来皖，寓小南门，赁查姓屋而居。”（潘赞化《徐锡麟刺杀皖抚恩铭》）他任职的安徽巡警学堂在城东北，早晨天蒙蒙亮，窗外南门城墙隐隐绰绰，徐锡麟起床，穿过三步两桥、鹭鸶桥、黄家狮子到百花亭，沉重而整齐的脚步声回荡在阒寂的小巷。他肯定没有想到，走过的这条街巷大部分路段，若干年后会以他的名字命名为锡麟街。

徐锡麟家族崇儒习贾，在绍兴城内开设天生绸缎庄、泰生油烛店。徐锡麟从小热爱科学，又中过秀才、登乡试副贡，游刃于中西文化之间。他曾用改良主义诠释《大学》财政观“生众”“事寡”“为疾”“用舒”，当这些改良措施落实后，国家充满“畅满之气象”，如杨柳依依，如轻裘缓带，如春日和风。徐锡麟是一个“理工男”，经常推演勾股、三角至深夜，用自制的望远镜观察星斗的位置和变化。据其妹徐顺姑回忆，有一年，徐锡麟大半年时间闭门不出，扎了一个巨大的天体星球模型，准备运到绍兴城里的学校，模型太大从楼梯运不下来，就从窗户吊下。

徐锡麟的“理工男”性格，体现在办事认真，不谙权谋。到安庆后，徐锡麟深得在皖推行新政的巡抚恩铭赏识，很快提拔为巡警处和巡警学堂会办。

浙江电视台曾做过一个徐锡麟电视片，我看后印象特别深。一个少年在围墙外目击了徐锡麟刺杀恩铭，数日后在城门看见徐锡麟悬挂的头颅。几年后少年来到绍兴东浦徐锡麟故居，徐锡麟妻子徐振汉已哭瞎双眼，少年默默离开了。

少年徐锡麟手绘地球仪

安徽巡抚恩铭

多年后少年战死在北伐前线，贴胸口袋中珍藏有一幅徐锡麟的照片。这个故事原始版本应来源于潘学固回忆录，他当时十三岁，父亲潘淇是安徽巡警学堂教习。据潘学固回忆，1907年7月6日，徐锡麟起义那天，他爬上学堂围墙外柳树看毕业典礼，目击了徐锡麟刺杀恩铭的过程。不过潘学固后来并未继承徐锡麟革命遗志战死北伐前线，而是一名平和安详的书法家，活了九十岁。

参加起义的安徽巡警学堂学生凌孔彰（后任安徽巡警学堂同学会主任委员），在《先师徐锡麟事迹纪略》一文中回忆：义军攻占军械所后，陈伯平拉出大炮准备轰炸抚台，徐锡麟怕伤及市民，不允，双方发生争执，徐锡麟开枪击毙陈伯平。诸多史料显示，起义由于没有准备充分，过程是异常混乱的。蒋介石《中正自述事略》认为徐锡麟仓促举事，是光复会领袖陶成章“逼迫”之故，陶成章由于嫉妒徐锡麟在安庆官运亨通，间接“逼死”了徐锡麟。1928年11月，蒋介石视察安庆，当时省立安大学生与毗邻的女中发生冲突，女中校址就是徐锡麟起义的安徽巡警学堂。或许蒋介石认为玷污了烈士遗迹，故而严办安大预科主任刘文典，但此举反而使刘文典名声大噪，这是蒋介石没有料到的，后来蒋介石孙子蒋孝文娶了徐锡麟孙女徐乃锦。

恩铭似乎已预感到自己的不测，徐锡麟起义前一个月，清廷学部参事罗振玉到安庆视学，巡抚恩铭设宴招待。席间恩铭酒醉，狂躁不已，悲戚曰：“予待罪安徽，省治濒江难守，一旦兵事起，郡县将瓦解，宜徙治太平。然何从得此费？即有之，一启口即遭驳斥矣。”言毕，他长吁短叹。徐锡麟被捕后，藩司冯煦审问徐。冯问：“大帅（恩铭）平时待你不薄，胡为有此举？”徐曰：“平素盛情，私交也。杀之为汉族报仇，公义也。”后人常以此段对话诟徐。冯接着又问：“你平日常见抚台，何不击之于署中？”徐答：“击之署中，私室也，学堂公地也，革命党人作事，须要众目昭彰，岂可鬼鬼祟祟。”如果了解上述

大北门布云施雨巷早市

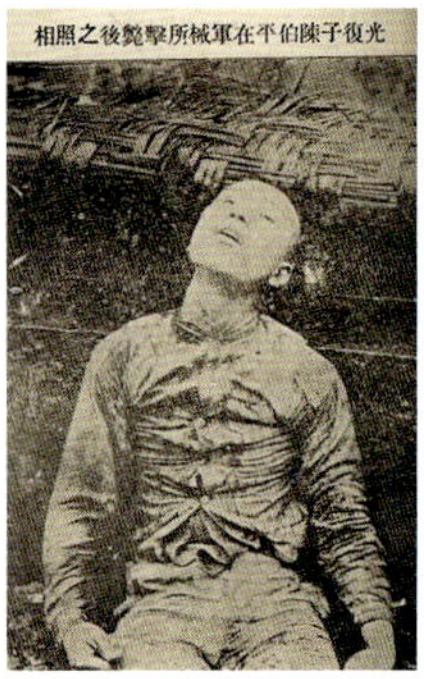

陈伯平烈士

光复会领袖陶成章

背景，“理工男”性格的徐锡麟受到光复会同志的猜疑而满腹委屈，没有准备充分提前起义，无异于自杀，他的这番话只是讲给他们听的。事实上徐锡麟虽近距离对恩铭开了几枪，但都是轻伤，史料说徐锡麟是近视眼，致命一枪是陈伯平从恩铭身后追射的，子弹从尾骨射入，直穿胸膛。徐锡麟内心对恩铭究竟如何，无人得知，在历史长河中这两个名字已紧紧捆绑在一起。

徐锡麟就义后安葬于安庆北门外马山，1912 年浙江都督府派员迎取烈士遗骸，灵柩启程时，安庆市民夹道祭拜，“哀悼者累万人”。灵柩途经上海，沪军都督府在永锡堂举行追悼会，与会者四千余人。绍兴人民作挽联迎候烈士：“会稽之麓，浙水之滨，山灵渊秀，诞生伟人；皖江起义，血溅虏臣，大名千古，节励松筠。”徐锡麟在古城安庆享有极高的知名度，棺木迁浙，安庆市民不免遗憾。徐锡麟起义前夕，安徽陆军测绘学堂学生高语罕在巡警学堂测地图，据其《百花亭畔》回忆，巡警学堂宿舍有六栋，每栋十间，官生房舍在左边，兵生房舍在右边，学堂大门外是大操场。在巡警学堂遗址，现仍保存一栋女中宿舍，已是危房，据女中校舍平面图，这栋宿舍位于图中水塘西侧大约第三栋位置。由于女中前身是巡警学堂，也可判定此栋建筑是安徽巡警学堂营房，已有百年历史。诡异的是，据高语罕《百花亭畔》回忆，徐锡麟办公室就在第三栋，历史从来没有真正消失过。

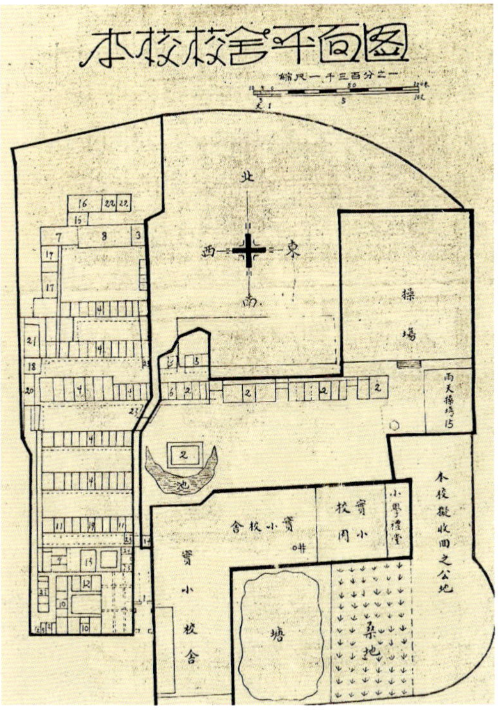

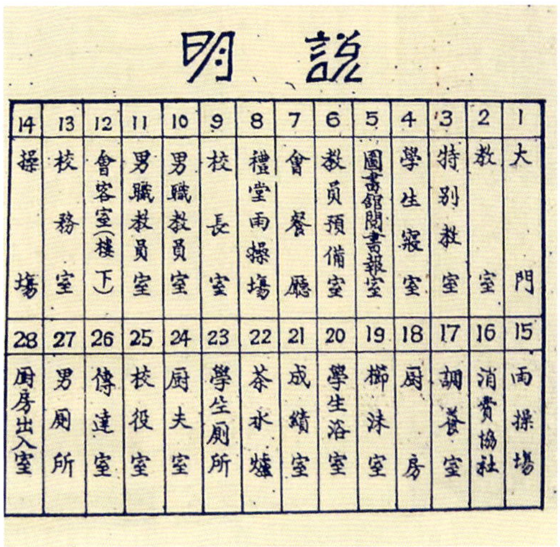
說明

1	大門
2	教室
3	特別教室
4	學生寢室
5	圖書館閱書報室
6	教員預備室
7	會餐廳
8	禮堂雨操場
9	校長室
10	男職教員室
11	男職教員室
12	會客室(樓下)
13	校務室
14	操場
15	雨操場
16	消費協社
17	調養室
18	廚房
19	櫛沐室
20	學生浴室
21	成績室
22	茶水爐
23	學生廁所
24	廚夫室
25	校役室
26	傳達室
27	男廁所
28	廚房出入室

＼安庆女中校园平面图，前身是安徽巡警学堂

＼至今保存的安庆女中宿舍楼

＼安徽巡警学堂宿舍楼

基督教圣公会征迁户陈独秀

据安徽大学沈寂教授《再访陈松年谈话记录》，陈松年说：“我家世居安庆府城，听说我父亲出生时，尚住在安庆北门后营旧居，又名十八家，在同仁医院（现在的一一六医院）的东隔壁。”这是有关陈独秀故居的最原始史料。

清末美国圣公会在长江中下游传教，宣统二年（1910）圣公会皖赣教区成立，选举卜舫济为首任主教，卜舫济选择继续担任圣约翰大学校长而放弃主教职务，由韩仁敦担任皖赣教区首任主教，卜舫济之子卜其吉后来曾任圣公会安庆圣保罗中学校长。 圣公会现存两处较大规模建筑群，除上海圣约翰大学外，另一处就是皖赣教区安庆百花亭圣保罗—同仁医院—天恩堂一带，至少有十二处（圣保罗中学大门、校长楼、培媛女校礼拜堂、办公楼、天恩堂大门及两栋建筑、同仁医院大楼、护校楼、院长楼及医生住宅楼两栋）。

陈松年所说的其祖屋位于同仁医院东隔壁“十八家”，据一直居于此的海军安庆医院退休医生唐如兰介绍，这里过去是同仁医院宿舍区，号称后营十八家。上下两层别墅楼是医生居住，一共三栋，每栋两户，临健康路一栋已拆。另外还有十二户职工宿舍楼靠近天恩堂，建海军干休所时被拆。孙国玺院长住B3栋西侧，他曾就读安庆圣保罗中学、上海圣约翰大学，1931年继戴世璜任同仁医院院长，长达二十年。

又据陈松年回忆，光绪末年陈独秀嗣父陈衍庶在南水关盖了新屋，陈家由北门后营迁至大南门。这与圣公会在北门后营征地建教堂、学校、医院的时间正好吻合，坐落在此区域内的陈家属于征迁户。陈独秀1879年在此出生，在后营（百花亭）生活了二十余年，与基督教接触也较早，胡适曾说陈独秀是“一个无宗派的基督徒”。

五四时期，胡适赞叹陈独秀人格高尚，到北京都不去看自家琉璃厂铺子，实不知大哥陈独秀苦衷，彼时崇古斋铺子已抵押。陈独秀反帝反军阀，其亦是直接受害者。圣公会征地建设，居住二十余年的老宅被拆，嗣父陈衍庶杭州

东门程墩路菜市

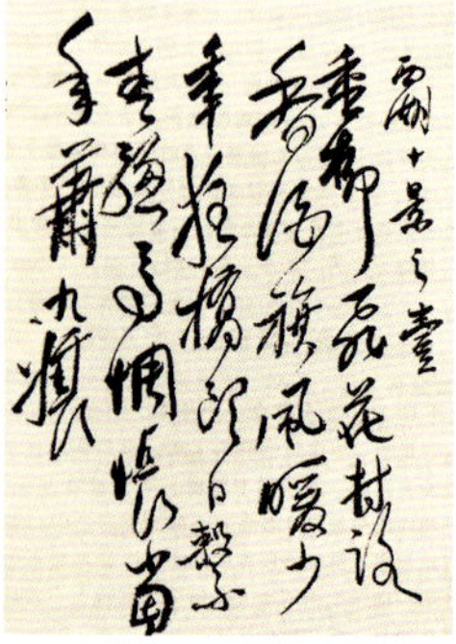

陈独秀书法：西湖十景之一：《灵隐寺前》

华商大益公司后又遭英商讹诈破产，家境陷于困顿。1913 年《申报》报道，二次革命失败后，军阀倪嗣冲查封陈家南水关房产，北洋政府外交部专门来电，言此屋已抵押。

陈独秀家族与浙江士绅

1917 年蔡元培任北大校长，聘请陈独秀任文科学长。关于聘任的原因，沈尹默《我和陈独秀》回忆，蔡元培任校长后，沈尹默在北京琉璃厂碰见杭州故旧陈独秀（陈家在琉璃厂有崇古斋古玩铺），即与汤尔和向蔡元培推荐陈独秀，且强调陈独秀在上海创办《新青年》杂志。当时《新青年》只是二次革命失败后流亡沪上皖籍知识分子同仁杂志，影响力并不大，到北大后名声始显，并非蔡元培聘陈独秀之主要原因。

蔡元培听信汤尔和、沈尹默之推荐，聘请陈独秀担任北大文科学长，主要是清末民初陈家及陈独秀在杭州的影响力，蔡元培早就耳闻目睹。陈独秀出身于安庆府城世家，十一世业儒，祖父陈章旭有四子，二伯父陈衍藻早殇，大伯父陈衍藩及生父陈衍中都是贡生，在陕西西安、江苏苏州任候补知州、知府。叔父陈衍庶是光绪元年（1875）举人，任职东北，初为知县，后升知府、道台。陈独秀两岁时其父在苏州染疫病逝，陈衍庶无子，五岁时过继给叔父为嗣子。陈衍庶曾任新民府知府，与前任增韫系结拜兄弟，二人均有恩于张作霖。后增韫调任浙江巡抚，此时陈衍庶已辞官，依仗与增韫的关系在杭州设立浙江华商大益公司，对外出口黄豆、丝绸等，规模甚大。辛亥革命增韫倒台，陈衍庶失去靠山，又遭英商合同欺诈，公司倒闭，其安庆南水关新建的五进大宅亦被抵押，命运颇似胡雪岩。陈独秀生父陈衍中在苏州候补期间，与浙江名士汤寿潜友善。陈衍中病逝后，汤寿潜曾撰写《陈衍中先生传》。后汤寿潜任浙江谘议局议长、民国浙江首任都督。早在陈衍庶东北为官时，陈独秀与其兄陈孟吉就协助陈衍庶处理公务，成为其得力助手。陈衍庶在杭州经商，其时陈孟吉殁于东北。陈独秀1909年至1911年多居杭州，帮助陈衍庶料理生意，与马一浮、沈二（尹默）、刘三（季平）交往密切。由于嗣父陈衍庶、父亲陈衍中与浙江巡抚增韫、浙江谘议局议长汤寿潜之交谊，陈独秀本身亦才华横溢，颇为浙江士绅赞赏。故浙籍汤尔和、沈尹默推荐陈独秀、蔡元培聘任陈独秀，有此背景。

陈独秀与陈亮

清末留日期间，邓以蛰与陈独秀、苏曼殊居一室，为挚友。邓以蛰谓陈独秀“直是南宋陈同甫再世”，“据我所知，他当年最服膺陈同甫、叶水心”。陈同甫名亮，号龙川，婺州永康（今属浙江）人，南宋思想家、文学家。为人豪迈，议论风生，下笔千言立就。倡功利之学，与程朱性理有异。1904年，陈独秀办《安徽俗话报》，以“推倒一世豪杰，开拓万古心胸”为座右铭，亦源于陈亮“推倒一世之智勇，开拓万古之心胸”。清末民初同光体皖派中，邓以蛰、程演生最为年轻。与邓以蛰齐名的美学家朱光潜、宗白华，年龄比邓以蛰只小五岁，但在皖派行辈中比他整整矮一辈，宗白华是方守彝外孙，朱光潜是潘季野学生。程演生谓邓以蛰“与人交，表里如一”，陈独秀落难后，邓以蛰每遇有非难他的人，“虽至友也必争到耳红面赤为之”。

邓以蛰、陈独秀

陈独秀：创办安徽省立大学第一人

1917年1月，北京大学校长蔡元培聘陈独秀为文科学长，致教育部公函谓陈独秀曾任安徽高等学校校长，有研究者认为是造假，妄自揣测很多，甚至怀疑蔡元培、陈独秀人品，这真是一知半解比无知更可怕。清末安徽高等学堂前身是安徽大学堂，原址在城东鹭鸶桥，后迁同安岭敬敷书院旧址，严复曾任监督。辛亥革命高等学堂停办，1912年，陈独秀在旧址建安徽高等学校，教员多系其故交，如苏曼殊、郑桐荪、沈燕谋、周越然、应溥泉、傅盛君。苏曼殊行前与朋友函曾言“如有教言请寄安庆省城宣家花园陈仲转交可也”，陈仲即独秀。陈独秀虽是安徽高等学校创办人，但他不肯担任校长，聘桐城派马其昶任校长，自任教务主任，实际上还是他掌管这所学校。蔡元培致教育部函说陈独秀曾任安徽高等学校校长，是基本符合事实的。

1913年1月2日，苏曼殊复友人邓仲纯信，有“现寓高等（此间大学名义已取消）”语句，当知陈独秀1912年创立安徽高等学校，是按省立大学规模创建，可能未满足大学条件，故被取消。显然安徽高等学校不是最初的名字，那么被取消的大学叫什么？查阅程小苏《安庆旧影》，在“法政专门学校”中有记载，清末安徽新政，省城安庆设有官立法政学堂、公立法政讲习所、私立专门法政学堂，辛亥均停办。1912年，程小苏以这三所学堂学生为骨干，筹办私立江淮大学，“与陈独秀经办之省立大学，次第归并江淮大学”。从这段文字可知陈独秀创办的安徽高等学校，最初名字是安徽省立大学，二次革命失败后陈独秀流亡日本，安徽高等学校被关闭，学生并入江淮大学，后江淮大学改为安徽公立法政专门学校。

虽然陈独秀创办的安徽省立大学名义被取消，但由于其个人的关系，有不少知名教授都应聘于安徽高等学校。1912年9月，苏曼殊抵达安庆任教，还邀请柳亚子来安庆游玩，12月17日致柳亚子：“英初五晨间始抵安庆，暂住高等学校，桐荪兄亦同寓所，风雨对床，足慰羁旅之苦。吾兄能来

安徽高等学校教务主任周越然

皖江一游否？”郑桐荪与柳亚子是郎舅关系，柳无忌《舅父郑桐荪家传》言郑桐荪任教安徽高等学校期间，“与苏曼殊、沈燕谋同事，合编《汉英辞典》与《英汉辞典》。”郑桐荪后长期执教清华大学数学系，与杨振宁父亲杨武之同事，周培源、华罗庚、赵访熊都是其学生，数学家陈省身亦是其女婿。据杨振宁回忆，“郑先生是一个典型的中国传统的读书人”。

辛亥革命前两年陈独秀主要生活在杭州，朋友故交多，应溥泉、周越然都是浙人，后来推荐、聘请陈独秀任北大文科学长也是浙籍这个圈子。1913年，周越然应教务长应溥泉之邀任教安徽高等学校，与陈独秀高君曼夫妇、应溥泉夫妇住一栋楼，陈夫妇住楼上，应夫妇、周越然住楼下。据周越然回忆，某晚安徽都督柏文蔚、都督府秘书长陈独秀、应溥泉、周越然四人曾在陈独秀家中打麻将，那是柏、陈二人一生中难得的轻松时光。 后周越然接替应溥泉任安徽高等学校教务长，这一年7月，二次革命爆发，失败后柏文蔚、陈独秀逃离安庆，暑假后安徽高等学校被军阀倪嗣冲武力威胁停办，由周越然与校长马其昶料理学校后事，因此周越然也是安徽高等学校最后一任教务长。

语言学家陈独秀：传统训诂人的蜕变

1917年，蔡元培聘请陈独秀任北京大学文科学长，其主要理由之一就是陈独秀的语言学成就，这也得到北洋政府教育部及学界的认可。音韵学方面，陈独秀著述有《古音阴阳入互用例表》《中国古代语音有复声母说》《连语类编》《荀子韵表及考释》《屈宋韵表及考释》《晋吕静〈韵集〉目》《〈广韵〉东冬钟江中之古韵考》，魏建功于《古音阴阳入互用例表》有长序，认为“此作开古音学界一新纪元”。文字学方面，主要有《字义类例》《实庵字说》《小学识字教本》（台湾版改名《文字新诠》）。魏建功回忆：“抗战以来先师病留北平，伦傺寂寞而殁，昔者踯躅东安市场书摊

MZONE
动感地带
我的盘 听我的

任家坡英王府

搜购《实庵字说》，走余书斋喜相告示，情景犹如昨日。”钱玄同在东安市场旧书摊淘到《实庵字说》，兴奋地告诉其弟子魏建功，亦可见陈独秀此著之价值。直到1987年，文天谷教授还认为：“仅就他三部著作（《字义类例》《实庵字说》《小学识字教本》）达到总的水平来说，恐怕目前还没有能超过的。”（文天谷《汉字并不难认、难记——陈独秀文字学研究评》

陈独秀语言学视野开阔，除上述著作外，还有《新华英文教科书》（亚东图书馆）《干支为字母说》《中国拼音文字草案》等。陈独秀之学源于清代乾嘉学派，早年与出身扬州学派名门刘师培及皖派后劲章太炎弟子交往甚密，当年蔡元培为对抗北大桐城派势力，大量援引章太炎弟子，亦视陈独秀为章门大将。而与章太炎及其弟子不同，陈独秀已不是传统意义的训诂学家，而是接受现代学术规范的语言学家。他摒弃中古学术的故作高深及神秘化倾向，力求通俗，面向大众。譬如其晚年巨著《小学识字教本》出版时，教育部长陈立夫要求改名《中国文字基本形义》，陈独秀宁愿此书不出版也不接受此书名。客观地来讲，陈立夫修改后的书名比原书名要高大上得多，且民国汉学家故弄玄虚，行为艺术丰富，亦是一时风气。陈独秀则与之相反，显示其完成了一个传统训诂人向现代语言学家蜕变。

早期《新青年》人字旗精神

1915 年 9 月 15 日，陈独秀在上海创办《青年》杂志，首卷到次年 2 月 15 日共出六期。首卷出完后，杂志因战事停刊半年，1916 年 9 月 1 日复刊，更名为《新青年》。香港商务印书馆总编辑陈万雄认为，1915 年 9 月至 1916 年 2 月，《青年》杂志只是一个同仁杂志，通过对首卷作者群背景的疏解，“清楚见到《青年》杂志的初版是以陈独秀为首的皖籍知识分子为主的同仁杂志，且互相间有共事革命的背景。”（陈万雄《五四新文化的源流》）1916 年 9 月复刊更名《新青年》后，作者群逐渐扩大，李大钊、吴稚晖、杨昌济、刘半农、胡适开始加入；第二年初陈独秀被聘为北京大学文科学长，杂志成为北大新派教授的言论阵地，也就是我们大家熟悉的《新青年》。

《青年》杂志时期的骨干作者都是岳王会成员，如陈独秀、高语罕、易白沙、高一涵。1905 年，岳王会成立于芜湖安徽公学，陈独秀任会长。他们集会于芜湖关帝庙，借烧香宣读誓约，订立章程以反清为宗旨。1908 年安庆马炮营起义首领熊成基、1910 年广州新军起义首领倪映典，都是岳王会成员。马炮营起义失败后常恒芳避离安庆，韩衍成为岳王会安庆分会实际领导人。辛亥革命后浔军乱皖，安徽同盟会领导人吴旸谷被杀，安庆出现权力真空。为维持地方秩序，韩衍与易白沙、高语罕等人以安徽陆军小学堂、陆军测绘学堂、尚志学堂学生为主组织青年军，大约 500 人，多为 18 至 25 岁。青年军充满理想和激情，既不认同北京袁世凯政府，也不认可南京孙中山政府，我行我素。他们亦不接受青天白日旗和五色旗，而是自制红底黄色人字旗，寓意捍卫个人权益、维护地方自治。韩衍的行为激怒了南京皖军总司令柏文蔚，第二年 4 月韩衍遇刺身亡。6 月下旬柏文蔚任安徽都督后，即解散青年军，焚烧人字旗。

以陈独秀为首的岳王会，是安徽本土的革命党人组织，与同盟会关系微妙，陈独秀本人没有加入同盟会。岳王会孕育了青年军，韩衍与陈独秀的性格也极为相似，可谓惺惺相惜。两人曾共同编辑《安徽船》杂志，韩衍遇刺后，《安徽船》杂志同仁作《呈韩衍君事迹并请旌恤文》，据说这篇文章就是陈独秀写的。1914 年，陈独秀在《甲寅》杂志发表文章《孤云传》，纪念好友韩衍；而第二年在上海创办《青年》杂志，是否也是为了纪念碧血丹心青年军？

《青年》杂志骨干作者高语罕、易白沙、高一涵也都是青年军成员，过去他们聚集在韩衍周围，现在又汇聚到陈独秀身边，高扬的仍然是人字旗精神。首卷六号主要文章有陈独秀《敬告青年》《今日之教育方针》《抵抗力》《东西民族根本思想之差异》《吾人之最后觉悟》，高一涵《共和国家与青年之自觉》《国家非人生之归宿论》《自治与自由》，易白沙《我》《战云中之青年》，高语罕《青年与国家前途》《青年之敌》。这些文章，实际也是人字旗精神的诠释，简单而明朗，率真而热烈，是时代变迁夹缝中闪现的耀眼阳光。这些曾经的岳王会、青年军成员，还没有被后来的问题和主义所困扰，将彰显个性与革除私欲、呈现初心有机地融为一体，而又有那么一种“赤手搏龙蛇”的王学左派精神。

“国人欲摆脱蒙昧时代，羞为浅化之民，则急起直追，当以科学与人权并重。”（陈独秀《敬告青年》）

“小己人格与国家资格，在法律上互相平等，逾限妄侵，显违法纪。故国家职务，与小己自由之畛域，必区处条理，各适其宜。互相侵没，皆干惩罚。美其名曰‘爱国’，乃自剥其人格，自侪于禽兽、皂隶之列。”（高一涵《国家非人生归宿论》）

“自由乃自治之归宿，自治实自由之途径。二者常相得相用，而不可相离。舍自治以求自由，自奴而已矣，自缚而已矣。”（高一涵《自治与自由》）

柏文蔚嗜暗杀

柏文蔚是辛亥革命元勋，曾任安徽都督，他对省垣安庆东边羹脍赛湖（今属枞阳县））情有独钟，很早就成立了民生渔牧垦殖公司。1932 年，柏文蔚为躲避蒋介石猜忌,在湖畔筑松柏山房，与部属息影于此。柏氏自传：“又时返安徽桐城县南乡之羹脍赛湖,筑屋数间，名曰松柏山房，作为静养之处。”柏氏退隐林泉后笃信佛教，号松柏居士，花山中方寺有其题写之古龙隐庵碑，迎江寺《竺庵、心坚两大师修建迎江寺之大士阁藏经楼碑记并赞》（1935），捐款者名单中亦有柏文蔚。

辛亥浔军祸皖，岳王会韩衍组织青年军，维护地方秩序。后韩衍与南京政府任命的安徽都督柏文蔚冲突，第二年 4 月在安庆同安岭遇刺身亡，青年军亦遭解散。暗杀嫌犯先是欧阳鼎，后是白汝浩，柏文蔚任皖督后都不了了之。舆论普遍认为此事与韩衍、柏文蔚二人冲突有关，韩衍将二人往来电文汇册《五日交涉记》，向各界散发，致柏文蔚声望受损。近读民国安徽省教育厅长雷啸岑回忆录《忧患余生之自述》，讲述省建设厅长张秋白因反对柏文蔚任省长，后遭暗杀，兹录如下：

“（北伐后）同时改组安徽省政府—将原设的战时政务委员会撤销，成立正式省府，而以陈调元任主席，张秋白任建设厅长，何世桢任教育厅长，我亦受任为省府委员。旋何世桢辞职不干，陈主席乃电请国府,以我兼任教育厅长之职。这时皖人柏文蔚（烈武）以安徽宣抚使驻节皖北，陈调元颇以柏氏系资深的革命党人，且属皖籍，唯恐柏氏觊觎皖省主席职务，乃唆使张秋白协同皖省党部大力反对柏氏，散发宣言传单，诋毁柏氏不遗余力。我非皖人，决意置身事外，且知柏氏与李协公友谊甚笃，更不欲参与反柏运动，然因此却与老友张秋白发生了裂痕。到民国十七年四月，皖省再度改组，我即退出，而张秋白亦因柏烈武之极力反对，失去了省委兼建设厅长职位，最后在南京梅溪山庄寓所，竟被皖人王亚樵党羽暗杀了。”

四牌楼

＼图 a　英国哲学家卡尔·波普尔

岳王会小史

英国哲学家卡尔·波普尔（图 a）著述《开放社会及其敌人》，肯定点滴的社会工程（Piecemeal Social Engineering），否定幻想一蹴而就的乌托邦式社会工程（Utopian Social Engineering），这是两种不同的思维模式，也是两套话语体系。晚清民初安徽省垣安庆，桐城派最后的大师吴汝纶以后，学绅界亦呈现 USE 与 PSE 分野，前者以岳王会—青年军为中心，包括徐锡麟、熊成基、陈独秀、柏文蔚、韩衍、易白沙、高语罕、高一涵；后者以桐城派—同光体皖派为中心，包括沈曾植、方守彝、姚永概、姚永朴、马冀平、陈慎登、李范之、潘季野。

图 b：陈独秀致胡适的信函，写于 1920 年 8 月 27 日，此时陈独秀 42 岁，胡适 29 岁。这封信函信息量非常大，事件涉及直皖战争、六二学运、驱李运动，人物除陈独秀、胡适外，还涉及任鸿隽、张继煦，以及黑暗势力倪嗣冲。首句“皖事已有变化”，是指直皖战争皖系战败。1920 年 7 月 14 日，直皖战争爆发，不到五日，皖军即大败。安徽辛亥革命主体是岳王会，会长陈独秀，反袁三都督之一的柏文蔚亦是岳王会骨干。二次革命失败，皖系倪嗣冲盘踞安徽，倒行逆施，捕杀岳王会志士。直皖战争，岳王会和皖江知识界悉数站在直系一边。早期《新青年》作者群多为辛亥革命皖江地区岳王会成员，初名《青年杂志》与青年军有关，阐扬的亦是青年军“人字旗”精神。1919 年 6 月 11 日，陈独秀、胡适、王星拱、高一涵、邓仲纯、程演生等在北京城南一家四川餐馆聚会，餐后散发传单，这些人都是皖籍，主体仍是岳王会，或是岳王会第二代。

图 c、d：安徽都督柏文蔚及 1930 年 3 月安庆第四届华中（皖、赣、湘、鄂、汉口）运动会场地。运动场位于城东华中路五里庙，清末为新军六十一标驻地，毗邻熊成基起义之炮兵营，民国改建为运动场。民国肇始，安徽充满生机，1912 年 10 月 10 日，民国成立后安徽首个国庆日，上午在都督柏文蔚主持下，约两万多市民在五里庙新湖广场举行庆

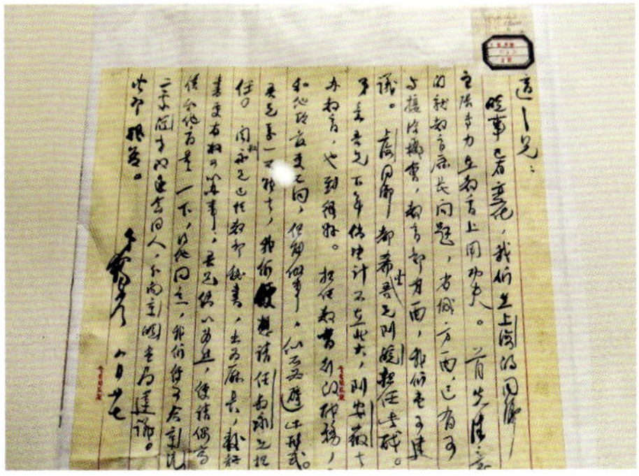

图b 陈独秀致胡适信函

图c 安徽都督柏文蔚

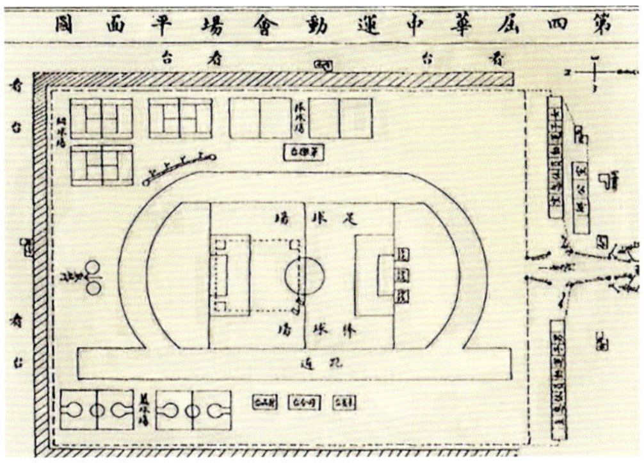

图d 1930年3月安庆第四届华中（皖、赣、湘、鄂、汉口）运动会场地

图e 安庆“六二”及拒李时期省教育厅长张继煦

图钟阅读

今年是被誉为“20世纪中国最具影响力名刊”《新青年》杂志创刊100周年。从《新青年》撰稿人名单可看出，是皖江文化的底色成就了《新青年》后来的辉煌。日前，在纪念《新青年》创刊百年研讨会上，皖江文化研究会会长汪军先生接受了我们的采访，为我们揭开了早期《新青年》一些不为人知的历史。

○纪念《新青年》创刊百年研讨会

早期《新青年》与“人字旗”精神

□程堂义

《发现周刊》：早期《新青年》的创办过程是怎样的？

汪军：1915年9月15日，陈独秀在上海创办《青年》杂志，首卷到次年2月15日共出六期。香港商务印书馆总编辑陈万雄认为，1915年9月至1916年2月，《青年》杂志只是一个同仁杂志，通过对首卷作者群背景的疏解，“清楚见到《青年》杂志的初版是以陈独秀为首的皖籍知识分子为主的同仁杂志，且互相间有共事革命的背景。”1916年9月复刊更名《新青年》后，作者群逐渐扩大，李大钊、吴稚晖、杨昌济、刘半农、胡适开始加入。第二年初陈独秀被聘为北京大学文科学长，杂志成为北大新派教授的言论阵地，也就是我们大家熟悉的《新青年》。

《发现周刊》：早期《新青年》的作者与“岳王会”有何关系？

汪军：《青年》杂志时期的骨干作者都是“岳王会”成员，如陈独秀、高语罕、易白沙、高一涵。1905年“岳王会”成立于芜湖安徽公学，陈独秀任会长。他们集会于芜湖关帝庙，订立章程，以反清为宗旨。1908年安庆马炮营起义首领熊成基，1910年广州新军起义首领倪映典，都是岳王会成员。马炮营起义失败后常恒芳避离安庆，韩衍成为岳王会安庆分会实际领导人。辛亥革命后安徽同盟会领导人吴旸谷被杀。为维持地方秩序，韩衍与易白沙、高语罕等人以安徽陆军小学堂、陆军测绘学堂、[illegible]学堂学生为主组织青年军约500人。青年军[illegible]，既不认同北洋[illegible]政府，也不认可南京孙中山政府，亦不接受青天白日旗和五色旗，而是自制红底黄色人字旗，寓意捍卫个人权益，维护地方自治。韩衍的行为激怒了南京皖军总司令柏文蔚，第二年4月韩衍遇刺身亡。6月下旬柏文蔚任安徽都督后，即解散青年军，焚烧“人字旗”。

以陈独秀为首的岳王会，是安徽本土的革命党人组织，与同盟会关系微妙，韩衍与陈独秀的性格也极为相似，可谓惺惺相惜。两人曾共同编辑《安徽船》杂志。1914年陈独秀在《甲寅》杂志发表文章《孤云传》，纪念好友韩衍。而第二年在上海创办《青年》杂志，是否也是为了纪念碧血丹心青年军？

《发现周刊》：“人字旗”精神如何影响着早期《新青年》？

汪军：《青年》杂志骨干作者高语罕、易白沙、高一涵也都是青年军成员，过去他们聚集在韩衍周围，现在又汇聚到陈独秀身边，高扬的仍然是人字旗精神。例如：首卷六号主要文章有陈独秀《敬告青年》、《今日之教育方针》、《抵抗力》、《东西民族根本思想之差异》、《吾人之最后觉悟》，高一涵《共和国家与青年之自觉》、《国家非人生之归宿论》，易白沙《我》、《战云中之青年》，高语罕《青年与国家前途》、《青年之敌》。这些文章，实际也是人字旗精神的诠释，简单而朴素，率真而热烈，是时代变迁夹缝中闪现的耀眼阳光。这些曾经的岳王会、青年军成员，还没有被后来的问题和主义所困扰，彰显个性与革除私欲、坚守初心有机地融为一体，而又有那么一种“赤手搏龙蛇”的精神。

图f 2015年皖江文化研究会在省图书馆举办《新青年》诞辰一百周年学术研讨会，接受《合肥晚报》采访祝大会。 一年后，北军攻陷宣布独立的安徽、江西、广东南方三省，倪氏黑暗势力盘踞安徽。五四运动及皖系战败，岳王会渐趋活跃，1921年“六二”学运和驱李运动，缘起省议会教育界与军政府因教育经费发生的冲突，这场运动的灵魂人物之一是胡适。胡适是岳王会第二代，不仅因为省教育厅厅长张继煦是胡适推荐的，姜高琦遇难后胡适亦作诗《死者》哀悼，8月又亲赴安庆为师生演讲，鼓舞士气。拒李胜利后，1921年9月25日，安庆各界在黄家操场举行集会庆祝，万人环城游行至深夜，九年前市民在五里庙新湖广场游行庆祝的场景再现。

图e：安庆“六二”及拒李时期省教育厅厅长张继煦。张继煦是湖北枝江人，曾任教育部司长、代理总长，1919年10月由皖籍在京名流胡适、王星拱等人推荐任安徽省教育厅厅长，赴任前胡适为之饯行。张继煦任省教育厅厅长期间，安庆七所中等学校校长分别是：法政专门学校校长光明甫、第一师范学校校长李光炯、第一中学校长杨亮功、第一女子师范校长徐方汉、第一农业学校校长孙筱初、甲种工业学校校长史浩然、女子职业学校校长李寅恭。“六二”到拒李运动这段历史，也是郁达夫小说《茫茫夜》《秋柳》的背景。

图f：2015年皖江文化研究会在省图书馆举办《新青年》诞辰一百周年学术研讨会，本书笔者接受《合肥晚报》采访。

岳王会势力重又崛起，六七年后随陈独秀消沉而没落，走向边缘化。1946年冬夜，岳王会会员常恒芳撰写回忆录《我的革命经过》，他目睹民国社会状况较清末更坏，开篇即道：“我最近有个感想，中国的革命是失败了。”这之前，岳王会会长陈独秀孤寂地殁于鹤山之巅。清末种族革命类似元末，群雄并起，尔后相互厮杀，失败者遂不彰。皖江铁血，源于寿郢、南岳间楚国精神的复活。1905年夏，陈独秀曾与柏文蔚等人结伴，到皖北一带联络淮上健儿。江畔省垣被熊熊南岳火照亮，孙多慈父亲孙传瑗带领寿州子弟步行千里，亦是何等豪迈。抗战时期陈独秀居于江津，围绕鹤山之巅，安庆友人、岳王会同仁，又重聚一起。柏文蔚、朱蕴山、潘赞化、邓季宣、邓仲纯、方孝远、方孝博，以及支那内学院欧阳竟无、高语罕，这是孕育新生的聚会。诸多传记把陈独秀晚景写得颓唐，全然不了解岳王会光明的精神特质。

皖江团队

1915 年 9 月陈独秀在上海创办的《青年杂志》（后改名《新青年》），只是二次革命失败后皖江党人的同仁杂志，这个学界已没有疑义。1917 年《新青年》迁入北大后，皖江党人随陈独秀北上，这个圈子仍然存在。1919 年 6 月 11 日，陈独秀约高一涵、邓仲纯、王星拱、程演生到城南新世界附近浣花春川菜馆吃饭，饭后陈独秀到新世界散发《北京市民宣言》被捕。当天浣花春这一桌客人都属皖江圈子，包括未到场的刘文典、胡适，也都是大哥陈独秀推荐进北大。1921 年 8 月，经历了“六二”学运、驱李运动，有岳王会背景的皖江党人开始扬眉吐气，胡适来到安庆省城讲学，更多的是代表岳王会会长、大哥陈独秀给大家打气。至少到此时，皖江团队一直都存在，陈独秀、胡适、高一涵、刘文典、王星拱、程演生，这些人在这一时期的言论，必须看作是一个系统，而不能单个阉割出来，才能完整地窥见皖江党人在文化转型期对构建现代国家的见解。

菱湖时期安庆法专人物

作家张贤亮祖父张铭，曾任安徽公立法政专门学校校长，1919 年五四运动中被学生驱逐。继任者胡寅旭校长，亦在风潮中去职。后来的事实证明，张铭、胡寅旭是他们的好校长。1921 年“六二”学运和此后的驱李运动，张铭召集会议，致电北洋政府力拒。当时的《申报》以《皖人反对李兆珍长皖之坚决》为题的报道提到张铭，张铭以“皖公民”的名义开会反对，“安庆二十二日电，皖公民张铭等，闻倪马保李兆珍长皖，特开会反对，电政府立拒。”而胡寅旭更是担任死难学生“姜案”后援会追诉律师，赴京途中遭暗杀。岳王会后劲胡适亦于1921 年8月回安庆，在省立一师、省立一中作《国民运动与国语教育》《好政府主义》等演讲，声援觉醒的安庆市民。

1919 年安徽省教育会编制的《安徽省教育会会员簿》名单，有张铭的名字。张铭（1889—1877），籍贯安徽盱眙，曾就读安庆城中姚家口安徽官立法政专门学堂，美国京师国家大学法律硕士，后任安徽省长公署外交咨议、安徽公立法政专门学校校长、安徽省教育会干事。除张铭外，法政学校有留学背景的教员还有郭缉熙（校监）、阮武仁（教务主任）、章浑、吴伯年、李新琪、张家亨、叶教张、刘畹衡等人。菱湖百子桥时期的法专（1919—1926）可以媲美百花亭时期的省立安大（1928—1935），法专校长张铭、胡寅旭、光明甫、徐光炜、王兆荣，皆法学名宿，王兆荣后来任国立四川大学第一任校长。光明甫、徐光炜担任校长时期，聘请了郁达夫、易君左、陶希圣、李凤亭等一批青年才俊，大大激活了校园的学术空气，留下了一批以安庆为背景的新文学名篇。陶希圣1922 年北大法科毕业后，被安徽公立法政专门学校聘为教员，当时北大毕业生就职月薪不过四五十元，安庆法专给他月薪一百三十元，彼时物价一元钱可买三十斤米或八斤猪肉。易君左月薪也是一百三十元，据其小说《塔影》记载，他每月用三十元，寄回家四十元，二十元买书，二十元还债，二十元下馆子。

作家张贤亮祖父张铭

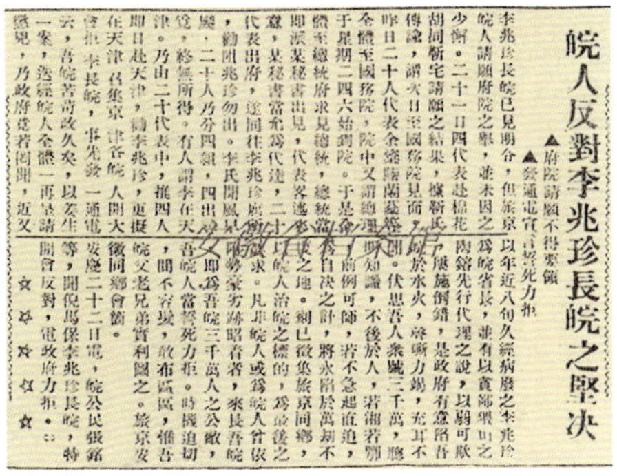

皖人反對李兆珍長皖之堅決

▲府院請願不得要領
▲發通電宣言誓死力拒

《申报》对安庆『驱李』的报道

陶希圣在安庆法专任教期间，与郁达夫、易君左、曾伯猷等人常到迎江楼或大观亭聚会。其回忆录《江风塔影》记载：“每星期日，法专与第一中学两处的友人集会于迎江楼，或大观亭聚餐。法专有曾伯猷、冯若飞、胡幼吾和我，一中有易君左、郁达夫诸人。”陶希圣记忆有一点失误，郁达夫、易君左都在法专任教，当年一中学生张友鸾父亲张亮孝亦是法专国文教员，友鸾常到法专请教郁达夫。这些人当中只有郁达夫把太太孙荃接到安庆，据陶希圣回忆，郁达夫很爱太太，上课也好，聚会也好，有个十分钟二十分钟，一定赶回家看太太。“安庆是一个山城，步步是坡，达夫走路很快，旋风一样回家看他的太太。”

20世纪20年代，易君左与郁达夫应聘安徽公立法政专门学校，两人教同一专业，一人一学期，中间间隔，共四学期。以这段教书经历为背景，郁达夫写了《迷羊》等三篇小说，易君左也写了一篇《塔影》。30年代易君左重回安庆，先授课省立安大，后任《皖报》总编辑。构成A城新文学叙述传统的郁达夫《茫茫夜》《秋柳》《迷羊》、易君左《塔影》、陶希圣《江风塔影》，史料价值亦颇大，郁达夫、易君左在A城的时间是1921年秋至1923年夏，“六二”学运与驱李运动是沉寂多年后岳王会扬眉吐气的日子。因为呈现的是苏醒、新生、复卦意象，关键的语词和段落，都可以顺时光延伸，重构A城记忆空间。《塔影》有一段写他与沈芝侯晚饭后一起散步，“自从沈芝侯来后，照例吃了晚饭后，他两人不是从南门进，就是从西门出，不是从西门进，就是从南门出，每晚每晚是如此。”沈芝侯是A省法政专门学校教务主任，与汤艺夫（即易君左）为湖南同乡。查阅史料，沈芝侯应是孙孔厚，字子宽，湖南常德人，曾任湖南省立商专校长。《塔影》后半部分，法专来了一个新教员龙忍庵，曾任湖南第一师范学校教务主任，与汤艺夫年龄相仿，两人常光顾南门牛肉馆子。“清炖牛肉、红烧牛筋、牛脑髓汤、炒牛肉丝、五香干牛肉、牛肝、牛肺、

陶希圣

牛心”，汤艺夫食欲很好，还要点火腿炖冬瓜，龙忍庵大笑道：“艺夫，教门馆子里哪儿有猪肉呢？”查阅了湖南一师很多资料，尚未考证出龙忍庵其人。

民国《皖报》及总编辑易君左

锡麟街市井生活

张友鸾与郁达夫

张友鸾

赵纯继

民国《新民报》总编辑张友鸾与赵纯继是好友，张友鸾是安庆人，家住四方城，赵纯继是四川人，1958年始定居安庆。

张友鸾与弟张友鹤都是著名报人，其父张孝亮为安徽公立法政专门学校国文教员，与郁达夫同事。其时张友鸾就读省立一中，热衷文学社团，和郁达夫交往甚密，受益颇多。亦在安庆法专任教的陶希圣后来在回忆录《江风塔影》中把郁达夫误作一中老师，可能与郁达夫经常到一中指导文学社有关。1923年张友鸾经郁达夫推荐，小说《坟墓》发表于《创造》季刊。后郁达夫在南洋遇害，王映霞嫁某轮船公司经理，他将两件事同在《新民报》刊出："王映霞买舟东下，郁达夫客死南洋"。张友鸾善于策划新闻标题，今人有誉之为"标题党"祖师爷。

我做文史编辑时，赵纯继老先生常到阅览室看书，经常碰面，但并不了解他。同事赵向东最先发现，在《安庆日报》副刊"百花亭"写了一篇《赵纯继与新民报》。上世纪70年代，张友鸾偕夫人曾回家乡安庆，就住在赵老家里，两人同游菱湖公园，在迎江寺茶楼品尝素食。

百花亭安庆女中才女，除了苏雪林、孙多慈以外，亦有崔伯萍。据崔伯萍回忆，当年她在女中读书时，常见一位布衣整洁、文质彬彬的书生徘徊书摊前，手不释卷，这书生便是张友鸾。1926年正月两人结婚，时人誉为张生、崔莺莺，周作人送的条幅引《西厢记》唱词云："一个是文章魁首，一个是仕女班头。"郁达夫在安庆法专教书时，张友鸾就读省立一中，两人年龄相差只有八岁，郁达夫二十五岁，张友鸾十七岁。张友鸾回忆郁达夫文字颇多，郁达夫常到张友鸾四方城家中做客。一次，张友鸾女友崔伯萍也在，郁达夫凝视颇久，但张友鸾就是没介绍给郁达夫认识，后来崔伯萍得知亦埋怨张友鸾。

锡麟街市井生活

成舍我　钟鼎文　叶灵凤

民国安徽省垣安庆人文荟萃，这类人物大抵可分三类：一是生长于安庆城，有陈独秀（百花亭—南水关）、程演生（五垱坡）、陈撄宁（苏家巷）、方令孺、宗白华（小南门）、赵朴初（天台里）、徐中舒、李光涛（清节堂）、孙多慈（汪家塘）、张友鸾（四方城）、邢公畹（铁佛庵）等；二是往来于安庆城，有梅光迪、高一涵、庐隐、朱湘、郁达夫、易君左、饶孟侃、冯沅君、陆侃如、汪静之等。还有一类虽籍贯和出生地不在安庆，但是童年、少年人生成长的关键阶段都在安庆，且终生认同安庆的文化名人，如苏雪林、成舍我、叶灵凤、钟鼎文。

成舍我两岁随父母从南京迁居安庆，毕业于湖南旅皖第四公学，这是他的最高学历。辛亥革命之际，十三岁的成舍我加入了韩衍、易白沙的青年军，维护城市秩序和市民利益。后又被安庆鼎鼎有名的《民岩报》聘为记者，自兹

钱牌楼

完成了皖江报人的身份转变，一生不变。

当代台湾诗人钟鼎文，生于 1914 年，小学、中学就读于安庆第二模范小学、安徽省立第一中学，其父钟吉康毕业于安徽法政专门学堂，是省会安庆著名律师，曾任安徽省律师公会理事长。钟鼎文上中学时，国文老师是诗人高长虹弟弟高歌，高歌兼《皖报》副刊编辑，钟鼎文第一首现代诗《塔上》就发表于《皖报》副刊。

与成舍我、钟鼎文相比，叶灵凤童年在安庆待的时间不算长，但他的散文《记胡玉美的虾子腐乳》流露出的对安庆终生的留恋，让人难以忘怀。一块小玛德莱娜甜点唤醒普鲁斯特贡布雷记忆，童年在安庆住过一段时间的叶灵凤，几十年后在广州与胡玉美虾子腐乳相遇时，竟兴奋得跳起来，欢喜地大喊大叫。而当品尝了一口后，“简直就像久别重逢，遇见了几十年未见面的亲人，久别还乡，重行到了儿时的游息之地，一时悲喜交集，眼中忍不住涌上了眼泪。”

百花亭省立安徽大学学风

关于安庆百花亭省立安徽大学，校长杨亮功回忆录《百花亭两年》，1935年安大文学院教育系毕业生、后任台湾师范大学校长刘真口述历史《六年安大生活》非常珍贵，两人都是民国教育大家，较真实地还原了安大当时的学风。台湾“行政院”文化奖是台湾最高的学术奖，评审极为严密，20世纪80年代获此奖的有：陈大齐、陈立夫（1981）、张其昀、罗光、林伯寿（1982）、钱穆、牟宗三（1983）、杨亮功、吴经熊、梅贻琦（1984）、蒋复璁、台静农、宇野精一（日籍）（1985）、曾虚白（1986）、黄君璧、郎静山、毛子水（1987）、高明、杭立武（1988）、苏雪林、刘真（1989）。二十一位获奖者皖籍五位：杨亮功、台静农、杭立武、苏雪林、刘真，其中百花亭省立安大系有三位：曾任安大文学院院长、校长的杨亮功，安大文学院教授苏雪林，毕业于安大的刘真。刘真在百花亭就读期间，适遇杨亮功、苏雪林执教安大，故有直接的师生之谊。后刘真任台湾师范大学校长，礼聘杨亮功、苏雪林及安大系汪少伦、潘重规等人任教，其秘书亦是曾就读国立安大的汪中。汪中后为台湾著名学者，门生众多，如沈秋雄、陈文华、文幸福、简锦松、龚鹏程。

刘真六年安大生活，预科两年，本科四年，其口述历史有关百花亭时期省立安大信息量很丰富，兹归纳如下：一、安大录取率低，淘汰率高。与科举时代相比，进安大预科类似考中秀才，而在本科阶段经过层层淘汰能够毕业，简直可以算是中举人了。1929年10月刘真参加预科考试，“当时有三百多人报考预科，仅仅录取了十分之一，也就是三十一二人左右。”到了本科阶段，淘汰率极高，“一年级的人数最多，经过逐年的淘汰，到大三、大四时，平均每班只剩学术十七八人左右。学校的原则是只要有学生选课，人数再少也照常开班。”二、“安大是一个学风纯朴、小型的省立大学”，很少受京沪大都邑学生风潮影响。安大租用北伐时停校的美国基督教圣公会圣保罗中学校舍，圣

/ 钱牌楼

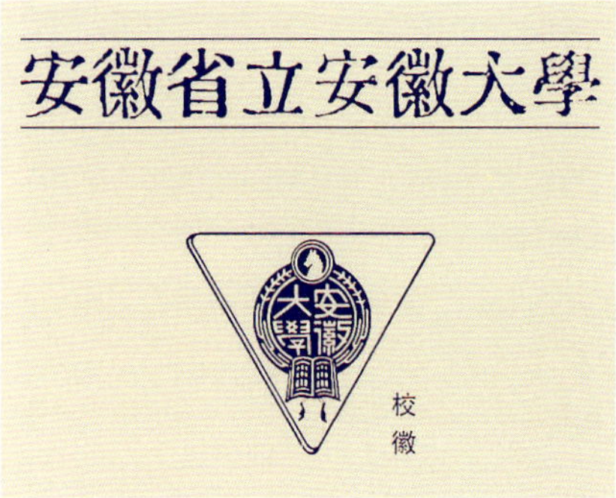

省立安徽大学校徽

保罗创于清末，北伐前校长都是美国人，在长江中下游一带很有名，毕业生可以直升上海圣约翰大学，圣约翰校长卜舫济之子卜其吉曾任圣保罗校长。圣保罗严谨的学风对安大影响颇大，后圣保罗又在安大隔壁培媛复校，两校老师亦有相互兼职。刘真因在《皖报》副刊发表文章，圣保罗国文老师郭让伯甚为欣赏，以每月二十元报酬请其代为批改学生作文。三、安大新旧交融，师生关系和谐。安大高薪聘人，甚至物色“猎头”游说知名教授来安大任教，故而名流云集，人文荟萃。据刘真回忆，“英语系主任朱湘，是新月派的著名诗人，所以常去旁听他的课。给我印象最深刻的则是国文系的姚永朴先生，曾任北大教授，字仲实，他是桐城派的最后一位大师，国学造诣很深，讲课时，能随口背诵所授课文，讲得又精彩，很使人感动。其他像周予同、赵廷为等教授虽没有出国留学过，但是他们的学术造诣都是很深的。“预科阶段，刘真常在安庆《皖报》副刊写文章赚稿费，到了本科阶段，由于很多教授都是学术界和上海出版界闻人，经他们推荐，刘真又在上海《中学生杂志》（开明书店版）、《申报》月刊发表文章。大二时，刘真的老师赵廷为教授曾与他共同翻译一本英文的《新式测验编造法》，在开明书店出版。预科阶段刘真靠赚取稿费及兼职报酬可以自食其力，而到了本科阶段，生活可以称得上优裕了。

1989年刘真获台湾最高学术奖文化奖时，赞扬他“奠定了台湾师院教育淳厚之学风”，至今台湾师范大学“诚　正　勤　朴”校训还是当年刘真所订立。诚，不虚伪、不欺妄，凡事能做到始终如一、择善固执；正，不偏私、不枉曲，凡事能做到光明正大、贞固刚毅；勤，不怠惰、不因循，凡事能做到自强不息、锲而不舍；朴，不奢靡、不浮华，事能做到质朴无华、阉然尚炯。从1949至1957年，刘真任台师大校长八年之久，弘扬师道不遗余力。当刘真先生精心锻造台师大内在精神血脉时，眼前肯定浮现过香樟丛中的百花亭省立安徽大学。

图左黄花岗七十二烈士之一石德宽，图右石德宽烈士遗腹女石裕清及丈夫刘真

德宽路与石德宽

清末民初省垣安庆，一方面是体制内改良派诚勋、恩铭、冯煦、沈曾植、严复等，兴办实业、新式学堂，改革军队、司法、警察，致力挽救国家危机；另一方面是激进派徐锡麟、陈伯平、马宗汉、熊成基、范传甲接连发动百花亭巡警学堂起义、安庆新军马炮营起义，置生死于度外，碧血横飞。这两份遗产都有其价值。

石德宽（1885—1911），字景吾，岳王会成员，曾参加熊成基、范传甲领导的马炮营起义，后赴东京日本大学法律科学习，1911 年回国至香港谋划广州起义，4 月 27 日起义爆发，石德宽参加敢死队奋勇当先，中弹牺牲。石德宽有一子一女，子石裕鼎，曾任怀宁县长。遗腹女石裕清，1935 年毕业于百花亭省立安徽大学哲学教育系，后与同班同学刘真结婚，抗战胜利后曾任中央民众教育馆馆长。刘真赴台后曾任台湾师范大学校长、台湾省政府教育厅厅长，2011 年百岁诞辰，马英九、王金平、宋楚瑜等国民党大佬都去拜寿。刘真、石裕清夫妇育有二子一女：刘肖孔（长子）、刘捷生（次子）、刘凯英（女儿）。民国安徽省会、辛亥名城安庆城西有德宽路、玉琳路、程良路，纪念黄花岗皖籍先烈石德宽、宋玉琳、程良。诗人高峰《为石德宽烈士建祠》有诗句：“从乡野石家集到省会安庆德宽街 / 从东瀛日本到南国广州黄花岗 / 八千里路云和月 / 赤胆要走二十五年 / 而忠心只要迸发的一瞬。”

╲
锡麟街

＼安徽大学预科主任刘文典

刘文典有无被高估

民国时期安徽省垣安庆人文荟萃，群星璀璨，时至今日多数被低估，甚至湮没，低估的有姚永朴、方守彝、王星拱、杨亮功、程演生、邓以蛰、程小苏，湮没的则有胡渊如、李范之、陈慎登、韩伯韦、潘季野、谢循初、陶因等等。刘文典是少数的例外，但也可能被高估。回归到常识，身为安大预科主任的刘文典（并非校长，安大首任校长由教育厅厅长程天放兼，后任教育部部长，众口一词说刘文典是安大首任校长，已经被高估）；处理安大学生夜闯女中打砸抢事件是否恰当？现在可以否定给刘文典带来巨大声誉的所谓与蒋介石对骂、相互厮打的传奇；单就事论事，刘文典坐视不管，显然有失职之嫌。

刘文典精通庄学，自称除庄子外最懂《庄子》，其代表作《庄子补正》学术价值究竟如何？1948 年刘文典落选中研院首届院士评选，主持此事的中研院史语所所长傅斯年说过这样一番话："候选人中确有应删除者，如刘文典君，刘君以前之《三馀札记》差是佳作，然其贡献绝不能与余、胡、唐、张、杨并举（按：所列五人当是余嘉锡、胡适、唐兰、张元济、杨树达）。凡一学人，论其贡献，其最后著作最为重要。刘君校《庄子》，甚自负，不意历史语言研究所之助理研究员王叔岷君曾加检视（王君亦治此学）发现其无穷错误。校勘之学如此，实不可为训，刘君列入，青年学子，当以为异。更有甚者，刘君在昆明自称'二云居士'，谓是云腿与云土。彼曾为土司之宾，土司赠以大量烟土，归来后，既吸之，又卖之，于是清华及联大将其解聘，此为当时在昆明人人所知者。斯年既写于此信上，当然对此说负法律责任，今列入候选人名单，如经选出，岂非笑话？学问如彼，行为如此，故斯年敢提议将其自名单除去。"傅斯年对刘文典评价虽是一家之言，也可以作为参考。

╲ 省立安徽大学第一院、第二院大门

╲ 高语罕《百花亭畔》、杨亮功《百花亭两年》

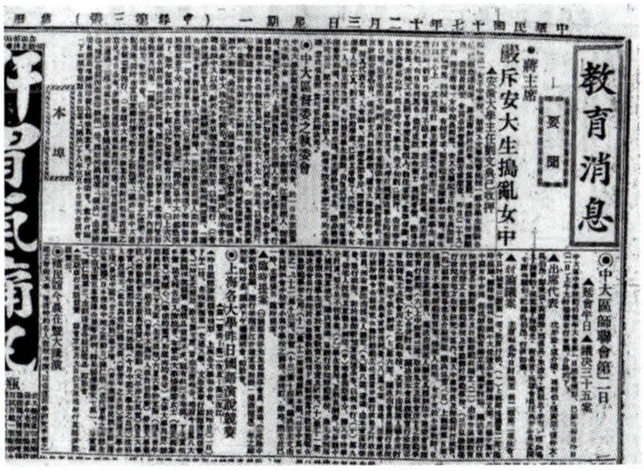

╲《申报》刊登安大学生与女中冲突事件

省立安大首任校长

一般人都以为省立安徽大学首任校长是刘文典，但刘文典只担任过安大预科主任及文法学院院长，安大成立后首任校长是程天放。其实省立安徽大学筹备伊始，省府就聘任姚永朴为校长，姚坚辞不就，后北伐军兴而“中辍”。北伐后重组安徽大学筹备委员会，聘任十一位筹备委员，包括余谊密（余英时叔父）、雷啸岑、胡春霖、刘复、张秋白、汤志先、常宗会、刘文典、廖方新等，亦以姚永朴为筹委会主任，主持学校筹建事物。从1927年底至1928年初，筹委会议决安大设预科和本科，刘文典任预科主任兼文学院筹备主任、汤志先任法学院筹备主任、吴承宗任工学院筹备主任、谢家声任农学院筹备主任，并于1928年4月10日在百花亭原圣保罗中学三一堂举行预科学生开学典礼，这一天也被认为是安徽大学正式成立的日子。

无论北伐前后，姚永朴均是安大筹备之头号人物，盖因其桐城派经学大师，道德文章堪当其任。但因其性格恬淡，绝意官场，安大成立后也只愿在文学院授经，以学问为人生归宿，而刘文典因安大学生私闯女中与蒋介石顶撞，名声大噪，后往往以刘文典为安大首任校长，而淡忘姚永朴。从百花亭到菱湖，姚永朴在省立安大文学院任教九年，著述宏富，成就一代经师，又与文学院同事、同光体皖派诗人李范之、陈慎登、潘季野互相唱和，成立宜城觞咏社，延续皖江文脉。兹录其诗，一、百花亭安大时期。《文学院诸君过午返寓，惟予及耀之宿此，赋赠》：“兹地旷如野，悠然俗虑降。车音归客早，烛影得君双。过雨弥怜月，连床不碍窗。依依终夕话，何处寺钟撞。”《己巳九月九日，宜城觞咏社诸君召饮，赋赠》：“又向江头挈杖行，高楼远眺眼偏明。吾生乐事惟多友，自古诗人最有情。岁月峥嵘如转毂，关河萧瑟总秋声。一樽能使闲愁尽，况是龙山会众英。”二、菱湖安大时期。《予授经

王星拱与安大

安徽大学九年，丙子秋病归，寄赠李顺卿校长诸同事同学》：“忆从总角诵遗编，两鬓如丝七十年。才尽已无江氏笔，时艰谁著祖生鞭？幸归故土逢先觉，能出新知导后贤。他日天池鹏翼展，巢林倦鸟亦欣然。”“新营黉舍傍菱湖，眼底风光似画图。鼓箧群看佳士满，承筐那虑德邻孤？愧予待问殊钟叩，因病闲居藉杖扶。犹有一言思念世，通经致用莫云迂。”

国立武汉大学校长王星拱与教务长朱光潜是安庆同乡，两人有一张合影，1943 年 5 月摄于四川乐山文庙。王星拱曾任北京大学化学系主任，1928 年被大学院院长蔡元培指派为国立武大筹委会委员，1933 年任校长。国立武大有所谓皖派与湘派之争，皖派以安徽人为主,亦有部分江苏、浙江人,如王星拱、朱光潜、陶因、徐贤恭、叶峤、陆凤书、胡稼胎、方重、黄叔寅、苏雪林、徐天闵，湘派则有周鲠生、陈源、杨端六等人。朱光潜回忆：“到了一九四二年，由于校内有湘皖两派之争，我是皖人而和湘派较友好，王星拱就拉我当教务长来调和内讧。”王星拱校长大量任用皖人亦是事实，“安徽人几占四分之一，又以安庆人为最多”。1945 年 6 月湘派周鲠生在教育部长朱家骅支持下任武大校长，取代了王星拱。皖派人士亦随王星拱进退，多离开武大。

王星拱亦曾任安大校长，省立安徽大学规模及学风奠基者是 1929 年 7 月任校长的王星拱，其聘任的“杨陶张

国立武汉大学校长王星拱（左）与教务长朱光潜（右）

著名经济学家、国立安徽大学校长陶因及夫人、女儿

邓”（文学院院长杨亮功、法学院院长陶因、理学院院长张其濬、预科主任邓季宣）亦是安大中枢，抗战胜利后安大在原址复校还是这批人的努力。王星拱任校长期间居安庆市近圣街38号，自题门联“端居近圣，景行维贤”。安大至王星拱始走向成熟，王星拱以“教授治校”“聘请名教授”等作为办学“最高理想”，“继续历史上本省先辈对于文化贡献的精神”，聘请姚永朴、李范之皖垣诸老坐镇百花亭，广揽名师；杨亮功曾任中国公学副校长，公学系在安大任教亦不少。

1930年6月王星拱辞去安大校长，专任武大副校长、校长，法学院院长陶因、理学院院长张其濬及教授苏雪林等人随王星拱到武大任教。1945年10月王星拱联合二十二位皖籍学者、政要联名上书教育部长朱家骅，要求恢复安徽大学，为摆脱安徽新桂系当局阻挠，以国立安大隶属教育部。随王星拱辞职的武大皖派人士成为筹建安大的主体，武大教务长朱光潜是国立安大筹委会主任委员（未就任），继朱光潜任武大教务长的陶因是国立安大首任校长，其时王星拱回安庆休养，指导复校，教务长汤璪真、文学院院长胡稼胎、法学院院长韦从序等多来自武大。

百花亭朱湘故居

据《苏雪林自传·苏州教书及返沪》记载：“恰安徽大学新成立，校长杨亮功来函相邀，他说所邀教授有陆侃如、冯沅君、饶孟侃、刘英士、朱湘等人。校址即在百花亭，就是从前与培媛女校相邻的男校，我即答应愿去。安大给我的名义是教授，月薪二百元。前文说过，我在东吴大学并无名义，等于今政府机关的雇员，月薪不过五十元，还是我争来的，两相悬殊，何啻天壤，我当然去安大了。”又据杨亮功回忆录《百花亭两年》：“适值那时中国公学改组，很多旧同事想离开吴淞，几方集合起来，组成了安大这个学术集团。我觉得这个集团人选，水准是相当的齐整。下列为

╲ 圣公会皖赣教区圣救主座堂

╲ 安庆北宋古运河，三搬与虾子街交叉口

新聘各院系主管人员：教务长常导直，文学院长王陆一，法学院长张慰慈，理学院长丁绪贤，中国文学系主任陆侃如，外国文学系主任朱湘，哲教系主任常导直，政治系主任刘英士，经济系主任童冠贤，法律系主任陈顾远，算学系主任何鲁，化学系主任陈景琪，物理学系主任夏敬农。其外新聘教授有程仰之、苏雪林、查良鉴、张庆桢、冯沅君、谢子尧、薛良叔等人。程兼总务长，苏后来兼女生指导。原有教授除法学院更动较大外，余多仍旧，职员方面很少变动。关于教授待遇，规定专任教授月薪三百元，兼系主任月薪三百四十元，院长月薪四百元，教务长待遇同院长。那时上海大学专任教授月薪约二百二十元左右，我在河南大学担任教授兼文科主任月薪二百八十元，比较起来，安徽大学教授薪给算是不低了。”

1929 年 10 月，从美国俄亥俄大学留学归来的朱湘一到上海，为安徽大学物色教授的“猎头”余文伟即找到他，校长王星拱委以外国文学系主任的重任。朱湘接受了安大邀请，从上海启程，直接溯江而上前往安庆。安大能聘到如此多的知名教授，除薪水高外，“猎头”亦起了重要作用。“猎头”有余文伟这样专职的，也有教授兼职的。被安大文学院聘为教授的郁达夫，1929 年 9 月 29 日到安大，“午后三时到百花亭安徽大学内住下”，仅仅一周后“从安庆坐下水船赴沪，行李衣箱皆不带，真是一次仓皇的出走”（郁达夫日记）。郁达夫不辞而别原因有两说：一是省教育厅厅长程天放（后曾任教育部长）“迫害”；二是与时任文学院院长杨亮功龃龉。未在安大任教一天的郁达夫，回上海后，不知何故隔三岔五发电报向安大索薪，而安大居然答应支付他半年薪水，条件是帮助安大聘请林语堂，郁达夫遂成为安大的兼职“猎头”。

朱湘来安庆后先住在安大附近宝善庵 39 号，因宝善庵一带准备拆迁，又搬到培媛女校里的别墅，一栋楼整个租下。其子朱小沅回忆：“我们家就住在学校隔壁的一幢大房子里，两层楼，房间很多。大概因为父亲不喜欢跟别人伙住在一起的缘故吧，我们虽租了一整幢，却只用其中少数几间，因此，多数房间是空闲着的。”位于百花亭的基督教圣公会圣保罗中学和培媛女校，北伐前夕外籍教员迁往上海或回国，学校解散，人去楼空。1928 年 4 月省立安徽大学成立，租用圣公会校舍，直至 1935 年 10 月城外菱湖新大楼落成后才迁走，前后八年。苏雪林《我所见于诗人朱湘者》，记录了诗人一生中最美好的一段时光：“记得民国十九年我到安徽大学教书，开始认识这位《草莽集》的作者，一个常常穿着西服颀长清瘦神情傲慢见人不打招呼的人。那时安大教授多知名人士，旧派有桐城泰斗姚永朴，新派有何鲁、陆侃如、冯沅君、饶孟侃，但似乎谁也没有诗人架子大。听见学生谈起他，才知道他住在教会旧培媛女校里，有一个美丽太太做伴，架上书籍很多，又听说他计划着写这个那个。斗大的安庆城只有百花亭圣公会有点西洋风味，绿荫一派，猩红万点，衬托出一座座白石玲珑的洋楼。诗人住在这样理想的读书与写作环境中间，身边还有添香的红袖，清才秾福，兼而有之，这生活我觉得很值得人歆羡。”

民国安庆多元文化

清末原江南省地区，两江总督驻地南京、江苏巡抚驻地苏州、安徽巡抚驻地安庆、两淮盐运司驻地扬州，是四个人文集聚中心，彼此互动频繁，且市井文化传统深厚。所谓市井文化，在近代并非指俚俗之下里巴人，而是植根里巷深处，坚守地域文化传统，不论世事变幻都坚韧存在的一种生存方式和文化态度，近代出现的新式学校、报馆、书局为他们提供了生存土壤。譬如清末民初安庆，巡抚、布政使、都督、省长走马灯变换，志士徐锡麟、熊成基、韩衍、陈独秀、易白沙、江鸥出没，刺杀恩铭、马炮营起义、安庆独立、“六二”学运、“三二三”事件，世事如棋局局新。

而同光体皖派诗人超然物外，以方守彝、徐铁华所居之小南门贲巢为中心，雅聚小蓬莱、迎江寺茶社、大观亭，相互酬唱。方守彝逝后，又于城北百花亭结宜城觞咏社，聚会龙山之奥、菱湖之滨、大江之畔，此时同光体皖派诗人多受聘省立安徽大学文学院，姚永朴、李范之、韩伯韦、陈慎登、潘季野、周癸叔，亦是一番气象。在韩伯韦、萧谦中、易君左、凌铁庵等人支持下，以阎松父为首的安庆中小学美术教员组织丁丁画社，成员有陶景华、光元鲲、宋南谷、袁醉厂、方晓鸰、邢惕高、童雪鸿、余守谟。丁丁画社致力中西风格融合，传统中国画艺术与西洋油画、日本浮世绘碰撞融合，笔墨游戏退为次席。民国安庆而言，同光体皖派、丁丁画社可谓市井文化之载体。如安庆有丁丁画社、阎松父，民国苏州有星社、陶冷月，星社荟萃范烟桥、周瘦鹃、程小青、郑逸梅、陶冷月，亦是苏州市井文化载体，其成员谋生报馆、书局、学校，倾心小说、绘事、盆景，隐逸青苔院落，回味寻常人生。鸳鸯蝴蝶派植根的正是此市井文化传统，后来香港新武侠派亦是植根于市井文化传统，是鸳鸯蝴蝶派精神的绵延，梁羽生、金庸、倪匡，亦可见李涵秋、张恨水、周瘦鹃、程小青身影。

圣公会皖赣教区圣救主座堂

鸳鸯蝴蝶派之安庆派

昔乾嘉朴学分吴派、皖派，皖派扬州籍学人居多，又别分扬州派。民国鸳鸯蝴蝶派亦分苏派、扬派，苏派以包天笑、周瘦鹃为首，扬派以李涵秋、张秋虫称魁，可谓旗鼓相当，功力悉敌。然苏派安庆文人颇多，如张恨水作品数量三千万字，几占鸳鸯蝴蝶派半壁江山；如霍桑之父程小青，中国侦探小说第一人；如《戏剧月刊》主编刘豁公，《晶报》主编余大雄，皆安庆府人士，秉承皖江人文传统，故苏派又可别分安庆派，如前之皖派汉学别分扬州派。程小青世居安庆城，与民国省立安徽大学校长程演生同宗，程演生亦喜钩沉徽京掌故，有《皖优谱》问世。清初翰林朱书《告同郡征纂皖江文献书》言“凡文稿书籍见寄郡城，可付程叔才师恭及程佐衡邦宰家”，程叔才、程佐衡皆是程小青、程演生祖先，可见清初程家已定居安庆郡城。太平天国战乱程家流离沪浙，战乱结束后程演生祖父程合林自浙回皖，定居安庆八卦门内五垱坡。而程小青家居上海南市，未迁回安庆。从安徽省垣安庆市井之幽巷深院，到十里洋场上海市井之光怪陆离，程小青身躯流淌着市井文化血液，可谓契合鸳鸯蝴蝶派精神骨髓。

刘豁公桐城人，大哥刘炯堂，广东新军第一标标统，二哥刘蛰叟（泽沛），贵州陆军学堂总办。刘豁公颇富名士气息，主编《戏剧月刊》多年，编有《戏学大全》《戏学大观》《京剧考证》《梅郎集》，编写剧本亦快，有《复辟梦》《大观园》《香妃恨》《蔡文姬》《陈圆圆》《交换条件》等，小说则有《孽海孤缘》《怨偶》《伤心》《金闺情眼》《拆白伟人传》《沧桑记》。刘豁公倜傥风流，韵事颇多，某年夏天赴粤看望其兄炯堂，寓所东邻有一绝色女子，常对其顾盼，眉梢眼角间情意绵绵。豁公如受电然，遂堕入情网。其兄知道后速派两名马弁保护他，日夜跟随，不离半步，如押送囚犯。后豁公得知真相后暗自庆幸自己及早回头，若不是兄长相助，只怕弄得身败名裂。原来此女患麻风病，正寻男子出卖麻风，盖旧时习俗，麻风病患者若与他人性交，可将此病过给他人，自身可愈。

菱湖痴人

民国十九年（1930），南社湘集发起人傅熊湘寓居安庆期间，有诗酬和刘菊坡《秋日菱湖感赋》，并与易君左等湖湘诗人言及菱湖诗社。不知菱湖诗社是社团还是雅集，史料暂阙如。清末同光体皖派方守彝、方守敦兄弟携诸子奉母观荷菱湖，有五绝二十二首，兹录二首："平湖杳难际，烟景千芙蓉。叶叶碧绿色，清光雨气浓。""湖声四面来，波翻素千叠。未是波千叠，风卷田田叶。"傅熊湘寓皖的20世纪二三十年代，有两个扬州诗人韩伯韦、董玉书皆钟爱菱湖。

韩伯韦（1856—1931），字贻荪，一字留，别号竹西旧客，清末举人。其舅父安徽巡抚冯煦颇器重，留其安庆任事。民国时期先后在安徽省立第一师范学校、省立安徽大学文学院任教。韩伯韦亦工画印，其居城北孝子坊，方守彝访之，谓其院中多碑刻。时扬州籍画家阎松父任教安庆市第二实验小学、圣公会培德女中，赁居孝子坊韩伯韦宅第。在韩伯韦、萧谦中指导下，阎松父以安庆中小学美术教师为主体成立丁丁画社，员有陶景华、光元鲲、宋南谷、袁醉厂、蔡景元、方晓舲、邢惕高、童雪鸿、余守谟。 据已故画家韦远柏（1925—2015）介绍，他曾就读安庆市第二实验小学，美术老师就是丁丁画社核心人物阎松父，1936年二小在南京参加全国小学生美术展赛，荣获第一名。韦远柏安庆沦陷后入蜀，考入重庆国立艺专，毕业后一直在安庆中学教美术，与丁丁画社蔡景元、童雪鸿、葛康素交往，后创龙眠国画研究会。韩伯韦、阎松父所居孝子坊在北城墙下，二人常穿过集贤门到城外菱湖吟诗、写生，韩伯韦著有《菱湖四秋诗》传世。

董玉书（1869—1952），字逸沧，

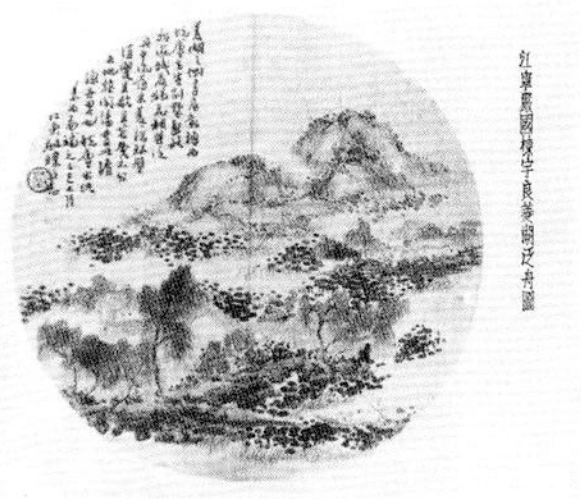

菱湖泛舟图

晚号拙修老人，清末拔贡，在安庆任事颇久。光绪三十一年（1905）夏，董玉书、巴泽惠等九人吟咏于菱湖，并泛舟联句。二十年后，董玉书从北京南下重游菱湖，编辑《菱湖图咏》出版，亦是民国人文佳话。《菱湖图咏》分卷一、卷二、卷三，卷一《菱湖泛舟图》江宁画家严国栋（字宇良，号切畊）绘，上有切畊题跋：“菱湖之侧有屋数楹，为蜕盦先生别墅。新秋招游，残荷犹花，相与泛舟中流，荡采菱藕，杯盘消夏，且歌且答，几不知大地热闹场有此清凉世界也。蜕盦出纨素，为图补之。己巳七月，江东切畊并志。”后有徐国枢作《仪征徐国枢震僧菱湖泛舟图跋》；巴泽惠作《忆菱湖旧游，并补题〈泛舟图〉》《明湖春柳》；刘采年作《逸沧兄函示〈淮上题襟集〉、嗣孝逸世兄又以尊翁〈重游菱湖图〉索题，因步元韵，漫成十绝》。还有郑斗南、陈霞章、陈懋森、陈延礼、何震彝、桂邦杰、方尔谦、陈竹荪、卞白眉、朱菊坪、梁公约等人题跋。兹录卞白眉题跋：“脚靴手板等闲置，镂月雕云诗百篇。最爱风流贤令尹，湖山到处结清缘。”“碧水扁舟图画里，万荷冉冉柳如梳。而今欲避长安热，那得菱湖更筑居。”后附光绪三十一年（1905）《菱湖泛舟联句》，前有巴泽惠所作之序。卷二《菱湖烟雨图》阳湖画家左运奎（字迦厂）绘，后有汪昌焘、郭宝珩、张祖彭、冯祖培等人题跋。卷三《重游菱湖图》由寓居北京的安庆画家萧谦中绘，后有刘采年、史华衮、徐国枢、蒋贞金、秦更年、萧丙章、巴泽惠、陈含光、李伯通、孔庆镕、谢无界、王振世等人题跋。自光绪三十一年《菱湖泛舟联句》，到民国十八年（1929）《菱湖图咏》出版，二十余年，世事变幻如苍狗，菱湖依旧残梦中，董玉书、巴泽惠诸人皤然有此情，隐然陶庵之风，可谓湖痴矣。

人文老安徽

皖籍抗日名将孙立人将军与著名经济学家、国立安徽大学校长陶因系郎舅关系。陶因父亲陶镕是清末民初安徽立宪派人士，民国第一届众议院议员。抗战爆发前陶因与兄陶奎俱为省立安大教授，抗战胜利后，安徽大学在安庆原址复校，更名国立安大，陶因厥功至伟。孙立人与妹夫陶因俱为老安徽（省会安庆）产儿，曾以全省第一名考取清华留美预科，其父孙熙泽为省会警察厅厅长。尚健在的老安徽产儿有余英时（其父余协中为历史学家、叔父余谊密曾任皖省政务厅长）、杨振宁（其父杨武之为数学家、省立安徽大学校董）。

康熙六年（1667）安徽建省至1938年省垣沦陷，秉承明代南直隶上江人文传统，安徽士大夫文化世家一以贯之，此谓之老安徽。日寇入侵中断这一过程，新桂系主皖时期，武人当政，酷吏横行，摧残安徽士绅，掠夺安徽文物，抗战胜利后阻挠还省安庆，安大复活恍若孤灯野火倏忽消逝。近代内乱外患，皖江人文传统有两个断裂期，太平军克皖垣，日寇入侵安庆沦陷，都是八年左右。前一断裂期后，两江总督曾国藩还省安庆，恢复科举，开启洋务，振兴桐城派，造就同治中兴局面。抗战胜利后，新桂系以殖民地视安徽，虽有本土一二大员抗衡，然力不足以扭转局面，遂至传统之永久断裂。此后淮化的安徽，与人文之老安徽渐行渐远。

安庆城市文脉

安庆古称盛唐湾，别称宜城、皖城，背靠大小龙山，面临滚滚长江，城池东西两侧河湖密布，有皖河、石门湖、鸭儿塘、菱湖、石塘湖、破岗湖。它的建城和兴盛与两个人有关，且都与战争有关。安庆建城的第一个关键人物是黄干，福州人，南宋大儒朱熹的女婿。嘉定十年（1217），时任安庆知府的黄干以金兵南袭为由，奏请朝廷要求将安庆府城南迁至滨江的盛唐湾宜城渡之阴，安庆市民赞誉黄干为“黄父”，这是一个地方官员所能得到民众的最高褒奖了。

另一关键人物是明代桐城籍大学士何如宠，崇祯十年（1637），何如宠以张献忠逼近安庆为由，上疏崇祯皇帝，要求在安庆设立巡抚，提升安庆的战略地位。安庆巡抚管辖的范围是南直隶上江地区的安庆、庐州、池州、太平四府，清代顺治年间改称操江巡抚，康熙年间又改称安徽巡抚，辖境逐步扩大到今安徽全省。一直到民国二十七年（1938），安庆被日本人占领，整整三百年，安庆一直是安徽地区政治、经济、文化中心。

抗战胜利后，控制安徽的新桂系军阀从大别山出来后，不愿把军政当局南迁安庆，停留在大别山门户合肥。他们只允许省立安徽大学、省教育厅、省高院、省高院检察处（检察院）这些知识分子成堆的机构南迁安庆，而军政部门和他们控制的省议会，则不许离开合肥。在这一点上，新桂系和民初驻节蚌埠的安武军一样，他们似乎都很惧怕安庆，那里有不怕死的徐锡麟、熊成基、陈独秀、李光炯、光明甫，那里有几十家勇于揭露时弊的报馆，那里有不畏强权的市民和敢于牺牲的学生。

安庆城建筑在一片丘陵之上，城池虽不大，但高低错落，九曲回肠，潮湿幽深，有点类似于欧洲中世纪城堡。郁达夫第一次来安庆，在他的日记和小说中，有“罗马的黑暗时代”和“十八世纪的英国乡下的旅社”的意象，应该是比较准确的。安庆城中的丘陵，有九头十三坡之称，九头指上码头、下码头、横坝头、高井头、上营盘头、下营盘头、大拐角头、小拐角头、卫山头，十三坡指墩头坡、五垱坡、黄甲坡、宣家坡、任家坡、登云坡、凤凰坡、卸甲坡、朱家坡、县下坡、司下坡、邓家坡、昌家坡。

咸丰年间，安庆城在太平军与湘军的拉锯战中，曾经遭毁灭过一次，城中居民被屠杀殆尽，建筑物大多毁坏，许多宋元明清时期的宗教和人文景观从此消逝在历史深处，如马王庙、三清殿、郡伯祠、镇皖楼、霄汉楼、照江楼、得月楼、天柱阁。郁达夫看到的安庆城，基本是同光年间重建的，包括他经常去的西门外大观亭，就是光绪三十四年（1908）安徽巡抚冯熙重修的。重建工作大多是在同治年间曾任安徽布政使司和巡抚的吴坤修手上完成的，由于时间仓促，资金有限，重建的城市在规划、建筑质量和艺术水准上，远没有以前典雅、气派，这也导致了一些到过安庆的近现代文化名人，如严复、林语堂等对安庆城市印象不甚佳，但是老城的基本格局和高低幽曲的风貌，则大抵没有改变。

登云坡

林语堂到安庆是1934年，距离湘军攻克安庆已有六十余年，此时安庆“自从洪杨乱后，元气一直到如今还未完全恢复。然而能够维持它的表面上所谓繁华的，就是这一条长江，在东南西北四城门中，便有三个是朝江，由此看来，就可知道长江对于安庆是非常重要的命脉了”。除了江城特色外，安庆的山城特色和商业氛围也给林语堂留下深刻的印象，“在城内，因为它是依山而建的，所以尽是一高一低的石板路。路很窄，如果有两辆黄包车相遇时，行人虽不必立刻跳进街旁店铺，但也必须注意你的贵脚。”“在街上，简直看不见天，因为旌旗蔽日，尽是大廉价的广告，不是牺牲血本大拍卖，便是空前绝后大减价。但是这还不够招徕顾客，于是乎效法‘先进城市’的办法，在店里开留声机，不知者还以为是为店员的娱乐而设的。然而留声机毕竟太多了，于是乎比较大的规模的商店就用无线电的播音来做广告的工具。”（林语堂《安庆印象记》）

林语堂说安庆四个城门三个都朝江，指的是除北门集贤门之外的南门盛唐门（镇海门）、东门枞阳门、西门正观门（八卦门）。实际上安庆城门不止四个，镇海门旁边还有一个小南门，也叫康济门。曾国藩驻扎安庆时在八卦门外加筑了一道月城，先后开有三个城门，玉虹门、金保门、同安门。20世纪20年代，为方便市民到北门外菱湖公园游玩，在东北城墙开辟了菱湖门。因当时往来安合公路的汽车站设在东门外，为方便与城内新市路连接，在东城墙水关处增加一道城门。1930年，皖赣湘鄂四省参加的第四届华中运动会在安庆东门外森林公园体育场举行，为举办这次运动会，又在东门增加了一道城门。这么一算，林语堂1934年到安庆时，安庆已经有十个城门了。民国时期，外地人来安庆或安庆人到外地去，主要走长江水路，客运码头叫招商局码头，就设在镇海门外，旁边有一个迎宾馆，生意很兴隆，“他们各机关办事人员，每日有三样功课是必要做的：一是请酒，二是打牌，三是送客。凡是相熟的人离安庆，他们皆要到城外迎宾馆去送的。”（高一涵《皖江见闻记》）

1929年，郁达夫因惧怕政治迫害从安徽大学不辞而别，安大曾考虑以林语堂替代郁达夫，并向林语堂发出了邀请。身为基督徒的林语堂早就知道美国圣公会在安庆传教工作不错，教会医院和学校在沿江一带办得一流，很是心动，但无奈脱不开身，遂引以为憾。五年后林语堂特意到安庆来一趟，也算是一种弥补。

晚清，天主教耶稣会和基督教圣公会先后来安庆传教，天主教来得比较早，主要是法籍传教士。耶稣会与安庆居民时有冲突，1869年终于爆发了安庆教案，在法国军舰的威胁下，耶稣会除得到四千元赔偿外，还无偿获得了清政府出资购买后转赠的安庆东门内黄家狮子一带土地六百五十方。从1871年至1893年，耶稣会花了二十多年时间在黄家狮子建起了一座规模宏大的圣心堂，旁边还有圣心诊所、牛奶场。1921年，安庆教区脱离江南教区成为独立教区。1947年，又升格为安徽省总教区，是全国二十个总教区之一。

对安庆近代城市文明影响大的还是基督教圣公会，其在大二郎巷建造的哥特式建筑圣救主堂，是圣公会皖赣主教区所在地。整个北门的一半地盘，从卫山头到百花亭，都是圣公会的地皮，他们在上面建教堂，圣诞堂和福音堂；建学校，福音小学、培媛女学、圣保罗中学；建医院，同仁医院，还建了许多异域风情的别墅。苏雪林曾在培媛女学就读过，她对学校的嫌贫爱富之风和洋奴习气甚为反感："我觉得培媛女学更不堪的就是洋奴习气之重。美国教会来华办教育，开化中国之意少，养成教会忠顺奴才之意多，校中教师对贫寒学生呵责罚站，视为常事，自己好像以天人自居，对洋主子则驯服如狗，那些贫寒学生对于教师更摇尾乞怜，丑态百出。"（《苏雪林自传·考入宜城第一女子师范》）

省立安徽大学创始伊初，就是租培媛女学西侧的圣保罗中学校舍，苏雪林和朱湘当时都在安大任教，刚从美国留学回来的朱湘租了校舍旁边的一幢两层楼西式别墅，和妻儿团聚，度过了诗人一生中最幸福的时光。

安庆城外的名胜，西门外是大观亭，北门外是菱湖公园，东门外是振风塔和迎江寺，尤其是始建于明隆庆二年（1568）的振风塔，是安庆的象征，易君左以安庆为背景的小说《塔影》中的塔，就是振风塔。1928年8月，胡适来安庆讲学，以安庆景物为题材写了七首诗，最广为人知的一首就是"东有迎江寺，西有大观亭。吾曹不努力，负此江山灵"。菱湖公园是在可园、宜园、三高茶社等几家私家园林基础上发展起来的，湖畔就是"六二"学潮死难烈士姜高琦的衣冠冢和周肇基、黄家馥合冢，旁边还有血衣亭。在那次学潮中，除姜高琦死难外，省立一中还有一个学生周肇基也身负重伤，几个月后死于同仁医院，其妻黄家馥性情刚烈，不久服毒自杀，以示抗争。血衣亭中，有光明甫撰写的挽联：“天柱徒高，何如烈士垄；江流不转，长屹党人碑。”姜高琦，还有韦素园、周新民、童汉璋等学生领袖就读的安徽公立法政专门学校，就在菱湖公园西侧，离血衣亭很近，后来法专又成为了安徽大学校址。

郁达夫很早就知道安庆这座英雄的城市，在他的《自传之七·大风圈外》记述了安庆先烈对自己的震撼：“催促被压迫至二百余年的汉族结束奋起的，是徐锡麟、熊成基诸先烈的牺牲勇猛的行为；北京的几次对满清大员的暗杀事件，又是当时热血沸腾的青年所受到的最大刺激。”徐锡麟、熊成基都是安庆起义烈士，在北京刺杀五大臣的著名烈士吴越也是安庆府人。郁达夫在情感方面一生也与安庆纠缠不断，他的两任妻子孙荃、王映霞都到安庆来过。他的在北京夭折的长子龙儿就是在安庆出生的。毕生对他的作品攻击不断的苏雪林就是早年的“安庆才女苏小梅”。而他的对王映霞始乱终弃的情敌许绍棣，就是看上安庆美少女孙多慈后抛弃王映霞的。孙多慈与苏雪林是安庆女中校友，两人去台湾后又成了闺中密友。

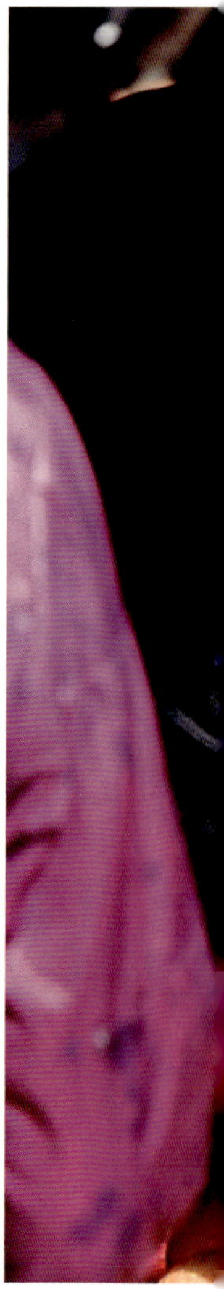

大北门布云施雨巷早市

百花亭：苏雪林精神家园

╲苏雪林

苏雪林祖籍安徽宁国府太平县岭下村，太平天国战乱时期始迁出，祖父苏锦霞在浙江做官，由典史而知县，先后任职于瑞安、金华、兰溪、仁和、钱塘，1897年苏雪林出生于瑞安县衙，幼名瑞奴。辛亥革命后苏锦霞失去官职，全家寓居上海，两年后返皖。“祖父在上海头尾住了近二年，眼看清室恢复无望，官已做不成，久住上海，也难支撑，民国二年（1913）初便定了回岭下之计。祖父母和五叔先行回去，父亲在安庆谋到一个职业，母亲和我便到了此城。二叔教我和三妹进入安庆基督教办的小学培媛女校，仅读了半年便退出，和母亲也到了岭下。”（《苏雪林自传·家塾读书及自修》）“我退出培媛女校后，便随着母亲赴岭下了。岭下虽是我的故乡，我还是第一次来到，我们的家宅置于万山之中，林木丛密，瘴气甚重，适应为难，我便患有乡间常有的一种疟疾。”（《苏雪林自传·考入宜城第一女子师范》）

苏雪林自安庆到岭下，由于水土不服患疟疾，半年始愈，这年下半年又返回安庆读书。“是年下半年听说安庆第一女子师范招生的消息，我怦然心动，想去应考。我父亲在安庆得一差，住在城里，见我母亲携我姐妹来到，知想考一女师，甚喜。我们到了考期，便去应考，一考都考上了。我进的是本科，三妹进的是预科。这个安徽第一女子师范，成立于光复前，才开办半年，武昌革命事起，便停办，现在才恢复。它在安庆城里的百花亭，与我从前进过的培媛女校相邻，以前就是徐锡麟刺恩铭的警察学校，后面还有徐公祠。这个学

古战场赤岗岭春色

＼安庆女中校徽

校面积甚大，杨柳成行，我考入此校的作文题就是《柳堂读书记》。”（《苏雪林自传·考入宜城第一女子师范》）

苏雪林父亲苏锡爵返皖后，在省城安庆谋一差事，一直居住安庆直至病逝。“他（苏雪林丈夫）为什么这样恨我？最大原因我把钱津贴我姐和嫂，其实两家都住在安庆我父亲家里，吃父亲的饭，孩子多，上学要学费，零用也无着。我每家月贴一二十元，钱是我教书所得，并未用他一文。”（《苏雪林自传·苏州教书及返沪》）“我母亲逝后，她（苏雪林姐姐）到安庆住在我父亲家里，两个孩子也在省城学校读书。那时我父亲赋闲日久，经济状况非常恶劣，而家庭人口又多，负担极重，家嫂有男女四孩，姐有其二。父亲不贤，又有鸦片瘾，生活拮据可想而知。我入国立武汉大学任教的第二年，学校派我住宅一所，始将姐自安庆接来正式组织姐妹家庭，她长子考入中央政治大学，次子仍在安庆中学肄业。”（《苏雪林自传·姐逝及退休》）民国二年（1913）苏雪林家族回皖后，居安庆、岭下。父亲苏锡爵一直居住安庆，苏雪林亦在安庆培媛、女师读书，毕业后又在母校附小、预科任教。据安徽大学沈晖教授回忆：“苏雪林生于风雨飘摇的晚清，一生颠沛流离，履迹京沪川鄂、西欧南洋，而念兹在兹的还是故乡太平与宜城（安庆）。1998 年 5 月，笔者护送 102 岁的苏雪林跨海峡回太平故乡，当返回台湾在黄山机场登机前，她动情地对我说：‘我不回台湾了，安庆还没有去呐！’‘羁鸟恋旧林，池鱼思故渊’，乃人之常情，但考虑到102岁的老人如何再禁得起一次旅途颠簸，如有不测，则为莫大罪过，故最终未能遂老人重游宜城之愿。苏雪林为何对宜城情有所钟？用她自己的话说‘深厚的民族思想便在这时候培养而成’。读者如有兴趣，不妨搜读她半个世纪前所写的《宜城小记》，当您读完这篇情真意切的小记后，心中自有答案。”（沈晖《苏雪林笔下的宜城》）

安庆女中校歌

清末民初安庆城北一隅的百花亭，是安徽近代文教圣地。百花亭原名白花亭，是东北城墙一亭阁，夏日在此眺望城外菱湖，白莲盛开，故名，后来就以白花亭（百花亭）泛称这一片区域。宣统年间，基督教圣公会在此建圣保罗中学和培媛女子学堂，西式建筑和教堂，在蓊蓊郁郁的香樟林中隐现，是圣公会在长江中下游办得最好的学校之一。圣保罗东侧一墙之隔就是安徽巡警学堂，1907年7月学堂会办徐锡麟在此刺杀安徽巡抚恩铭，发动安庆起义，是辛亥革命重要的遗迹。民初省立第一女子师范学校迁入巡警学堂原址，后改名省立第一女子中学校，苏雪林、孙多慈都毕业于这所学校。1928年4月，省立安徽大学租用圣保罗校舍成立，开学典礼就在圣保罗礼拜堂三一堂举行，后改为安徽大学大礼堂。

＼安庆女中附小校徽

直至1935年8月安大菱湖新校舍落成后，才正式迁走。这八年可称为百花亭时期的安大，人文荟萃，名师云集，是民国安大的黄金时代。

新文学大家、百岁老人苏雪林，是百花亭的产儿，她早年就读的培媛女子学堂、省立第一女师及毕业后任教的女师附小，都在百花亭，百花亭赋予了苏雪林知性生命，也给予了她人生的信心。在《苏雪林自传·考入宜城第一女子师范》中，她回忆这段美好的时光："我在安徽第一女师三年，国文总是满分。其他历史、地理、教育理论，凡文字写作者，总有九十几分，美术也满分，总分数结算下来，当然是第一名。在课外我又能做几首旧诗，能画几笔山水，大家更把我当做'才女'看，我的才名不仅洋溢宜城，甚至传到京沪，寓居两处的皖人提到'苏小梅'，无人不知，提到后来所改的'苏雪林'反茫然不知何人。"对少女苏小梅来说，那是阳光灿烂的日子，人生有着无限的希望。"春光骀荡艳阳天，碧柳摇风弄晚烟。课罢随心呼女伴，万花丛里打革迁。"（苏雪林《女师校中即景》）

省立安徽大学创校伊始，除姚永概、方守彝已故去外，尚健在的同光体皖派遗老姚永朴、李范之、陈慎登、潘季野、韩伯韦悉数被聘为文学院教授，皖派年轻一辈程演生则担任过安大校长。继小南门贲巢之后，百花亭再度成为皖派诗人集结的中心，并在安大成立了宜城觞咏社，经常举行社集。1929年重阳节，宜城觞咏社集会，姚永朴有诗《己巳九月九日，宜城觞咏社诸君召饮，赋赠》：“又向江头挈杖行，高楼眺远眼偏明。吾生乐事惟多友，自古诗人最有情。岁月峥嵘如转毂，关河萧瑟总秋声。一樽能使闲愁尽，况是龙山会众英。”宜城觞咏社灵魂人物当是李范之。正如王羲之《兰亭集序》：暮春之初，群贤毕至，流觞曲水，修禊事也。觞咏社名称带有鲜明的魏晋色彩，此时皖派已不被宋诗所囿，李范之钦慕魏晋风度，在其编纂的《历代诗选》八卷中，集中汉、魏、晋、宋、齐、梁、陈，显示其价值取向。皖派创立伊始，延续的是桐城诗派尊宋传统，李范之则将皖派追溯至晚明皖垣海门、中江诗社（以阮自华、阮大铖为中心）尊崇的魏晋传统、田园意趣，又开启了一番风貌。宜城觞咏社在安大学生中也颇具影响，早年毕业于文学院、安徽诗词大家刘凤梧、宛敏灏都曾亲炙于李范之等皖派诸老。

＼安庆女中附小校歌

同光体皖派诸家，姚永朴、陈慎登都是经学大师，李范之则精于诸子学。20 世纪 30 年代《教育杂志》发起的“读经”讨论，安大文法学院教授参与较多，比较活跃，其中姚永朴、陈慎登是赞同读经的代表人物，周予同和曾任安大政治系主任的刘英士则持折中观点。陈慎登认为：“惟吾国为数千年古国，六经自孔子删定，又二千四百余年，迄乎前清，奏定学堂章程，自小学至大学，读经讲经，具有次第。学校废经，不过最近二十余年短对期耳。至前此数千年，国何以立，人才何以成，自有定论，不可诬者。要之国人固无一日
立，人才何以成，自有定论，不可诬者。要之国人固无一日

／倒扒狮老街

第二代百花亭建于原安庆卫校内

一时不读经也。即今读经废于学校，而人民爱国，私家读经者，仍自若也。故今所议，不空言读经，而曰恢复读经，不忘本也。”在安大之前，陈慎登曾在女师教历史，是苏雪林的老师，据她回忆，新文化运动时期，陈慎登在课堂上大骂陈独秀，情绪激动竟至昏厥。内心崇拜陈独秀、胡适的苏雪林对陈慎登传统保守的教学方法亦不认可：“他（陈慎登）教学的进度何以如此之慢呢？原来他教历史很少讲史迹只当作国文来讲，常说这个字意义不清楚，须另换一个字；这个字是多余的，须删去；这句话这样说是不对的，须替它换一句；那句话意义依违两可，须换一句明确的。他黑板上写，我们便在书上照改，把一本书弄得百孔千疮，不堪入目，真正历史事迹半点也不知道。”（《苏雪林自传·考入宣城第一女子师范》）这种为苏雪林诟病的教学方法，实际上是桐城派古文点评式教法，枯燥，但实用，热爱新文学的苏雪林厌恶也属常情，课本千疮百孔，她的文字功底也由此打下深深的基础。

民国十九年（1930），留法归来不久的苏雪林被省立安大文学院聘为教授，她又回到百花亭，与她的老师陈慎登成了同事。此时安大可谓兼容并包，既有老学究姚永朴、陈慎登、周癸叔、李范之，也有新潮人物苏雪林、朱湘、陆侃如、冯沅君。香樟荫翳，岁月静好，姚永朴有诗《文学院诸君过午返寓，惟予及耀之宿此，赋赠》：“兹地旷如野，悠然俗虑降。车音归客早，烛影得君双。过雨弥怜月，连床不碍窗。

依依终夕话,何处寺钟撞。”平静的日子延续到1938年6月后,轰然终结,安庆沦陷,城市陷入日寇兵戈之中。八年抗战结束后,虽有皖垣故旧何鲁、杨亮功、胡子穆重建安大,努力恢复皖江文脉,但难挽颓势,风流总被雨打风吹去。抗战流亡途中,姚永朴、陈慎登、李范之均卒于1939年,姚永朴卒于广西桂林,陈慎登卒于湖南桂阳,李范之卒于四川开县。

清末光宣年间,同光体浙派大佬、安徽提学使沈曾植曾将姚永朴比作清初学者朱彝尊。朱彝尊号竹垞,与沈曾植同乡,浙江嘉兴人。姚永朴授经百花亭省立安大期间,其弟子曾作联赞誉:“经学堪匹朱竹垞,春风又到百花亭。”对仗工整,传诵一时,成为佳话。1938年除夕,是陈慎登人生最后一个除夕,他在桂阳无限怀念故园百花亭。“轰天爆竹古州城,客子通宵目未凝。江表信闻心似醉,炎方春早气如蒸。老苍几辈分存殁,文物千家感废兴。最忆皖中逢此夕,吟笺岁岁百花亭。”(《戊寅(1938)除夕》)而他昔日的学生、后来的同事苏雪林在他故去六十年后,以百岁高龄从台湾返乡,尽管她一路唠叨百花亭,孩子般嘟囔不已,但无人理解她,一世梦萦,近在咫尺却无法靠近。这是那么多年后,那一群人距离百花亭最近的一次。

创造社与安庆

晚清民国时期，从安徽省城安庆往来上海主要还是依赖长江航运。1913年8月，皖北军阀倪嗣冲率军渡淮一路南下，攻陷沿江重镇安庆和芜湖，皖江革命党人柏文蔚、陈独秀、光明甫、高一涵、高语罕、易白沙，乘坐轮船从安庆逃亡到上海，又相继从上海流亡到日本。一年多后，国内局势稍微平静，他们潜伏回了上海，办杂志，写文章，反思辛亥革命得失，启迪民智。

光明甫是桐城阳和乡人，与陈独秀是安庆府同乡。阳和位于古南岳天柱山余脉岱鳌山南麓，现属枞阳县管辖，风景秀丽，民风淳朴。美学家朱光潜、法学家周新民、中国科学院院士慈云桂都出生在岱鳌山下。光明甫比陈独秀大三岁，彼此经历大致差不多，都中过秀才，都留学过日本，都热衷办学办报，也都参加了反清革命，陈独秀是岳王会会长，光明甫是同盟会会员。安庆光复后，陈独秀任安徽省政府秘书长，光明甫是秘书。翌年，光明甫辞去秘书一职，专注教育，与皖省教育家程小苏一起将官立、公立、私立的安徽法政学堂合并为江淮大学，这就是后来郁达夫任教的安徽公立法政专门学校的前身。

在上海期间，光明甫结识了上海泰东书局的总经理赵南公，他们之间的相识为日后造就了创造社与安庆的一段姻缘。

上海泰东图书局成立于1914年，地址先设在南成都路（今成都南路），后迁马霍路（今黄陂北路）德福里220号一栋两楼两底的石库门房子，并在四马路（今福州路）设有门市部。泰东书局是一家股份制的中小出版企业，股东多是1914年8月在日本设立的反袁组织欧事研究会成员，主要股东有谷钟秀、欧阳振声、彭允彝、殷汝骊。泰东书局撰译法政、哲学、文学各种书籍，“欲以牖进社会文明，隐力商贾之间，密图改革”。泰东书局还作为联络海外同志的机关，被称为“国内民党之重镇”。

赵南公是直隶（今河北）人，与欧事研究会骨干谷钟秀同乡，谷钟秀是泰东书局首任总编辑，讨袁之役后，北上任段祺瑞内阁的农商总长，赵南公总经理一职，与谷钟秀的举荐不无关系。当时上海是各种反袁势力的大本营，光明甫与韬园派的孙洪伊过从甚密，护法期间曾受孙洪伊指派赴洛阳联系直系吴佩孚。孙洪伊是直隶天津人，与谷钟秀既是同乡，又是政治盟友，光明甫那时和谷钟秀认识也是自然的事，后来与赵南公相识应该也是这个背景。晚清桐城派大师吴汝纶曾任保定莲池书院山长长达十四年，对直隶近世学风影响深远，谷钟秀曾就读莲池书院，是吴汝纶弟子，曾撰写《祭桐城先生文》纪念吴汝纶。光明甫与李光炯、阮仲勉、房秩五等，也都是吴汝纶在家乡桐城的著名弟子，协助过吴汝纶在安庆创办桐城学堂。桐城文风，吴门弟子，这是光明甫与赵南公结识的另外一个背景。

赵南公接手泰图书局后，淡化了欧事研究会的政治色彩，顺应上海读者的阅读兴趣，出版了好几种鸳鸯蝴蝶派的小说，其中杨尘因的《新华春梦记》最为成功。五四新文化运动兴起后，市场风向转移，头脑敏锐的赵南公明白了“再过下去所谓‘鸳鸯蝴蝶式’的小说书不再会走民国三四年的红运的了。于是，他就决定放弃过去的一切，重建理想的新泰东。”所谓“重建”，就是转营新文化和白话文学书籍。

与此同时，在安徽省城安庆，受五四运动影响，学潮风起云涌，安徽法政专门学校的学生驱逐了北洋军阀政府任命的校长，一致拥戴光明甫回皖担任校长。在外流亡六年多的光明甫终于可以回归故乡了，临行前，光明甫委托赵南公帮助他在沪为法政学校物色教员，赵南公欣然同意了。

谷钟秀是泰东书局首任总编辑，首任总经理则是欧事研究会另一骨干欧阳振声。欧阳振声是湖南衡阳人，曾任湖南省议会议长，由于这个关系，泰东书局的不少编辑都是湖南人，像李凤亭、易君左。而正是通过李凤亭，泰东书局与在日本的创造社有了联系。创造社的起因是在日本留学的几个文学青年不满国内杂志的平庸，而决定集合同人创办一份“纯文学”杂志，在文坛另树一帜。如张资平就认为中国除《新青年》外，“真没有一部可读的杂志”，而且连《新青年》也都是“一些启蒙的普通文章”。（郭沫若《创造十年》）严格地说，这一群留学生只是文学爱好者，因为他们所学的专业都非文学专业，郭沫若学医，郁达夫学经济，张资平学地质，成仿吾学兵工，在日本开了几次会后，因缺乏办杂志的资金，再加上又不在一地，各自都要忙自己的学业，眼看

当初宏伟的设想就要无疾而终了。

李凤亭与成仿吾是湖南同乡，两人在东京补习学校读书时曾住在一起。1921年初李凤亭毕业后回上海，即被泰东书局聘为法学部主任，李凤亭还向赵南公推荐成仿吾担任文学部主任。这个消息传到日本后，正在为前途焦虑的这一帮文学青年立刻振奋起来。4月1日，郭沫若与成仿吾结伴同船回国，几天后，等他们兴冲冲地来到泰东书局，却发现文学部主任已经有人担任了，而李凤亭已去安徽法政专门学校教书了。两人即刻有一种被欺骗的感觉，但在与总经理赵南公诚挚地交流后，心绪又渐渐平复了。

赵南公告诉二人，泰东书局属中小书局，在上海激烈的竞争环境下生存很困难，泰东书局愿意聘用他们，但仅能支付他们的食宿、来往日本的路费和一些零用钱。但泰东书局也的确不拘一格，愿意为有才华的文学青年提供一个成功的平台，为他们出书，为他们办杂志，帮助他们成名。最后，赵南公拿出了撒手锏——安庆法政学校的光校长。光明甫委托他为法政学校推荐教员，那里教员的工资比较高，每月可达200元。当时上海最大的书局商务印书馆普通员工工资只有几十元，沈雁冰（茅盾）担任商务印书馆下面的《小说月报》主编，月薪也只有100元。他们熟识的李凤亭，在赵南公的举荐下已经赴安庆任教了，就是最好的例证。

经过审慎考虑，郭沫若和成仿吾接受了这种奇特的“雇佣”形式，没有契约，没有固定薪酬。“我们不曾受过他（赵

菱湖风景区

南公）的聘，也不曾正式地受过他的薪。我们的书不曾受过稿费，也不曾算过版税。”（郭沫若《创造十年》）除了免费提供食宿外，赵南公还经常给他们一点零用钱，就这一点坐公车买生活必需品的钱，这几个文学青年还不好意思去要，“说到要钱，虽然是应得的报酬，总觉得在讨口的一样，有些可耻。十块五块的钱，在上海的几个人是用不了几天的。达夫和仿吾的洁癖比我更还厉害，要钱时大概是叫我去破脸，我的脚自然也就有些羞涩，当去三次的至多只去得两次。”（郭沫若《创造十年》）

早期创造社同人，似乎并不在意物质生活的匮乏，他们需要的是泰东书局给他们提供的话语平台，并利用这个平台在文坛建立自己的话语权和话语空间。从这一点来说，他们的目的完全达到了。不久，郭沫若就向赵南公提出出版“创造社丛书”和办一个文艺杂志的计划，由泰东书局承印、发行，赵南公爽快地同意了。世界终于向这一群热情的文学青年打开了一扇门。带着这个好消息，郭沫若又东渡日本，在东京郁达夫寓所召开了创造社成立大会，会上将刊物定名为《创造》，暂出季刊。“创造社丛书”的出版速度也很快，从7月到10月，丛书的前三种郭沫若《女神》、朱谦之《革命哲学》、郁达夫《沉沦》先后出版，震动了文坛。此后，张资平的新文学第一部长篇小说《冲积期化石》，郑伯奇的译著《鲁森堡之一夜》也先后在泰东出版，田汉则在《创造》季刊创刊号上发表了他的成名作《咖啡店之一夜》。

曾担任泰东书局编辑、后成为著名出版人的张静庐在20世纪30年代就说过："泰东，是创造社的摇篮。"郭沫若在《创造十年》中也公正地评价了泰东："更公平地说，我们之为泰东服务，其实又何尝不是想利用泰东。创造社的人要表现自我，要本着内在的冲动以从事创作；创作了，表现了，不能不要发表的地方，所以在他们的那种迷梦正酣的时候，泰东书局无论怎样苛刻他们，对于他们是有效用的。然而梦一醒来，暂时那样去表现，不想那样去创作了，失去了效用的泰东便只留下了苛刻。"说白了，一开始泰东和创造社相互需要，相互利用，也都有需要和利用的价值。当羽翼丰满的创造社有了更大的舞台时，泰东书局的所作所为便显得不合理，也失去了价值和作用。

此时安庆法专的光明甫校长又雪中送炭，要赵南公推荐一个英文教员，赵南公马上把消息透露给郭沫若。郭沫若觉得自己英文不好，不敢误人子弟，就推荐了英文基础甚佳的郁达夫。郁达夫1921年9月初从日本回到上海，在泰东书局主持《创造》季刊创刊的有关事宜，10月1号即坐船赴安庆教书。这是他在国内第一份正式工作，月薪200元。此后很长时间，郁达夫换了好几个工作，名气也比现在大得多，但工资都没有达到这个水准。

光明甫开启的高薪聘请人才的传统，其后在法政学校基础上建立的省立安徽大学也得以延续。曾在苏州东吴大学任教的苏雪林回忆她去省立安徽大学任教的经历时说："安大

钱牌楼

给我的名义是教授，月薪200元。前文说过，我在东吴大学并无名义，等于今政府各机关雇员，月薪不过50元，还是我争来的，两相悬殊，何啻天壤，我当然去安大了。”（《苏雪林自传·苏州教书及返沪》）刚刚从美国留学回来担任安徽大学外文系主任的朱湘月薪更高，达到300元。郁达夫也接到了安大的邀请，便匆匆第三次奔赴安庆，但仅仅过了一个星期就仓皇逃回上海，行李都没拿，原因是安庆朋友邓仲纯告诉他，省教育厅厅长程天放将他的名字列入了赤化分子名单。就在这种情况下，事隔一年多后，安徽大学校方还支付了郁达夫整整一学期的薪水。

赵南公在上海推荐了多少人到安徽法政专门学校教书，已经无从考证了，但有三个人肯定与他有关，除郁达夫外，泰东书局的编辑李凤亭、易君左也在其中。在早期，依附于泰东书局的创造社作家也兼任书局编辑，而泰东书局编辑在创造社影响下，有的也走上了文学创作道路，如受郁达夫影响极深的易君左，就出版过短篇小说集《西子湖边》，其中的《塔影》，就写他和郁达夫在安庆的生活。

钱牌楼

／钱牌楼

新文学早春之寒

《春潮》是郁达夫一篇未完成小说，发表于1922年11月《创造》季刊第一卷第三期，此时郁达夫正在菱湖之畔安徽公立法政专门学校教书。与1921年秋季第一次在法专教书独自一人住校不一样，这次他把妻子孙荃接到安庆，在城中租房居住。法专同事陶希圣回忆自己常与郁达夫在迎江楼或大观亭聚会，也是在这一学期。20世纪二三十年代，乍暖还寒的早春，如十二消息之复卦，重重阴霾之下，一根新生的柔弱的阳爻。郁达夫“日本—A城”系列便是这个复时代言语者。“雪后的东京，比平时更添了几分生气”，《银灰色的死》开篇这句话奠定“日本—A城”系列基调。1923年秋郁达夫赴京教书，作《离散之后》，亦是其复时代终结。郁达夫“A城系列”包括，直接以A城（安庆）为背景的《茫茫夜》《秋柳》《茑萝行》《迷羊》；《茫茫夜》《秋柳》主人公“于质夫系列”，《怀乡病者》《空虚》《离散之前》；创作于A城的《孤独》《春潮》。此外亦有易君左《塔影》、陶希圣《江风塔影》、苏雪林宜城之忆多篇，“A城”可谓新文学一个地域性符号。民国安庆是新文学福地，陈独秀、程演生、方令孺、宗白华、张友鸾出生在这座城市，苏曼殊、朱湘、张恨水、苏雪林、郁达夫、易君左、庐隐、陆侃如、冯沅君、饶孟侃、刘大杰在这座城市生活居住过，现代文学名篇《海滨故人》有这座城市的背景，郁达夫“A城系列”则是这座城市另外一个生命。

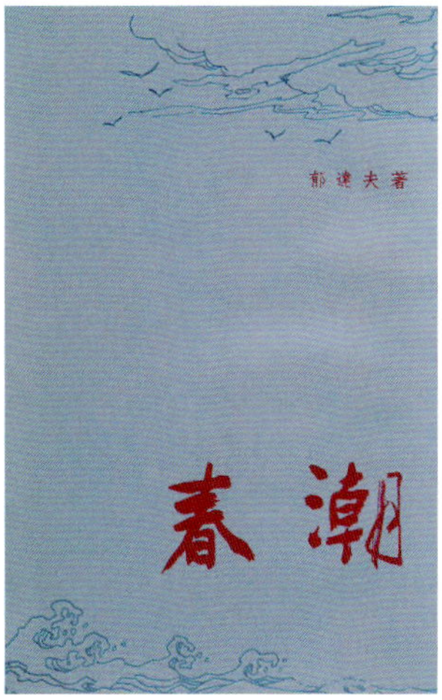

／《春潮》是郁达夫一篇未完成的小说，发表于1922年11月《创造》季刊第一卷第三期，此时郁达夫正在菱湖之畔安庆法专教书

《茑萝集》是郁达夫第二本小说集，收录《血泪》《茑

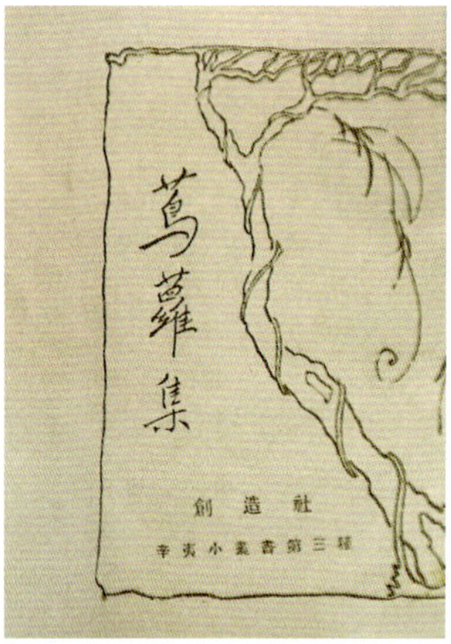

＼茑萝集

萝行》《还乡记》三篇小说，仍由上海泰东图书局出版发行，初版于1923年10月。《茑萝集》属于创造社辛夷小丛书的第三种，辛夷、茑萝都是植物名，辛夷喻示爱和友谊，《诗经》云“茑为女萝，施于松柏”，意喻亲人之间相互依附，这也是早期新文学情怀。《茑萝行》叙述郁达夫、孙荃夫妇在A城（安庆）的生活，一天晚上夫妇二人争吵，孙荃投江自杀，被几个车夫救回，不知这情节是真是假？据陶希圣回忆，郁达夫、孙荃二人生活是甜蜜的，无论下课还是聚会，只要有空闲，他都要回家转一圈。“安庆是一个山城，步步是坡，达夫走路很快，旋风一样回家看他的太太。”“A城系列”是当时安庆文学青年的圣经，郁达夫对安庆山水的描写成为他们的写作典范，《皖报》“菱湖”副刊则是他们主要的创作阵地。“我对于此处山水的爱恋，与郁达夫的意旨不同。郁达夫爱到这鸭儿塘边小山遨游，为的是看那一碧无尘的碧落，和那江边三角形的小沙洲；而我则爱看西北耸立的几座大山，浑朴纯厚的乡人男女。”（芝灵《鸭儿塘畔话桑麻》）这些文字仍在延续郁达夫、易君左的A城意象，充溢族群新生的气息。从“A城系列”到《皖报》“菱湖”副刊作者群，构成了皖江新文学传统。蕉影、凇霞、梦樵、慈悦、双桃、瑶、朱寄蜉，这些初春旷野静谧的名字；《登迎江寺》《鸭儿塘》《春光含笑中之菱湖》《大观亭远眺》，这些文章记录了他们关于生命的新鲜感受。这座城市，这些人物，还处在懵懂的少年时期，就像乍暖还寒的早春时节，此时的世界是清新的，呼吸的空气是清冽的，而胸中涌动的是充满希望的春潮。

1921 年 10 月 15 日《沉沦》由泰东书局出版，不久即创造了连印十余版、发行达两万余册的奇迹，使郁达夫从一个籍籍无名的文学青年一跃为文坛炙手可热的著名作家。郁达夫大约是在安庆的第一阶段末期开始声名鹊起，所以，当他第二次来安庆时，已不再是当初那个放浪形骸在僻巷寻欢的留学归来的文学青年，他开始在乎很多东西了，同事的眼光，别人的议论，读者的反响，评论家的臧否，还有自身的文学地位。《沉沦》虽然读者叫好，但评论界却是一直褒贬不一，且始终贬大于褒，“肉欲描写者”“肉欲讴歌者”“颓废作家”“诲淫”“不道德的小说”等各种帽子都扣在郁达夫头上，让“天真、潇洒、真诚、自然，而微微带点神经质”（陈翔鹤《郁达夫回忆琐记》）的郁达夫一下子无所适从。

特别是当时文坛领袖胡适对郁达夫严厉的批评，不仅仅是他的小说的评价问题了，而是对郁达夫的水平和能力都产生怀疑。在胡适眼里，郁达夫只是一个英文水平很差的“初出学堂门的学生”，他和他的同事，都是“浅薄无聊而不自觉”“把他们几个外国人的粗浅的演说，糊糊涂涂的翻译翻译，便算新思想家了。”这篇题为《骂人》的文章在 1922 年 9 月 17 日《努力周报》发表后，在安庆的郁达夫几近崩溃，他在给郭沫若写的信中，说他想投江自杀的心都有。对于胡适的批评，郁达夫除撰写《答胡适之先生》反击外，创作于

1922年11月的小说《采石矶》，把身在安徽法政学校教书的自己比作安徽学台朱筠的幕僚黄仲则，把创造社同仁郭沫若比作黄仲则好友兼知音洪亮吉，而把他眼中的新学阀胡适比作戴震，表明他对胡适派学人的愤慨和抗争。美国李欧梵在《现代中国作家的浪漫主义的一代》一书的第六章《黄仲则与郁达夫》中，对《采石矶》也进行了分析和解读：

“就在郁达夫受辱（注：指胡适在《努力周报》对郁达夫的指责）而感到气愤、闷闷不乐地度日子的时候，他又重读了黄仲则的诗并写了《采石矶》这篇小说。看来，很清楚，郁达夫将积郁在他内心的感情都注入了这篇小说。通过小说里的人物形象，人们可以在现实中找到他们类同的真人真事：朱筠及泰东公司出版经理；洪亮吉和郭沫若；安庆衙门里那些没有眼力的同事们以及文学研究会的成员们；在当时的文化领域里那目空一切、心怀恶意而又无半点才能的权威考据大师戴震以及可与他比美的所谓‘整理国故’的新负责人胡适（据说他为自己能与清代考据大师相比而感到十分洋洋自得）。而至于那个孤独受奚落的才子除了郁达夫外又可能是谁呢？”

终生追随胡适、后来与郁达夫安大文学院同事的苏雪林对他评价也不高。苏雪林说自己见过郁达夫，“一身浊骨，完全不像文人。他的说大话，毫无风致，只觉粗鄙可憎；他的发牢骚，也不过是些可笑的孩子气和小家女人气。他何尝够得上名士的资格，只不过是名士糟粕之糟粕而已。”苏雪林对郁达夫作品也很有成见，说其表现的性的苦闷有“色情狂”的倾向：“像《沉沦》中的主人公，一见女性呼吸就急促，面色就涨红，脸上筋肉就起痉挛，浑身就发颤，还有其他许多不堪言说的情形，这是一般青年所有的现象吗？《茫茫夜》里的于质夫，到小店女人处买针买帕，回来后自刺等等可笑的行为，又是普通男子感到性欲无可发泄时的情况吗？”（苏雪林《二三十年代作家与作品》）

／郁达夫

苏雪林是一名虔诚的基督徒，在圣公会安庆培媛女校上学期间，每周日都要到对面圣保罗男校的圣三一教堂做礼拜，后来上中学的省立第一女师，亦以校风严谨著称。安大任教期间，苏雪林兼任女生指导，晚上住在女生宿舍隔壁的一间寝室，当时安大校风比较自由，男生到女生宿舍有时十一二点还不走，唱歌，喧闹，影响了别人休息。苏雪林为此经常与他们吵架，并威胁要告诉学校记过。一天晚上，苏雪林自外返校，走到距离她的寝室不远处小树林时，从林中飞出一粒石子击中她的前额，顿时血流如注，两条手帕都染红了。伤好后前额留下一个凹痕，后来苏雪林不得不用垂下的短发遮蔽。这次遇袭打碎了她的百花亭之梦，不久就调往武汉大学教书。

郁达夫泰东书局同事易君左也在安徽法政专门学校教书，与郁达夫教的是一门功课，但两人在学校几乎没碰过面，这是怎么回事呢？易君左发表于1946年10月的《我与郁达夫》一文对此有简单的记载：

大王庙老街人物

“我在吴淞中国公学教书时，即无形中脱离了泰东书局编辑的职务，而我和赵南公父子及一般朋友们的往来还仍经常不断，中公教书一年即到安庆，在安徽公立法政专门学校教书。这个法专就是安徽大学的前身，地点在北门外百子桥，离安庆有名的郊外名胜菱湖公园很近。后来到民国二十年我又重到安庆兼安大功课，校长是杨亮功的同学。而在法专时代，几乎经过三个校长：最初是光昇，次是徐某（忘其名），最后是王兆荣。《西子湖边》有一篇小说：《塔影》，即写我在安庆教书的故事，这里面充满了我，也充满了郁达夫。达夫的小说集里，仿佛《迷羊》一种即是写他在安庆的放浪生活。

最奇怪的是，我与达夫执鞭法专并不同时，而是间隔。即我教第一学期，达夫教第二学期，我再教第三学期，达夫教第四学期，所以我们两人各当了一年教授，而这一年却分开两段。但我们两人所教的是一门功课，即欧洲政治史，达夫学政治经济，我也学政治经济，教这门课，并非过分。为什么这样分期教书？这是我们在上海约定的，以便彼此都能休息一下，生活不致呆板。校长对我们很客气，因是老朋友，漫说隔一期，就是隔一两年来教也未尝不可。”

1921 年 10 月至 1923 年 1 月，郁达夫只在安庆生活了八个月，却成为了《茫茫夜》《秋柳》《迷羊》三部小说的写作素材，创作时间跨时五六年，且故事版本不同，使郁达夫这一段时间在安庆的情感生活显得扑朔迷离。《茫茫夜》

营造的变态情欲的氛围让读者感到不真实，《秋柳》中碧桃的出场让读者耳目一新，《迷羊》里王介成与谢月英炽烈的爱与欲则让读者喘不过气来。谁才是郁达夫心中的最爱？那个郁达夫与她相约“万一藕丝未断，黄泉相见有期”的海棠，会不会是小说中的海棠、碧桃、谢月英三个人的复合体。作者每次只透露她的一部分信息，在《茫茫夜》中透露了她的名字和身份，在《秋柳》中透露了她的性格和容貌，在《迷羊》里则透露了他们之间的故事。故事的最后结局，被爱情之火耗干的王介成昏倒在圣保罗医院的雪地里，大雪埋葬了他过去的一切，他在教堂的祷告和忏悔中重获新的生命。由此，郁达夫结束了五六年来关于A城的创作和回忆，他告别了过去，忘却了A城，并在与王映霞一场轰轰烈烈的爱情中开始了崭新的人生。

／安庆招商局码头

郁达夫安大索薪记

1929年9月，郁达夫应新成立不久的省立安徽大学之聘任文学院教授，但一周后即离开。9月24日郁达夫买船票，9月26日夜坐江安轮赴安庆，第二天早晨起锚，9月29日到安庆。“九月二十九日，星期日，阴，晴。午前十一时到安庆，遇政变兵变，受了不少的惊慌。午后三时才到百花亭安徽大学内住下，人倦极，作上海信一封。”“十月六日，星期日，雨。从安庆坐下水船赴沪，行李衣箱皆不带，真是一次仓皇的出走。”

令人不解的是，郁达夫在安大任教仅仅一个星期，后来安大却补发了他一个学期薪水。读郁达夫日记，1929年9月17日，“午后接安徽省立大学来电，聘为文学教授，月薪三百四十元。”9月18日，“午后接安庆来电并电汇薪水一月三百四十元。”抵达安大后，又支到薪水一百元，郁达夫尚未开课，安大已预付郁达夫薪水四百四十元。

郁达夫定于10月7日星期一正式开课，但开课前一天不知何故突然离开。郁达夫回到上海后，不断向安大索薪。1930年1月7日，“今天发电报一，去安徽索薪水。”1月15日，“午膳后发快信一封去安庆催款，并去看鲁迅。”1月29日除夕，安大给郁达夫一百元过年，郁达夫嫌少，“安徽大学只给了我一百元过年。气愤之至，但有口也说不出来。”2月19日，“傍晚接安庆来电，谓上期薪金照给，并嘱我约林语堂氏去暂代。”2月21日，“早晨又去打了一个电报去安庆，系催发薪水者，大约三四日后，总有回电到来。”郁达夫索薪确乎成功了，王映霞《半生自述·风雨茅庐》：“凑合几年集聚下来的一些稿费，加上从安庆收回来的半年工资，付出了买山地的价款之后，就所余无几了。”

在安大的一个星期，从其日记来看，郁达夫天天游山逛水，看戏访书，很悠闲，没有什么险恶的预兆。直到出逃前一天晚上，郁达夫还在与安庆旧友聚会，“买帐子一顶。晚上约旧友两人吃晚饭，谈到十年前旧事，黯然神伤矣。后天要开课了，生活的行程，怕又要变一变过。”（10月5日日记）

据资料记载，郁达夫逃离的原因是安庆朋友邓仲纯告诉他，省教育厅厅长程天放说他是赤化分子，准备迫害他。程天放系江西新建人，五四时期就学于上海复旦大学，曾组织上海学生联合会，选为会长。1920年赴美留学，先后获得伊利诺伊大学政治学硕士和多伦多大学政治学博士，并曾任加拿大《醒华日报》总编辑，回国后担任过江西、安徽、湖北三省教育厅厅长和安大、浙大、川大三校的校长，著有《欧亚归途》《美国论》《胡适与中国》等。校长要迫害一个学校高薪聘请来的教授，似乎有些说不过去。我倒是认为郁达夫走之前的那天晚上的日记透露了一点信息，令郁达夫黯然神伤的十年前旧事，也就是在他任教安徽法政专门学校期间，究竟发生了什么事，只有郁达夫自己知道。也许郁达夫这么匆忙地赶来就是为了要寻觅旧情的，而现实已经是物是人非，他突然觉得没意思，就借机离开了。

安大已经预付了郁达夫一个月薪水，郁达夫一天课没上就跑了，按道理是安大找郁达夫才对，没想到是郁达夫反过来找安大讨薪。1930 年 1 月 7 日日记："晚上在新世界饭店开了一间暖房洗澡。中夜两点钟才坐汽车回来睡觉。今天发电报一，去安徽索薪水。"不知道郁达夫以什么理由向安大讨薪，反正他就开始索讨了，最后居然也成功了。从他的日记来看，郁达夫向安大讨薪主要有三大套路：

一是造舆论，主要对象是安徽知识分子。"早晨去内山书店，知去安庆的屠孝实已回到了上海。午后去看他，晓得了安徽大学的一切情形，气愤之极，我又被杨亮功卖了。晚上神州国光社请客，对许多安徽人发了一大篇牢骚。"（1930 年 1 月 18 日日记）安大在这年春节前给郁达夫寄一百元过年，郁达夫马上"去访一位新自安徽来的人，安徽大学只给了我一百元过年。气愤之极，但有口也说不出来。"（1 月 29 日日记）

二是不见面。知识分子一般都很顾及脸面，见了面有些话反而不好说，所以郁达夫主要是通过发电报、写信的方式来讨薪的。"午前睡到十一点才起床，外间大雨杂雪，冷得很。午膳后发快信一封去安庆催款，并去看鲁迅。"（1 月 15 日日记）"想到安徽的事，恼怒到了万分。傍晚发快信一封，大约明后日总有回信来，我可以决定再去不去了。"（1 月 31 日日记）"早晨去北四川路，打听安徽的消息，即发电报一通，去问究竟。午后小睡，复去访高一涵氏。"（注：这又是去造舆论，高一涵是安徽人）

三是不撕破脸皮。讨薪期间，郁达夫和安徽大学还保持往来，安大对郁达夫也很信任，甚至委托他约林语堂代替他到安大教书。“傍晚接安庆来电，谓上期薪金照给，并嘱咐我约林语堂氏去暂代。去访林氏，林氏亦有去意。”（2月19日日记）“早晨又去打了一个电报去安庆，系催发薪水者，大约三四日后，总有回电到来。约林语堂去代理的事，大约是不成功了。”（2月21日日记）

讨薪最终获得了成功，安徽大学在郁达夫一天都没开课的情形下，补发了他整整一学期薪水。这一年2月28日，郁达夫照例还是不出面，叫他老婆王映霞到安大取回上次仓皇出逃丢下的书，“晚上命映霞去安庆搬取书籍，送他上船，到午前一点才回来睡觉。天大雷雨。”（2月28日日记）十天后，王映霞回到了上海，“午后映霞到家。在安庆之书，全部带来了，只缺少了十几本，大约是被学生们借去的。”（3月9日日记）至此，郁达夫在安大一星期的教授生涯圆满地结束，其成功的讨薪经验，对当代常被欠薪困扰的打工族不无启发。

A城时光的绵绵延续

1934年七八月间，郁达夫到青岛避暑，与安庆旧友、时任国立山东大学校医兼外文系日文教员邓仲纯重逢，郁达夫《避暑地日记》有记：

“七月二十九日（六月十八），星期日，雨。

晨起大雨。午前写了半天信。午后汪静之、卢叔桓来，邓仲纯也来，便同去吃夜饭。邓小姐绎生，十年不见，长得很大了，吟诗作画，写字读书，都有绝顶天资，可惜身体不强，陷入了东方传说的妇女的格局。妹宛生，却和她姊姊完全相反，是一位近代的女人的代表。

八月三日（六月廿三），星期五，晴热。

今天怕将热至九十度以上，因晨起即热，有八十四五度也。剃头洗澡后，精神为之一振。又补成崂山杂诗二十八字：‘柳台石屋接澄潭，云雾深藏蔚竹庵。十里清溪千尺瀑，果然风景似江南。’（自柳树台东去至靛缸湾蔚竹庵等处。）

因去青岛在即，又做了几首对人的打油诗：‘京尘回首十年余，尺五城南隔巷居，记否皖公山下别，故人张禄入关初。’系赠邓仲纯者。与仲纯本为北京邻居，安庆之难，曾蒙救助。‘邓家姊妹似神仙，一爱楼居一爱颠，握手凄然

大王庙老街人物

伤老大，垂髫我尚记当年。’为仲纯二女绎生、宛生作。‘共君日夜话钱塘，不觉他乡异故乡。颇感唐人诗意切，并州风物似咸阳。’赠居停主人骆氏，钱塘乡亲也。‘王后卢前意最亲，当年同醉大江滨。武昌明月崂山海，各记东坡赋里人。’赠杨金甫，系十年前武昌旧同事。”

史料记载，安庆友人邓仲纯告诉郁达夫，程天放欲以“赤化”罪名迫害他，郁达夫遂迅疾离皖返沪。郁达夫与邓仲纯青岛重逢，诗歌后注及日记两次提及此事，“安庆之难，蒙君事前告知，得脱”，“安庆之难，曾蒙救助”，确乎能够印证这种说法。

郁达夫挚友邓仲纯有多重“身份”，他是清代书法、篆刻大师邓石如四世孙，美学家邓以蛰二兄，两弹元勋邓稼先二叔。他还是同光体皖派大佬、安庆小南门贲巢主人方守彝女婿，美学家宗白华小姨夫，剧作家曹禺岳父。邓仲纯夫人方愫悌是方守彝小女儿，生女邓绎生、邓宛生，皆国色天香，尤其邓绎生，郁达夫说她“吟诗作画，写字读书，都有绝顶天资”。青岛期间，杨振声认作干女儿，建议邓仲纯不要把邓绎生送出去读书，留在家里培养成熟谙国学的大家闺秀。朱自清日记也谈到杨振声干女儿邓绎生：“访今甫，见邓小姐，学诗学画，意在成一第一流美人（Classical Beauty），然余觉此种人必须有保镖（Patron），亦一麻烦。”殊不知杨振声有私心，他与邓绎生暗通情愫，不让其出去读大学，亦恐美人不保。关于邓绎生与杨振声情感纠葛，北京

大王庙老街人物

人艺导演、邓绎生表弟方瑄德回忆：“方瑞（邓绎生）是我的表姐，书念得不多，《北京人》反映了她的实际。她被杨某某留住，想走，又没有能力。大家庭养成了她的自我矛盾的心理。后来，我把她弄出来了。”

抗战爆发后，邓仲纯夫妇从青岛到四川江津，开办延年医院，邓绎生离开杨振声后，亦住在江津父母家。1940年夏，邓绎生与表弟方瑄德从江津来到江安看望妹妹邓宛生，借住在时任戏剧学校校长室秘书吴祖光的大院里，对门是曹禺家。曹禺对邓绎生一见钟情。吴祖光回忆：“曹禺很喜欢方瑞，一下子就看上了。”由于曹禺已有妻室，邓仲纯坚决反对他们交往，后不惜断绝父女关系，邓绎生随母姓改名方瑞。曹禺对方瑞感情真挚，恋爱期间创作的《北京人》剧本，浸透了两人的心血。方瑞逝后，曹禺说：“愫方是《北京人》的主要人物。我是用了全副的力量，也可以说是用我的心灵塑造成的。我是根据我死去的爱人方瑞来写愫方的。为什么起名叫愫方，愫是她取了她母亲的名字方愫悌中的愫；方是她母亲的姓，没有方瑞是写不出愫方来的。”

十多年前，郁达夫在安庆就认识了少女时代的邓绎生，此次青岛重逢，唤起郁达夫心中的情愫。不久郁达夫去了南洋，故事戛然而止。杨振声、曹禺演绎了郁达夫未完成的故事，也可以看作是A城时光的绵绵延续。

康德路与锡麟街

康德路是我自己命名的 它是一条南北向的路，东侧是一排独立屋，西侧是一连串的操场和草坪。这条路本来没有名字，我经常在这散步，一路很安静，树枝间挂满了鸟巢，长尾松鼠在树干上爬来爬去，路的尽头阳光绚烂，给人以遥远的感觉。我在这条路散步的时候，老想起哥尼斯堡那个喜欢散步的老头康德，很自然地就把这条路命名为康德路了。康德路在哪儿？在我现在居住的多伦多市士嘉堡区。

当我在康德路想起康德的时候，其实我对康德并不怎么了解，只知道他喜欢散步。在我上大学的时候，喜欢的是尼采、叔本华、海德格尔、马斯洛，康德已经过时了。他的著作佶屈聱牙，除靠研究他混饭吃的教授外，没人再愿意读他的著作了，也很难读得懂。为了解康德，我所做的也只是在谷歌上搜索一下康德，重温了一遍他在哥尼斯堡简单、刻板、平静而又健康、充实、丰富的一生。

以前在家乡安庆的时候，我喜欢在锡麟街散步，那时我家就住在锡麟街北端二中后面。二中以前是圣公会圣保罗中学，安徽大学建校时，一开始就是租用圣保罗中学校舍的。学校里操场旁边尽是蓊蓊郁郁的百年香樟，是圣诞堂的教士们当初栽种的。我的生物老师罗小伦在校园里给每棵树上都钉了一块木牌，标明树的科目和名称。罗老师是北大生物系毕业的，陈独秀的孙女婿，他家和我家一墙之隔。当初中央电视台《走遍中国》栏目组在安庆拍摄《江风安庆》时，其中一组镜头是徐锡麟刺杀恩铭，导演李星言到了二中操场，

锡麟街市井生活

肉面
海腾面馆

看到这些百年樟树和操场风水气势时，大声叫好，就定在这里拍摄了。其实安徽巡警学堂在圣保罗中学东侧，徐锡麟是在那儿刺杀恩铭的，附近还有一个纪念徐锡麟的百花亭。一生追随陈独秀的高语罕曾出版过一本安庆辛亥革命回忆录，书名就叫《百花亭畔》。

穿过二中就到了锡麟街，很小的时候，我在人民路一小上小学，要走过整条锡麟街。那时二中后门口锡麟街西侧是一个小山头，上面几乎都是那种欧式的两层小洋房，红瓦绿树。我经常从里面穿过去，岔到健康路，又拐回锡麟街。其中中间的一栋洋房最大，地势也最高，大门外还伸出一个走廊，屹立着两根白色罗马柱。中午放学经过时，经常看到里面的人在走廊上吃饭，饭菜的香味惹得我肚子咕咕直叫。后来当我了解了这一片建筑的历史时，楼房已经被拆光了，上面建满了六七层的多层住宅，老房子只剩下一个圣诞堂。

现在我散步的康德路东侧的房子，就如同我小时候看见的锡麟街的小洋楼，路边的院墙一律爬满了绿叶。就在昨天，风很大，天很蓝，阳光也很明媚，我在一家院子的绿墙听到了叽叽喳喳的鸟叫声，很热闹，像我小时候在乡村电线上看见的麻雀开会的情景。但是只听见声音，看不到鸟雀，绿墙挡住了我的视线。我的眼光在绿墙里搜寻，似乎嗅到了春天的气息。这只是昨天的感受，今天多伦多又下雪了。

锡麟街的小洋楼是圣公会的房子，当年在安徽大学任教的朱湘和苏雪林都描述过。苏雪林说诗人朱湘在安大教书的日子是他一生中最快乐的时光，他的薪水很高，有三百块大洋，他租了圣保罗中学后面最大的一栋洋房，把老婆孩子都从长沙接过来了。我很庆幸，我看见过朱湘当年租住的房子，那栋外面有两根白色罗马柱的最大的洋房无疑是朱湘当年住过的。而天主教徒苏雪林对这里则更是永世难忘，由于她管教太严厉，被一个学生从樟树后扔出的一粒石子砸中额头，留下了疤痕。

沿锡麟街往南走，穿过孝肃路，再往南走，经过天主堂、世太史第，就到了人民路。人民路以前都被梧桐树覆盖，特别安静，一声清脆的童音从交际处呼喊，好像在人民剧院都能听到。每天天蒙蒙亮，我就要到学校上早读。锡麟街顶端和人民路交叉处，有一个卖早点的，早点摊上亮着一盏灯，有好多人排队。每次走出逼仄幽深的锡麟街看到那盏明灯时，我心里就特别温暖。此时启明星还在天际闪烁，清凉的晨风轻轻抚摸我的脸颊。我从口袋里掏出一毛两分钱，挤上前去，清脆的声音穿透了往日时光："一个大饼，两根油条！"

在康德路散步的时候，我最怕的麻烦是和西人打招呼，通常碰到中国人，只要彼此不熟悉，是不用打招呼的。如果你热情地招呼人家，他们会很诧异的，如果是年轻的女子，则会下意识地怀疑你有什么企图。所以中国人遇到陌生人，通常会选择沉默，有一部电视剧叫《不要和陌生人说话》，反映了中国人的一种普遍心态。但在康德路上遇到了西人，却并非如此了。第一次在这条路上和西人打招呼，是在一个冬末，一个白人妇女牵着一条狗散步，狗走一会停一会，在路边和草坪上东嗅嗅西嗅嗅。妇人身材高大，神态很悠闲，当我经过她旁边时，“哈罗”，她极其自然地和我打一个招呼，我机械地应了一句“哈罗”，擦身而过。后来遇到西人多了，每次都是他们先开口打招呼，我有点不好意思了。有一段时间只要远远看见西人来了，干脆就躲开，免去打招呼的烦恼。后来也就慢慢习惯了，其实微笑着说一声“哈罗”不是什么难事，只是一种习惯而已。有一次散步碰到一个白人小伙子和一条狗，那条狗见到我就迎上来，在我衣服上嗅来嗅去。那个小伙神情顿显紧张，我轻轻拍拍狗头，对它亲切地说了声“哈罗”，那个小伙脸上立刻洋溢起笑容。我们彼此点点头，从对方的脸上感受着彼此释放的善意。

这几年每次回安庆，在锡麟街散步的时候，都希望能遇到儿时的伙伴和同学。我中学是在二中读的，就在那个被樟树包围的大操场，踢了整整六年足球。以前操场每天下午放学都是踢球的学生，夕阳西下，充满了青春期的灰尘和躁动。星期天，则是那些已经毕业和工作的球迷回到母校踢友谊赛，踢完后就到锡麟街的饭馆聚餐。现在，操场改成了塑胶跑道和人工草坪，比以前气派多了，却用铁丝网与外界隔开了，里面常常空无一人。想起以前操场上踢球队员的吆喝声和女生的欢呼声，真有点恍若隔世。去年夏天回安庆，我还真在锡麟街碰到了一个高中女同学，这让我好意外。在中学时我们男女同学相互都不说话，我对她的印象其实就是一幅画面，是高中毕业那年，好像是周末，我在锡麟街独自走着，绵绵春雨里编织着少年懵懂的情思。我看见那个女同学正在和另外一个女同学说话，她的背景是断垣残壁 ，那时锡麟街漂亮的洋房子正在被拆迁。后来我看见那个女同学转身走了，一团粉红的颜色，消逝在绵绵春雨的废墟中。那天在锡麟街相遇，她看起来变化不大，我一眼就认出了。我问她是否还记得当年的情景，我指着前面，喏，我就是在那儿看见你的。她有点吃惊地看着我，她显然已经不记得当年的情景了，她有点意外地问我，你怎么不跟我打个招呼呢？

菱湖雪景

第五章

皖江名胜：迎江寺 大观亭

东有迎江寺，西有大观亭
吾曹不努力，负此江山灵
——胡适

迎江学风

振风塔

1925年，厦门南普陀寺方丈会泉法师创办闽南佛学院，“钦慕迎江学风，乃礼聘惺公南来住持闽院”。惺公即常惺法师，所谓“迎江学风”，即安庆迎江寺学风。1922年，在安徽财政厅厅长马冀平支持下，迎江寺住持竺庵老和尚于寺内创立迎江佛学院（又名安徽僧学校），礼聘常惺法师任校长，教员有蕙庭、觉三、度厄、持松等法师，学僧五十余人。常惺法师讲授过《中观论》《百论》《十二门论》《成实论》《成唯识论》等大乘论典，惠庭法师讲《解深密经》，度厄法师讲《楞严经》，觉三法师讲《解深密经》，在学校授课的还有月霞、圆瑛、谛闲、广慈等高僧大德。两年后学校停办，1925年会泉方丈创立闽南佛学院，当中很多学生都是来自迎江佛学院，并邀请常惺法师住持闽南佛学院，蕙庭、觉三等授课老师也随之前来，可谓延续了“迎江学风”。迎江佛学院—闽南佛学院体系毕业的学生，有后来担任镇江金山寺住持的太沧、上海静安寺住持度寰、在台北创立华严莲社的南亭、到菲律宾弘化的瑞今等诸位法师。

2005年以101岁高龄圆寂的瑞今法师，是东南亚佛教界法门龙象，曾担任菲律宾大乘信愿寺、新加坡光明山普觉寺住持。1922年，十七岁的瑞今与广箴结伴从福建到迎江佛学院受学，由于瑞今忠厚朴实、语无虚饰，又是最年轻的学子，深为常惺法师所器重，成为他的入室弟子。学院生活有冬天参禅、夏季讲经的常例，参禅以七日为一期，每天禅坐、经行、开示三部曲，至于讲经以华严、楞严、法华为主科。以三个月为限，通常下午法师讲大座（讲解经文），隔日学员讲小座（将讲师所授义理复述，以资练习），这两种解行并重的丛林教育，为当时盛行的佛教常课，造就了不少僧才。对于这段学涯，瑞今法师颇有感触：

“皖城琳宇倚江滨，怒吼洪流似龙嗔。
浮屠登临舟楫近，山峦遥望碧天连。
惺公设帐扶僧运，竹老树材推法轮。
学子闻风齐向往，愿侍座次执巾瓶。”

迎江佛学院办了两年后，因为经费

困难，有行将停办的传说，使在校学生惴惴不安。瑞今和广箴商议，将常惺法师请到厦门南普陀寺继续办学，不至于学僧辍学。此时南普陀寺原为子孙庙，转逢和尚继任住持后，立志改革，并将其改为十方丛林，选出会泉法师为改制后的首任住持。南普陀寺环境幽美，经济充裕，办学条件最佳。二人在暑假期间征得常惺法师同意，并由广箴先返厦门向南普陀寺住持会泉法师报告。会泉法师热心僧伽教育，非常欢喜，亲笔写信邀请常惺法师到厦门看看，了解情况。由于瑞今、广箴二人的居中联络，乃有闽南佛学院的诞生。1925 年 8 月，闽南佛学院成立，会泉法师任院长，常惺法师任副院长，并请得蕙庭法师为主讲。学院开课，在七八十名学生中，有半数都是从迎江佛学院转过来的。又据迎江佛学院毕业的台湾华严莲社住持南亭法师《南亭和尚自传》所记述，迎江佛学院后来由三年改为两年提前毕业，于 1924 年夏天举行了毕业典礼，师生都离开了学校。没有跟随常惺法师到闽南佛学院就读的学生,实际上也毕业了，完成了学业。

1927 年，会泉法师三年方丈任期满后，礼请太虚大师为住持兼闽南佛学院院长。1934 年春，为整顿闽院学风，改进教学，弘一大师应邀前来，创办了佛教养正院，培养学生的僧格、僧德。一时使闽院精英荟萃，高僧辈出，为海内佛教界造就了众多优秀僧才。当代一些著名的佛教泰斗,如台湾的印顺导师、已故新加坡宏船长老、广洽老和尚、演培大师，马来西亚的竺摩法师等，都出自闽南佛学院。1937 年抗战爆发，闽院被迫停办。从 1922 年迎江佛学院创办，到抗战期间闽南佛学院停办，十五年间迎江佛学院一闽南佛学院教育体系共培养出两百多名优秀的僧侣，可谓民国佛教界之黄埔军校。

创立迎江佛学院的竺庵老和尚是湖南人，西门外地藏庵住持慧明老法师也是湖南人，查阅迎江寺相关资料，民国迎江寺住持也有叫慧明，且慧明与竺庵这两个名字不会在一个资料同时出现。

民国安徽大学校园

极有可能慧明与竺庵是同一人，即同一个僧人，有两个法号。竺庵对迎江寺另外一大贡献，就是民国七年（1918）在大实业家、曾任北洋政府财政总长的周学熙捐款支持下，重修了寺内佛殿及振风塔。这次重修缘起十年前周学熙父亲周馥一次回乡之旅，周馥发迹于安庆，在安庆被刚刚离开曾国藩幕府、开始独立组建淮军的李鸿章所赏识，办理文案，从此跟随李鸿章三十余年，成为淮系集团核心人物之一。光绪戊申年（1908）秋，周馥回安庆，游览迎江寺，方守彝诗《同诸公登迎江寺浮屠二首，各有叙》记录了周馥的这次迎江寺之行：

“九月二十二日同月霞上人、通伯、叔节、洪君泽臣及贵筑郭子华、凤阳韩古农两观察，陪周建德公登迎江寺浮屠。子华、叔节挈僧是岸前导，穷七级，通伯六级，泽臣五级，古农一级。予同上人陪建德公至三级，回环瞻眺，待诸君同下。小坐方丈，茶罢而散，归来聊作短歌。

我生三登塔之颠，今年六十犹人间。
乃知凭藉青云上，一落千丈不复还。
冥鲲化鹏九万里，黄鹄翀天阵翼起。
古今夐绝有高行，北斗藏身耿予情。
绝径不容得攀附，离尘岂复犹回顾。
寄言七级莫漫夸，百步五十同一家。
仍饮僧茶饭俗饭，塔尖回望眼生花。

周建德公年七十余矣，是日步循江岸，陟大观亭，临清水塘，北至菱湖，东转入迎江寺，升塔至三级，意更进，予及上人止之。迎江寺塔创自前明，历今四百余寒暑。乱后再修，皆给官帑。风雷震撼，又见槛崩铃落、甓裂椽虚。诸君子合词言于公，未可听其萎废，公以意动，殷然筹所以保存之者。风采所见，歌诗纪之。

路人争指地行仙，尚书妙趣胸藏天。
长江云涛映白发，危亭风铎摇青烟。
亭荒笑如人老去，湖清且喜磬声圆。
古寺涌起江回漩，江外青山齐塔尖。
孤塔争山夹江立，气势相高相映妍。
青山无恙烟云好，未须料理自年年。
塔当风雷颜色悴，塔由人力山天然。

由天然者无成坏，由人力者不常坚。
可怜此塔抱衰疾，一邦风物黯不鲜。
游人叹息禅客恼，那可竟付时运迁。
我公俯仰动深眷，拾级上下龙蛇穿。
笑指江山无独好，人力到处天能全。”

迎江寺创建于宋开宝七年（974），曾名万佛寺，由僧人涵万募化而建，后荒废。明万历四十七年（1619），皖垣士绅阮自华（浙江巡抚阮鹗之子，阮大铖从祖）倡建迎江寺，寺内振风塔则建于明隆庆四年（1570），有“万里长江第一塔”之美誉。太平天国战乱时期，迎江寺及振风塔均遭到不同程度的毁坏。同治年间，安徽布政使吴坤修主持大修。2014年振风塔再次重修时，还发现了当年吴坤修题写的两块碑刻：“放大光明”“九州锁钥”。或许战乱劫难后的皖垣要修复的工程太多，资金有限，将近四十年过去后，周馥在月霞法师、马其昶、姚永概、方守彝等人陪同下重游迎江寺，登振风塔，眼前的景象竟有些破败，“诸君子合言于公，未可听其萎废，公以意动，殷然筹所以保存之者。”十年后周学熙捐资重修迎江寺和振风塔，缘起于周馥这次的回乡之行。周学熙在重修的碑记上但只提及母亲吴太夫人，并没有提及父亲周馥：

“中华民国七年戊午前财政总长秋浦
周学熙　遵
先母吴太夫人遗命捐资重修并承
安徽督军、省长暨绅商学各界合力捐
助共成盛举谨志”

民国二十四年（1935），安徽高等检察厅检察官王树荣以其亲见迎江寺斋猪，颇怪异之，故记录。后有人致函询迎江寺住持本僧上人，得复函证实，并寄来猪照两张。全文如下：

“安庆迎江寺左侧菜园，民国廿四年十月，忽来一豕，蜷伏不动，亦不食；园主僧宝智，性拙鲁易欺，菜佣绐之曰：‘尔有好友来访，候园中三日矣。’僧信之，至菜园，无所见，菜佣指豕笑曰：‘是非尔之老友欤！’豕见僧，绕身三匝，以首摩其衲衣，似甚恋恋，僧沉思良久，忽语之曰：‘尔岂王国荣耶？勿居此，速往后园！’豕立即起去，菜佣谓后园有篣笆，恐为豕所毁，宜令之山上，僧呼曰：‘王国荣，往后山去！’豕遂入山，与群豕为伍，觅野草以食。王国荣者，本江湖鬻拳术一流人，性任侠而暴戾，睚眦必报，众咸畏之！僧前寓贵池某乡，与相识。民国十七年，尝向僧贷款五元，以贵池乡间多匪，僧拟避至省垣，往索旧债，会国荣病，怒曰：‘尔知我病而来索债，何不情至此？好汉不赖钱我死亦当变豕以偿尔也！’僧忆前事，姑戏呼之，初不料豕竟驯服，悉听指挥也。

先是有某贩户，载豕渡江，舟傍岸时，一豕跃入水遁去，贩者闻迎江寺菜园有豕自至，往踪迹之，僧言：‘旬日前，确来一豕，现在山上，盍往认取？’贩者登山，见群豕三十余头，不可辨识，废然而返，菜佣教之曰：‘此豕有名字，请僧呼之必来。’贩者如其言以请，僧呼：‘王国荣！’豕果由山上趋而至。贩者怪问：‘此豕何以名王国荣？’僧为述往事，贩者叹曰：‘吾与王国荣亦曾相识，今既如此，吾请代偿夙债，以赎此豕何如？’僧许之，贩者出五元给僧，牵豕去，转鬻于屠户，屠者闻其前身为王国荣也，凡再易主，均莫敢杀。事为某居士所闻，使僧问原值，以十三元赎之，往谕之曰：‘王国荣！今赎尔放生于迎江寺，不杀矣。’豕频点其首，居士乃以红绸披豕身，沿途燃放爆竹，豕亦随众行，既入寺，居士焚香佛前，为之回向，豕趋入殿，伏地作叩头状，时环而观者如堵，咸啧啧称为奇事，乃别筑豕圈以豢养焉。

李范之先生闻其异，约丁洽明往觇之，豕伏圈内，僧呼其名，豕出，屈前足，以首伏地，若跪迎然。范老谓此豕前灵不昧，可令日诵阿弥陀佛，僧乃扣豕首而告之曰：‘尔果为王国荣，宜诵佛号以自忏！’豕呜呜然若作应声者三，见者皆嗟叹！吾意王国荣生前虽恣睢自肆，或尚有一二豪侠好义之举，故虽堕入畜生道，而犹得免于戮。彼世之操生杀威柄，妄逞一时意气，多行不义，滥杀无辜者，其亦知所警惕哉！”

常惺法师

闻迎江寺斋猪，同光体皖派诗人李范之、丁洽明急急赶来，往觇之，其时方守彝已过世十余年。迎江寺茶楼素食很有名，亦是皖派诗人经常雅聚之所。读《网旧闻斋调刁集》卷五，光绪丁未年(1907)正月秋日，方守彝又与阮仲勉、姚永概、徐铁华相聚于迎江寺茶楼，迎江寺素菜可谓江上一绝，方守彝赞叹：

“楼前临大江，一吸风中涛。
堆盘罗僧馔，瓜苗笋豆椒。
新机白雪面，清润碧丝芼。
贵者难尽识，但觉巧烹调。
叔节击掌笑，下腹异常肴。
（《后十日阮君又招引于迎江寺楼，叔节、铁华同为座客，梦霆时往浔阳》）”

民国甲寅年（1914），方守彝约陈慎登、程演生、葛温仲、邓以蛰在迎江寺喝茶，后马冀平也赶到，有诗句“山远孤帆峭，茶甘清磐柔。”（《约叔节、慎登、总持、温仲、叔存至迎江寺茶楼，冀平追寻，有句敦和》）这急急赶来迎江寺茶楼的马冀平，亦同光体皖派诗圈成员，民国时期一直往来于省城安庆与北京之间，与方守彝相互唱和颇多，方守彝《题冀平诗卷》，可以看作是两个佛门居士之间的心灵对话：

“仲春时雨回生意，镇日幽房一炷香。
老佛慈悲如我天，清诗吟讽对君忘。
才思便觉兼江海，霸业漫云扫帝王。
且愿深游探五岳，胸间云气费人量。”

马冀平（1876—1926），桐城人，名振宪，光绪二十八年（1902）举人，后毕业于京师法政学堂。1913年先后任京师地方审判推事、安徽高等审判厅厅长。1919年太虚大师应请在象坊桥观音寺讲经，他与陆军部部员王虚亭等人前来听讲，后皈依佛教。1921年，太虚大师在北京广济寺讲解《法华经》，马冀平与蒋维乔、胡瑞霖、庄思缄、夏寿康等人听讲。1922年，马冀平出任安徽财政厅厅长，至1923年7月；后回北京，任中国佛教协会会长、中国红十字会理事长。清末至民国，皖江有不少佛门大居士，如杨仁山、周叔迦、赵朴初，马冀平也是其中一个。马冀平皈依太虚大师门下后，在任财政厅厅长期

太虚法师

间，在他的大力支持下，遂有迎江佛学院的诞生，这背后自然有太虚大师的影子，后来太虚担任闽南佛学院院长亦绝非偶然。可以这么说，从迎江佛学院到闽南佛学院，其中的灵魂人物就是太虚大师。据印顺《太虚大师年谱》记载："（1922 年）八月，大师沿江西上，至安庆迎江寺。时马冀平长安徽财厅，与迎江寺竺庵，发起安徽僧学校，礼聘常惺任其事。常惺就大师咨商学课，契仰倍深（自传十五：常惺法师塔铭并序）。大师于佛教会，讲《佛法为人生之必要》（庐山学）。游观三日，有'大士阁月夜'等诗（诗存）。十一日，观音诞，竺庵陪大师游庐山，寓大观楼。"兹录太虚大师此次安庆之行诗四首：

自大观亭赴地藏庵

何处登临寄客情，望华楼畔大观亭。
窗前绿水悬纱幛，槛外青山列画屏。
偶聚应怜类萍梗，幽寻暂喜适林坰。
苍茫暮色垂杨里，共向禅关一叩扃。

迎江寺振风塔

前三三又后三三，一塔岧然入蔚蓝。
云树风帆明远近，电灯高照大江南。

菱湖公园

菱镜月移荷叶影，湖楼风送藕花香。
归车缓缓饶清兴，堤上凉蝉鸣绿杨。

大士阁月夜

近枕江流远倚山，轻风拂拂过窗间。
一楼明月凉如水，小坐能教万虑删。

地藏庵

地藏庵

民国皖垣城西玉虹门外，平头山连马山，一片低矮的山丘。山坡南侧是大观亭，西侧鸭儿塘，坡上坡下分布有很多寺庙。据百花亭宝善庵融和老师太回忆，现今德宽路至大观亭一带，有地藏庵、善云庵、静室庵、六合堂、仙姑楼、福寿庵、云隆庵、痘神庵；鸭儿塘有小百子庵、祇园庵、府主庙、清凉庵；玉虹街有大黄庵、小黄庵、添寿庵。这当中名气最大的就是地藏庵，原址在今热电路与德宽路交叉口东北侧，当年正对着玉虹门。融和老师太生于1924年，曾在西门善云庵、静室庵出过家，这两座庙宇距地藏庵很近。地藏庵住持慧明法师是湖南人，民国一代净土宗高僧，但留存世间的信息并不多。

同光体皖派诗人方守彝、李范之、张易吾、马冀平等都是地藏庵常客，经常到地藏庵参加讲经会。方守彝临终前最后一首诗就是关于地藏庵的，他在病床得知地藏庵西方三圣像落成后，满心欢喜。“残年待尽身多疾，镇日呻吟卧贲巢。贤尔关怀声屡至，作诗投赠谊何高。西方莲座遍香火，南土金容照寂寥。从此斋心同所愿，弥陀相见不嫌遥。”（《公拓外甥以予久病来视，作诗见投，意极恳挚。兼以西门外地藏庵三圣大像成立，赞扬欢喜，和句为答》）

张易吾遇害后，全国最先开追悼会的就是安徽省司法界。得知张易吾被杀的消息，皖省司法界人士一片悲愤，省高等审判厅厅长袁凤曦曾与张易吾共事多年，交谊深厚，更是悲痛难抑，他召集安徽高等审判厅、地方审判检察四厅工作人员，商定于1926年1月22日在西门外地藏庵为张易吾开追悼会。经过充分的准备，追悼会如期在张易吾生前常来礼佛听经的地藏庵举行。上午10点钟，省高等审判厅、地方审判检察四厅人员，以及张易吾生前在安庆的好友及各界人士，纷纷前来悼念。张易吾灵位设在地藏庵内左厢房，灵前供着鲜花果品，并悬挂多幅挽联。追悼会隆重肃穆，来宾排着长队，向张易吾灵位三鞠躬。袁凤曦宣读祭文，追溯张易吾的生平事迹和他为司法事业做出的贡献，读

张易吾1918年摄于安庆钱牌楼镜波照相馆

到最后，袁凤曦泣不成声，与会者也是哭声一片。这场悲壮激昂的追悼大会，显示了皖省司法界对这位为维护法权而付出生命代价的烈士的深切哀悼。追悼会结束后，来宾们还纷纷为张易吾家人捐款。地藏庵僧侣在慧明法师住持下，亦诵经七日，为张易吾超度。

大约1921至1922年，时任山东高等检察厅厅长梅光羲、山东盐法使夏莲居、山东财政厅厅长龚伯衡（后任山东省省长）等人，从济南来到安庆，同受皈戒于地藏庵慧明老法师。慧明法师唯教人念佛，叩以宗门事，唯无语。夏莲居《答任城靳艮斋居士》有诗记其事：

“传戒法师老慧明，教吾念佛意难倾，
不施棒喝但无语，颇怪此翁太世情。
无言即是三顿棒，觌面失机敢怨人？
当日云何不知痛，只因习气遍全身。”
（《答任城靳艮斋居士》）

这一批受戒于慧明老法师的居士，都是佛学造诣很深的净宗大德。民国初年，在家净宗居士所称的“南梅北夏”，“南梅”就是梅光羲（江西南昌人），“北夏”就是夏莲居（山东郓城人），台湾著名的李炳南老居士就是梅光羲学生。夏莲居亦密宗大德，显密圆融，所以他对于显教、密教、禅宗、净土整个融会在一心；晚年则专修净土，专弘净土，他的弟子黄念祖老居士也是专修、专弘净土。1932年，夏莲居发愿会集《大经》，历时十五年，稿经十易。1946年冬，黄念祖老居士发心重印《大经》千部，梅光羲作序，备陈会集缘起与始末经过。梅光羲所作《大经重印序》（即《重印无量寿经五种原译会集序》）中，列出或提及的夏莲居各类著述，包括已经印行或正待印者共计17种：《大经》会集本、《阿弥陀经》会集本、《会译引证记》、《校经随笔》、《大经合赞》、《净修简课》（即《净修捷要》）以及《大经五念仪》、《莲宗密钞》、《欢喜念佛斋诗钞》、《听佛轩自警录》、《一翁幻语》、《入道三字箴》、《一梦漫言评叙》、《邵康节安乐集钞》、《白玉蟾诗禅道影录》、《二溪学粹》、《渠园诗文集》等。

民国安徽大学红楼

地藏庵残碑

梅光羲、夏莲居、龚伯衡等人不远千里到安庆皈依慧明法师，显然是受到了张易吾影响。张易吾笃信佛教，在安庆期间，是地藏庵讲经会的常客，与慧明法师交谊甚笃。1920年调任山东后，亦出入佛门，被民间称为“慈佛厅长”，他自然要向济南佛门同修言及安庆地藏庵及慧明法师。一两年后，梅光羲等人就皈戒于慧明门下。梅光羲还是张易吾高院同事，安庆之行后不久，梅光羲便辞去了检察厅厅长一职，专心礼佛。而梅光羲的辞职，却为日后张易吾埋下了杀身祸根。佛门讲因果，实难预料。

梅光羲辞职后，山东督办张宗昌欲以自己的亲信邱任元代理省高等检察厅厅长一职，并请张易吾沟通司法部加呈请保，但张易吾对此置之不理，致使张宗昌恼恨在心，邱任元亦怀恨张易吾，而最后诬告陷害张易吾的主凶正是邱任元。李范之《山东高等审判厅厅长富顺张君墓志铭》对此有记录：

“民国纪元十四年十二月五日，山东军务督办张宗昌劫杀高等审判厅厅长张

敬敷书院

志，举国震惊当是时，宗昌督鲁几两载，恣睢暴戾，凶焰炽张。而左右佥壬，复擅作威福，干预司法无忌惮。往往重大谳狱，辄胁迫违法处理，君则屹不为动。宗昌搜刮民财至酷，甚至强君以司法收入例应解部之款，悉数截留以充军营，君力持不可。而高等检察长邱任元，谄事宗昌，不惜敲吸民之骨髓，以餍一人无厌之欲。于是推行不动产登记法，繁苛病民，假公肥己。君则严词峻拒，任元甘冒不韪，悍然一手揽之，君但旁观太息而已！厥后宗昌闻将罢免督办一职，即劫持鲁省官绅，举任保安总司令以叛中央，君复坚不副署！宗昌御之益深，然以君清操众望，夙得鲁人心，未敢遽以串中伤之也。

任元性阴险，乃与宗昌妻弟戒严司令袁致和密谋，深夜虏君于家，以黑巾障目，迷不知所在。翼日绅商代表谒宗昌，诘问君犯何罪，捕者何人。宗昌诡称不知，实则君已前一夕于致和逼供不果，剥两手皮殆尽，刀伤六，枪伤三，棒击伤一而惨死矣！越三日，宗昌乃揭

慧明法师与夏莲居居士

君之罪状于通衢，诬以谍叛。呜呼！宗昌以凶顽不法，擅杀高级法官，任元致和以杀人献媚，炽张残酷至于此极者，斯诚有史以来罕观者矣！”

假如张易吾面对的仅仅是草莽将军张宗昌，相信他还应付得了，无奈身边有一个阴鸷小人邱任元,可谓虎狼环伺。张易吾的死甚至可以理解为是邱任元借刀杀人，最后被愚蠢的张宗昌大包大揽下了。在《哭易吾诗》中，李范之回忆起他们在皖垣共度的美好时光，君遗爱之城，不死金刚魂兮归来。兹节选如下：

“交君甫十载，恩义重骨肉。
同官龙山下，过从情日笃。
一日不见君，顾影嗟茕独。
君喜我谈诗，我从君学佛。
二者互相师，昼短继以烛。
君尤耽雅兴，襟抱殊流俗。
连骑游古刹，徒步访耆宿。
宜城风雅宗，众论举以属。
我亦列其间，恒自惭碌碌。
自君官青斋，韵事渺难续。
噩耗横飞来，万口同声哭！
遗爱在宜城，闻者咸凄伤。
奔走惊相告，举市真若狂。
感人一何深，民自不忍忘。
宦皖五年间，善政我能详。
容撰有道碑，下为百世坊。
君夙精佛理，百炼成金刚。
自有不死在，水火奚能戕！
色身原幻耳，何伦彭与殇。
愤极且谈空，聊自宽悲肠！”

大观亭：从田横岛到黄金台

大观亭北临鸭儿塘（清水塘），西临盐河，南临大江，恰似一孤岛。王渔洋《余忠宣祠》：“清水塘边余阙祠，云霄浩气凛须眉。英姿飒爽犹横槊，古砌荒凉只断碑。鹤化千年非故国，鸡鸣十庙不同时。皖江便是田横岛，义士悲歌为涕洟。”诗首次以田横岛称呼大观亭。徐秉成《登大观亭记》：“此则过田横之岛，烈士累觑；经睢阳之城，行人殒涕者也”，亦以田横岛称之。

田横五百义士故事见于《史记·田儋列传》，秦末豪杰纷起，田横和兄长田儋、田荣趁乱起义，复兴齐国。田氏三兄弟秉承战国养士遗风，史称“齐人贤者多附焉”。西汉统一后，田横带领五百多壮士退守海岛，汉高祖刘邦派遣使臣招降，为了让部下免遭屠戮，田横随同汉使渡海去见刘邦，在路途自杀。五百壮士得知田横死讯后，也相继蹈海自杀，这个海岛后来就叫作田横岛。田横与余阙的故事极为相似，据贾良《余忠宣公死节记》，丁酉冬十二月（1358年），余阙“率将士及城之居民战于城西门，力敌至午，城遂陷。乃拔剑自刎，堕入濠西清水湾而死”。余阙自刎后，其夫人蒋氏率女安安赴井死，长子德臣熟读经书，亦溺水于后园深池，可谓一门忠烈。不仅如此，余阙外甥、侄婿及部属“俱不肯降，咸战死于锋镝之下”。与田横五百义士相比，余阙殉城的故事更多了一层悲壮。

清末安庆轮船客运南门码头开通前，过往舟楫多在西门外盐河停靠皖岸，大观亭近在咫尺。“孟夏朔日，余押运至皖城泊舟，大观亭巍然在望，乃同艺圃及儿孙辈前往游观。”（吴名凤《大观亭论文气说》）咸丰十一年（1861）九月初二，莫友芝与弟莫祥芝、子莫绳孙亦由盐河登岸入安庆，与幕友姚濬昌游战乱废弃的大观亭遗址，有诗《舟抵安庆城下，与姚慕庭濬昌同寻余忠宣墓及大观亭遗址，荆棘没人，几不可复识矣》：

“奏凯扬舲士气豪，落帆如梦忆亭皋。
青衫诗酒流光迅，白骨荆榛倚郭高。
大皖北驱淮河甸，九华东指海风饕。

忠宣总觉英灵在，开幕先偿将帅劳。”

后安徽巡抚彭玉麟重修大观亭和余阙墓，其为大观亭所作长联颇有名：

上联：“五千年皖公何在，地接东南，消除浩劫，选胜快登临，尽鹤唳丹霄，鸥盟黄浦，拓此一亭佳景，荡涤胸襟，寄语墨客骚人，莫孤负新秋风月。”

下联：“卅六载贱子重来，天开图画，俯仰狂吟，凭栏休感慨，看龙峦叠翠，鹅屿浮青，骋我百战壮怀，放开眼界，收览练湖灊岳，依然是旧日山河。”

余阙墓重修落成后，彭玉麟陪同曾国藩前往拜谒。同治元年（1862）六月初三曾氏日记：“出城拜彭雪琴，值渠新修余忠宣公墓告成致祭，余适过其地，因与同行二跪六叩礼。旋至雪琴船上久坐。” 彭玉麟虽是衡阳人，实生长于安庆，十七岁才第一次回祖籍衡阳。儿时舅舅带其游大观亭，多年后依旧印象深刻。其为大观亭作长联言“卅六载贱子重来”，三十余年后重回故里，外婆、舅舅还有他钟爱的梅姑（竹宾）俱已不在，故其重修大观亭，与重修城西黄甲山儿时故居，实出一心。同治元年六月初三大观亭余忠宣公墓告成致祭，在墓前拜谒的曾国藩、彭玉麟心境自然不同，曾国藩恭敬肃穆，彭玉麟则感慨万千。

同治元年（1862）正月十五，曾国藩幕府欢度元宵，莫友芝有诗《元夕皖江幕府观湘中新至雅乐》：

“十载祆荒复汉官，皖江节令酒杯宽。
轰传雅乐衡嶷至，便作春镫鼓吹看。
阴谷早回温津衍，渔洋犹陋霸才瞒。
湘乡取士皆儒术，胜算雍容视羽干。”

曾国藩开皖江幕府实仿其前辈陶澍，陶澍先后任安徽布政使、安徽巡抚、江苏巡抚、两江总督，清代三大政漕运、盐政、河干皆集于江南，三大政改革，陶澍幕府崛起晚清第一批有近代眼光的知识群体，湖南魏源、福建林则徐，江苏周济、冯桂芬，安徽姚莹、包世臣、陈世镕、王凤生。陶澍之后，邓廷桢任安徽巡抚长达十年，故其对皖江人文影响更大。桐城派大师姚鼐中年辞官，倡学东南四十年，其中在南京钟山讲学时间最久。邓廷桢是南京人，师从姚鼐，其幕府多桐城派文士，如南京籍梅曾亮、管同、汪平甫、马湘帆，常州籍陆继辂，桐城籍方东树、马瑞辰等。道光丁亥年（1827）正月十四，邓幕管同、方东树、汪平甫、马湘帆、徐荔庵、马瑞辰燕集大观亭，方东树作诗上邓廷桢，有诗句：“诸公倘欲迎郭隗，兹亭便作黄金台。”以燕昭王筑黄金台广纳天下贤才的典故赞誉邓廷桢。

公元前314年，燕国发生内乱，齐国乘机出兵侵占燕国领土。燕昭王继位后，听从郭隗建议，在易水旁修筑黄金台，广招天下人才，乐毅、邹衍、剧辛等名士纷纷前来投奔。集聚大量人才的燕国终于走向强盛，打败了齐国，夺回被占领的领土。从清初王渔洋把大观亭比作田横岛，到晚清方东树把大观亭比作黄金台，可以窥见清代士风之变化，方东树秉承桐城宋学，著《汉学商兑》攻击乾嘉朴学，倡导经世致用。桐城这一批经世派学者对曾国藩的影响颇大，曾国藩自称“私淑姚鼐”，但他更多的是受姚鼐弟子梅曾亮、姚莹、方东树等人的影响。

庚子年（1900）九月九日重阳，安庆士民集聚西门外大观亭，祭奠前任安庆知府联元。清廷内阁学士联元因反对义和团被处死，后与许景澄、袁昶、徐用仪、立山合称“庚子被祸五大臣”。联元是满洲镶红旗人，曾任安庆知府、安庐道台、安徽按察使多年，深谙皖垣曾国藩开启的“惇大”治理传统，风采朴重。联元以安徽按察使衔离开安庆省赴京师，方守彝有诗《追录旧作送长白联仙蘅太守入觐叙后长古一首》。诗前长叙，方守彝回顾曾国藩在皖垣开启的“惇大成裕，以养元气”的治理传统，咸同后历任安庆知府李宗羲、陈濬、何家骢、沈镕经，一直到联元，都是这一理念的实践者。他们注重休养生息，敬贤训士。“皖民本是劫余灰，湘乡曾公费浇培。馋见众绿生春雷，萌芽出土勾伸荄。”联元治宋学，通左氏春秋，仰慕柏堂，曾与方守彝、方守敦兄弟亲往大龙山拜谒方宗诚墓。方守彝居贲巢，号贲初，贲卦内离明外艮止，“文明以

全国重点文物保护单位
安徽大学红楼
及敬敷书院旧址

敬敷書院
敬敷书院由操江巡抚李日芃创办于1652年（清顺治九年），初名培原书院。1733年，奉旨改为官办。1736年，定名为“敬敷书院”。“敬敷”之词，语出《尚书·舜典》，意为恭敬地布施教化。著名学者刘大櫆、全祖望、姚鼐（两度主持，前后14年）、王克吾等先后担任山长（即校长）。《中国书院大辞典》将省城书院界定为高等教育。
1897年，敬敷书院移建于现址，首任山长为院强，胡元吉为主讲，揭开了这里百年育人的序幕。现存书院大梁上书“大清光绪二十三年岁次丁酉暮春谷旦 钦命江南安徽布政使于（荫林）建”。
安庆师范学院1998年、2000年、2002年三次对敬敷

大观亭

止，人文也。”与噬嗑卦是治理的两个不同方向。

皖江注重贲卦的传统可追溯至晚明安庆大儒吴总周、吴岳秀父子。吴岳秀（万历庚辰进士）与其父吴总周（嘉靖丙辰进士）讲性命之学，“为理也，先教化而后刑罚”，贲卦优先于噬嗑卦，以人文化成天下。晚年吴岳秀归里讲学，阐发湛甘泉“随处体认天理”，门人谥为直方先生。崇祯戊辰年（1628），应天巡抚田唯嘉檄安庆府重修近思书院，以上江名儒颜素、吴岳秀、方学渐、阮鹗、金燕、方大镇从祀其中。旧时安庆城西正观门至墨子巷间有凤池三杰牌坊，表彰名儒颜素、任可容、吴岳秀，毁于咸丰三年（1853）太平天国兵燹。贲卦注重人文教化，与黄金台广纳贤才的典故，具有某种同质性。

至民国时期，大观亭依旧是皖江文人重要的雅集之地。同光体皖派重要诗人徐铁华，石埭人，寓居安庆小二郎巷方家老屋，逝后就葬在大观亭畔。方守彝与徐铁华唱和诗作颇多，吴汝纶子吴辟疆《晚清四十家诗钞》选徐诗十九首，多五言古诗，气势雄劲。咸同间石埭理学人物辈出，如敬敷书院山长杨朴庵、《皖学编》作者徐定文、曾国藩幕僚陈虎臣等，一时之盛。民国乙卯（1915）七月初七，同光体皖派诗人雅集大观亭，祭奠徐铁华。参加此次诗会的有方守彝、臧雪楼、韩伯韦、陈慎登、胡渊如、汤葆民、杨天遒。这年春天故去的徐铁华就葬于亭下鸭儿塘畔，七夕亭上宴集，凭栏望吊诗人。方守彝《七夕臧雪楼、韩伯韦、陈慎登、胡渊如、汤葆民、杨天遒饮于大观亭，时涵率孙焕德从伯韦归，即投句戏次来韵》：

“诗句奇成下马虹，蛛丝小巧那能同？
将坛擒虎千夫指，国子送穷四壁空。
龙睡得珠骄席上，鱼惊缩项逐波东。
今宵块垒消杯酒，天上人间颊尽红。”

明清大观亭诗词歌赋很多，兹集句如下：“英风凛冽赤心存，皖伯台前庙貌尊。（彭玉麟）片帆沙鸟疏烟里，古木祠鸦夕照中。（阮文藻）万里波涛撼水国，四山风雨作秋声。（谢元淮）皖

大观诗魂

江便是天横岛，义士悲歌为涕洟。（王士祯）”大观亭从最初的田横岛语境，经过陶澍幕府、邓廷桢幕府、曾国藩幕府到同光体皖派记忆的不断叠加，又形成黄金台新的语境，背后又有吴岳秀性命之学、曾国藩“惇大”传统、方守彝贲卦精神，敬贤训士，一脉相传。时序流转，大观亭剔除了血肉模糊的鼎革记忆，多了一些历史的温情脉脉，从田横岛到黄金台，余阙们退居幕后，幕府燕集、文人雅聚走向前台。

“东有迎江寺，西有大观亭。

吾曹不努力，负此江山灵。”

1921 年 8 月，胡适回家乡安徽，在省城安庆讲学，与皖派诗人赵纶士、徐天闵、吴镜天、汤葆民等相互唱和，以安庆为题材作了七首诗,这是第一首。迎江寺、大观亭在安庆城外，一东一西，是古城的标志。在日记中，胡适对大观亭也有所记载：“大观亭即余阙葬处，旁有余阙祠。亭不高，风景还好。亭东有望华楼，乃是徐锡麟死后冯煦造的。‘望华’取杜诗‘每依北斗望京华’句意。我们即在楼上喝茶闲谈。大观亭后，约百步外，为吴越烈士墓，树木阴森，已成胜景了。”胡适安庆组诗第二首写的就是大观亭：“民国烈士墓，正对忠宣祠。此亦一‘大观’，不须论是非。”

吴越墓（皖江九烈士墓）在大观亭北侧平头山，安葬的是在北京正阳门火车站弹炸清廷五大臣的吴越烈士以及安庆马炮营起义诸烈士，与元至正十八年（1358）对抗红巾军、守城自刎的淮西宣慰副使余阙墓正好相对。胡适为何惊奇这也是一“大观”呢？因为余阙殉的是蒙古异族政权，而吴越和马炮营诸烈士搞的是反清排满的种族革命，根本不是一路人，却挨排葬在了一块儿，和和乐乐地做起邻居。这次胡适与皖派诗人交流，双方约定，胡适不准写新诗，写古诗；皖派也不准写同光体，得写新诗。天台里世太史第主人赵纶士生平第一次写新诗，很生猛：“我们前进！这一百六十五级的磴道，算甚么！我们前进！从东门到西门，算甚么！我们前进！赴汤蹈火算甚么！到勇猛前进的将来，那时再来拿个照相镜拍一个照。”（《同登迎江寺塔后复游大观亭赠适之先生》）

在安庆组诗最后一首，胡适与皖派诸君道别：“我戏作古语，和诸君新诗。此会良不易，明日各东西。”

平头山皖江九烈士墓左侧，鸭儿塘东北岸，皖派诗人徐铁华亦葬于此。徐铁华是石埭人，这个崇山峻岭间的皖南小县城，20世纪60年代建陈村水库（太平湖）时，已沉没于湖底。道咸年间，皖垣曾国藩幕府有不少石埭籍人物，如曾国藩同年敬敷书院山长杨朴庵及其子杨仁山（后创办金陵刻经处）、采访忠义局陈虎臣，皆理学硕儒，厚重刚毅。此外尚有理学家杨德亨（杨朴庵族弟）、徐定文，徐定文著有《皖学编》，廓清梳理皖江理学脉络，格局宏大。不知徐铁华可是徐定文后人，或与他同宗？寓居安庆期间，同为理学世家的方宗诚家族待之甚厚，1906年，方守彝弟方守敦从小二郎巷方家老屋搬回桐城老宅勺园，这所房子就让给了徐铁华居住，方守敦有诗《和韵铁华赠别》：

“归意飘萧晚正晴，虚舟天地任吾生。
未堪朋旧惊心别，且喜家山到眼前。
避世篱花三径好，吟诗风味百年清。
多君知己成高咏，长忆秋灯一卷横。”

1909年方守彝亦有诗《八月十三日，偕叔节过小二郎巷老屋访铁华》，诗后有注：“近年守敦挈子女归里，石埭徐铁华又寓焉。”

关于徐铁华，能搜集到的史料不多民国《怀宁县志》有传。徐经纶（1877—

／胡适

1912)，字铁华，石埭人，弱冠侨居安庆。清季举人，绝意仕途，以教育为己任。历任怀宁县中学堂、安徽高等学堂、安徽师范学堂教员。嘉兴沈增植、侯官严复来安庆，均深相推重。自辛亥革命后，他被门人弟子公推为安徽教育会会长，安徽教育司司长邓绳侯复荐其任安徽省立第一师范学校校长，不久因抱病辞去。病中，作五言律诗两首，一自吊，一别皖中诸旧好。无子。遗言不归葬故里。友人成其志，葬于西门外大观亭后烈士墓左。著有《铁华诗钞》《骈体杂文》。程演生《长枫诗话》也记录了徐铁华："徐铁华先生经纶，石埭人，亦余中学业士大也。弱冠登贤书，文采照耀一时，工于诗、古文，与方伦叔、姚叔节为唱和之友，风格遒上，句法警炼，钻研唐宋诸大家，而尤好元遗山。有《铁华诗抄》，已刊行。民国卒，年未四十也。伦叔先生（方守彝）与诸友好为葬之省垣西门外大观亭下，题曰'诗人石埭徐铁华先生之墓'，从其志也。"

读方守彝《网旧闻斋调刁集》，徐铁华卒年似非1912年，而是1915年，兹考于下。民国壬子（1912）秋，方守彝自金陵返皖，有诗《乱后初归皖宅，次韵铁华赠句》：

"去年相逢春申浦，倚栏同看打天潮。
送归正是贫兼病，相念每从晨及宵。
昨者还家扫蛛网，身如牵蔓挂瓠瓢。
多情染墨题诗句，一曲泠泠湘与潇。"

辛亥鼎革之际，革命党人吴旸谷引狼入室，邀九江浔军入皖，不但自己被浔军击毙，皖垣亦惨遭浩劫。方守彝、徐铁华避乱沪上，惊魂甫定。徐铁华先行回皖，此时他还应住在小二郎巷方家老屋，与方守彝小南门贲巢背靠背，隔墙相望。乱后重聚，感慨良多。癸丑(1913)二月方守彝又寓居上海，与冯煦、樊樊山、陈三立、沈曾植、李审言等遗老交游，与徐铁华书信往来，有诗《得铁华书并示新句，书中嘱仆读《剑南集》以取异己，意思甚盛》，后注："予二月出门时，铁华卧疾甚悬悬也。抵申邮书问状，久不见答，再寄书致诘责，乃得报。"此时徐铁华已病笃。甲寅(1914)

＼古宜城渡

╲皖河入江口

正月方守彝有诗《甲寅正月初五赠句铁华》，诗二首，有诗句“我虽犹健年争老，君颇未衰病苦多”，此时方守彝年七十，尚健硕，徐铁华不到四十，却衰病羸弱。这年春天，徐铁华病有起色，方守彝甚喜，作诗《铁华久病初起，见和喜雨拙作，奇情壮采，欣慰不已。遂叠韵相嬉，不必激于时事也》：

“龙虎天师掌有雷，阴奸穷极鬼情哀。
轰传猿鹤空巢出，共看风云送雨来。
国史方修螽堕宋，木桃得报句争瑰。
病中奇翼鸣声王，想是乘轩意暗催。”

乙卯年（1915）三月，徐铁华再度病重，作诗二首与皖派诸君道别，当是《自吊》和《别皖中诸旧好》。方守彝亦有答诗《三月十二日晨，铁华简告病笃，附诗二章，为诀别嘱后之词，并嘱传示诸旧好乞和。读之惘然，以韵以慰》。这是诗人对待生命的旷达与洒脱，临终尤与诗友唱和，方守彝和诗如下：

“君病当吾老，情怀非世期。
沈沈愁日晚，莽莽闷云垂。
化蝶要同幻，灵椿岂免悲？
达人解嘲笑，厌胜事堪迫。”
（之一）

“诗篇参佛慧，眼底熟能如？
危坐摩来札，难言搁答书。
悬崖从勒马，歧路信回车。
藏我樽中酒，待君欢尽余。”
（之二）

徐铁华当在1915年春天病故的，葬安庆西门外大观亭畔，那是皖派诗人经常雅集之地。这一年七夕，方守彝召集臧雪楼、韩伯韦、陈慎登、胡渊如、汤葆民、杨天遒诸诗友，以及自己的儿孙方时涵、方瑍德，聚集在大观亭，投句相互唱和，凭吊亡友徐铁华。这次诗会，皖派诗人酬唱之作颇多，可以编一本诗集，仅方守彝就有八首，兹选二首。《次韵圣登大观亭七夕宴请凭栏望吊铁华墓之作》：

“忽此秋气高，星汉明吾瞩。
织女理机丝，牵牛饮河隩。
感彼常度安，天上无陵谷。
慷慨啸良俦，亭皋揽清肃。
亦复载壶觞，风铃当弦竹。

疏栏通江山，磅礴散积溽。
往往谈言中，忘机畅襟曲。
有时一大笑，共尽杯中渌。
万象备阴阳，太盛忌九六。
眼前草木心，眷此感枯绿。
惆怅文酒会，昔日春蚕簇。
世变伤人琴，忧来心如筑。
谁促客辞家，不待行李笃。
艰难成麟角，霜林苦撼槭。
千载黄公炉，河山邈相续。
与子扫悲歌，去寻鹿苑鹿。”

《次韵天遒同渊如、圣登、葆民饮后步湖提访铁华墓之作》：

“太息簪裾地，斯人不复联。
鸭塘照孤冢，虹气散林烟。
句失澄江好，情深挂剑贤。
短歌当哀竹，风起满芊芊。”

这首诗则道明了徐铁华墓具体位置，当在鸭儿塘西岸、平头山东麓。虹气散林烟，风起满芊芊，与六年后胡适与皖派诗人在大观亭喝茶闲谈看到的“树木阴森”的情景甚相符合。这次聚会，以清廷遗老自居的方守彝没有出席，这两次大观亭雅集都参加的，只有汤葆民一人。

徐铁华诗所见不多，程演生《长枫诗话》曾录其《题陈慎登不系舟》二首，“皆凄怆沉痛之语也。”民国十三年（1924），皖派开山大师吴汝纶之子吴辟疆选编了一本《晚清四十家诗钞》，这是一本“以师友源澜为主”的同光体皖派诗集，分为三卷。首卷曾国藩、吴汝纶弟子，如张裕钊、范当世及吴汝纶弟弟吴汝绳、吴汝纯等，可谓皖派滥觞期。中卷选姚永概六十六首、柯劭忞（吴汝纶女婿）三十二首、方守彝三十二首、徐铁华十九首，其他的多是吴汝纶直隶莲池书院弟子，选一两首的居多，这是皖派成熟期。第三卷则没有宗派概念，无分唐宋，遍选清末民初各派诗人，如王闿运、李慈铭、陈三立、易顺鼎、陈宝琛、曾广钧等人，皖派诗人李范之亦有一首七言长诗《朝鲜行》在其中。徐铁华所作，多五言古诗和律诗，颇得陶潜之韵致，其《春日杂诗》十首，兹选二首，亦足以见诗人隐逸情怀：

“朝登城西隅，万甍俯鳞次。
融风扫残雪，青青忽满地。
野花尔何名，朱白粉自媚。
海燕衔泥还，翘翘尾已悴。
心恐雕梁非，未忘故人惠。
呢喃君不闻，日暗重凝睇。”
（之四）

“筑屋江皋上，庀材不求良。
束蒿承作柱，伐苇葺为墙。
仲春风日暖，宴处多娱康。
震雷起地蛰，骤雨若决黄。
墙倾柱亦仆，漂转知何乡。
小材而大受，始谋苦不详。
嗟谁实尔祸，掩袂涕淋浪。”
（之六）

/ 菱湖夕照

记忆场：晚清民国安徽省会安庆城市文脉
/ 汪军著 - 合肥：合肥工业大学出版社，
2018.2
ISBN 978-7-5650-3847-1

Ⅰ. ①记… Ⅱ. ①汪… Ⅲ. ①文化史 - 安庆 -
近代 Ⅳ. ① K295.43

中国版本图书馆 CIP 数据核字（2018）第
030002 号

书　　名　记忆场：晚清民国安徽省会安庆城市文脉
著　　者　汪　军
责任编辑　朱移山
技术编辑　郑　洁
书籍设计　上海雅昌设计中心
出版发行　合肥工业大学出版社
印　　刷　上海雅昌艺术印刷有限公司
版　　次　2018 年 2 月第 1 版
印　　次　2018 年 5 月第 1 次印刷
开　　本　887mm×1112mm
印　　张　26.5
字　　数　15 万
图　　幅　260 幅
定　　价　158.00 元